科学出版社"十四五"普通高等教育本科规划教材

科技文献检索与利用
（第三版）

王永飞　马三梅　主编

暨南大学本科教材资助项目

科学出版社

北　京

内 容 简 介

本书围绕"如何获取与利用科技文献"这一主题,对检索、保存、利用科技文献的知识和技巧进行了详细阐述,为培养学生的"会查、会读、会想、会写"能力奠定了基础。

全书共 10 章,按照科技文献检索的基本知识介绍—科技文献的检索—文献的利用—论文查重和引用情况检索的写作主线,对文献检索的基础知识、EndNote X9 软件的使用、常用中文数据库的检索、常用英文数据库的检索、常用 APP 和微信公众号的使用、硕士论文和博士论文及专利的检索、图像检索、如何利用文献、科技论文的写作,以及论文查重、SCI 影响因子及 CSCD 等内容进行了介绍。在附录部分列出了《论文的新意从何来》和《发表在〈生命的化学〉上几篇文章的写作思路》等论文,以编者发表的论文为例,让读者看到论文投稿和修改的全过程,并结合编者的亲身实践对论文写作的技巧和思路进行了介绍和展示,处处体现着"文章是改出来的"这一主题,为读者掌握科技文献检索与利用方法提供了实际指导。此外,在附录中还列出一些文献检索常用的网址和《中国图书馆分类法》(第五版)简表等内容,便于读者参考和拓展学习。

本书可以作为高等院校本科生和研究生科技文献检索与利用的教材,也可作为教学和科研人员进行文献检索与利用的参考书。

图书在版编目(CIP)数据

科技文献检索与利用/王永飞,马三梅主编.—3 版.—北京:科学出版社,2023.3

科学出版社"十四五"普通高等教育本科规划教材

ISBN 978-7-03-074111-0

Ⅰ.①科… Ⅱ.①王… ②马… Ⅲ.①科技情报-情报检索-高等学校-教材 Ⅳ.①G252.7

中国版本图书馆 CIP 数据核字(2022)第 232728 号

责任编辑:张静秋 赵萌萌 / 责任校对:严 娜
责任印制:赵 博 / 封面设计:无极书装

科学出版社 出版
北京东黄城根北街 16 号
邮政编码:100717
http://www.sciencep.com

三河市春园印刷有限公司印刷
科学出版社发行 各地新华书店经销

*

2014 年 3 月第 一 版 开本:720×1000 1/16
2023 年 3 月第 三 版 印张:17 1/4
2024 年 7 月第二十次印刷 字数:353 000

定价:59.80 元
(如有印装质量问题,我社负责调换)

《科技文献检索与利用》（第三版）编写委员会

主　编　王永飞　马三梅
副主编　屈红霞　王少奎　刘林川
参　编（按姓氏笔画排序）
　　　　马三梅（暨南大学）
　　　　王少奎（华南农业大学）
　　　　王永飞（暨南大学）
　　　　王冬梅（南宁市林业局）
　　　　毛　娟（华南农业大学）
　　　　刘林川（华南农业大学）
　　　　屈红霞（中国科学院华南植物园）
　　　　姜兆玉（临沂大学）
　　　　黄　博（广东药科大学）

第三版前言

《科技文献检索与利用》第一版于 2014 年出版，第二版于 2019 年出版，本书自出版以来一直深受广大读者的喜爱和好评。我们非常感谢各位读者的厚爱，你们的认可是促使我们不断改进和更新的动力。

与同类图书相比，本书的独到之处在于实践性和指导性强，并能与时俱进。可以说，本书既是我们自己学习也是指导学生检索与利用科技文献的总结。为了满足读者和培养学生的需求，我们一直对本书进行修改、充实，力争使其成为一本与时俱进的畅销和常销教材。首先，因为数据库更新太快，第二版书中使用的一些截屏图片已经和实际数据库的页面有所不同，有的网站甚至已经关闭。其次，第二版写作使用的是 Win7 和 EndNote X6，而我们现在写作时使用了 Win10 和 EndNote X9，发现 Win10 系统保存文件的过程更加简单。结合第二版使用过程中读者遇到的问题，所以非常需要根据这些变化对第二版进行修订。2021 年 1 月，我们正式启动对《科技文献检索与利用》(第二版)的修订工作。为了让《科技文献检索与利用》(第三版)尽快跟广大读者见面，我们立即组织相关编委进行修订。与第二版相比，第三版修改和补充的地方主要有以下几方面。

第一，更新了常用中英文数据库、博硕士论文和专利、论文查重、查找 SCI 因子的检索步骤，并增加了 PaperPass 和 PaperFree 查重的新方法。

第二，在"如何利用文献"一章，增加了 Word 排版的高级技巧。例如，如何设定各级标题、题注、在正文中的交叉引用，以及多人合作修改论文时如何使用审阅等。这些技巧的掌握可以节省排版所需的时间，提高写作和修改效率。

第三，增加了图像识别的"形色"APP 的使用方法。

第四，在"论文查重、SCI 影响因子、SCI 期刊分区与 CSCD"一章，增加了 SCI 分区及 CSCD 来源期刊的查找等内容。

第五，EndNote 软件基本一年更新一次，第二版的写作使用了 EndNote X6 和 Word 2013 版本，第三版使用了 EndNote X9 和 Word 2016 版本。在写作过程中，我们曾经使用最新版的 EndNote 20，却发现 EndNote 20 虽然可以自动下载 PDF 原文，但是电脑经常死机，使用过程还不如 EndNote X9 的系统稳定。所以，我们就介绍了 EndNote X9 的使用。

第六，删除了"新浪点点通"和"论文计算器"相关的内容。

本书绪论由王冬梅编写；第一章由马三梅编写；第二章由屈红霞编写；第三章由姜兆玉编写；第四章由黄博编写；第五章由毛娟编写；第六章由刘林川编写；第七章由马三梅编写；第八章由王少奎编写；第九章由王永飞编写；第十章由马三梅编写；附录由王永飞和马三梅编写，马三梅负责全书思维导图的制作；王永飞和马三梅负责全书统稿。在本书各版的编辑、出版过程中，科学出版社的席慧女士、张静秋女士和赵萌萌女士等不断与我们沟通和交流，认真、负责、敬业地把关和修改文稿，设计书稿封面和版式，使本书增色很多。真诚地感谢各版的每一位编委和各位编辑对本书的付出。

本书的再版得到各编委所在单位的指导和关心，获得暨南大学本科教材资助项目的立项及资助，还被遴选为科学出版社"十四五"普通高等教育本科规划教材，在此一并表示感谢！

由于种种原因，本书疏漏之处在所难免，敬请有关专家、同行提出宝贵意见，以便修订。

第二版前言

《科技文献检索与利用》是理、工、医、农、林等专业的一门重要的基础课程，对提高学生基本科学素质、进一步学习后续相关专业课程及今后科研能力的培养均有重要的影响。

本教材第一版于2014年出版，介绍了一些当时较新的软件使用方法，使授课内容紧跟科技发展的需要，把最快捷的检索方法传授给学生，也把充分利用文献检索的思想灌输给了读者。因此本书适应了21世纪高等学校的教学改革需求，在促进高校课程改革、提高教学质量方面起到了积极的作用，深受广大读者的好评。全国有数十所不同类型的高校，包括综合性大学、师范院校、医学院校、药学院校、农林院校及职业学院等使用了本书；一些科研院所的科技工作者和广大中学教师也将其作为学习参考书。可以说，本书通过了市场和读者的检验。配套课件"文献检索与利用"也获得了2014年第14届全国多媒体课件大赛优秀奖。

随着网络技术的发展，文献检索的技术和方法也得到了极大改变。因此，编者在保持原来的框架基本不变和保留其实践性强、有利于培养学生能力等特点的基础上，本着继承、发展和不断进步的精神，再次对其进行修改、充实和提高，力争使本书成为一本与时俱进的畅销和常销教材。愿本书更好地为新型人才培养尽点滴之力。与第一版相比，第二版修改和补充的地方主要有以下几点。

第一，在现代教育技术普及和信息丰富的大背景下，新的技术不断产生，随着网站的更新，检索步骤和内容会出现变化，页面也会出现变化。总的趋势是使用和检索越来越简单、越来越好用。因此，第二版更新了常用中英文数据库的检索步骤。

第二，第二版增加了一些数据库对检索结果的自动分析等步骤；增加了硕士论文和博士论文检索、专利检索、图片检索、论文查重和SCI影响因子及其查找方法等内容。

第三，由于手机APP的飞速增加，本书还增加了手机APP使用方面的一些内容，如"花伴侣"和一些科技类的 APP，这些内容都非常有趣和实用。

第四，在附录中增加了《从 RNA 干涉的发现过程谈谈创新能力的培养》和《发表在〈生命的化学〉上几篇文章的写作思路及建议》这两篇文章，展示了一些论文的新意来源和写作思路及过程，希望能够对读者有所启发，并能够激发学生的创意，培养学生的创新思维和创新能力。

第五，删除了第一版中已经停止服务的相关软件和网站相关内容。

此外，第二版更新了全书的图片，并进一步提高文字的可读性。

通过修改和补充，本书围绕如何获取与利用科技文献这一问题，对如何检索、保存、利用科技文献的知识和技巧进行了详细阐述，为培养学生的"会查、会读、会想、会写"能力奠定基础。全书共 10 章，按照"科技文献检索的基础知识介绍—科技文献的检索—文献的利用—论文查重和引用情况检索"的写作主线，对科技文献检索的基础知识、EndNote 软件的使用、常用中文数据库的检索、常用英文数据库的检索、常用阅读器和 APP 的使用、硕士论文和博士论文及专利的检索、图像检索、如何利用文献、科技论文的写作、论文查重和 SCI 影响因子等内容进行了介绍。在附录部分列出了《论文的新意从何来》等论文，以我们发表的论文为例，让读者看到了论文投稿和修改的全过程。并结合编者的亲身实践，对论文写作的技巧和思路进行了介绍和展示，处处体现着"文章是改出来的"这一主题，为学生掌握科技文献检索与利用提供了实际指导。

一本好书的出版，离不开作者和编辑的合作与沟通。在本书的编辑过程中，科学出版社的席慧编辑不断与我们沟通和交流，认真、负责、敬业地把关和修改文稿，设计书稿封面和版式，使本书增色很多。感谢各位对本书的真诚付出。没有大家的努力，这一本还算有特色的书籍就不能及时再版。

组织我的同事、同学及学生共同改版这样一本教材是非常荣幸的事情。感谢暨南大学给我提供的工作机会和施展才华的平台。感谢科学出版社的刘丹编辑，是她接触到 Adobe Illustrator 软件。感谢暨南大学网络技术与教育中心的黄雅女士，是她使我让我知道 HyperSnap 软件，使我可以使用这个软件任意截屏，感谢黄佩佩同学协助完成了一些截屏工作。感谢我的家人，他们是我坚强的后盾和最有力的支撑。

教材建设是一项长期的工作。由于编者水平有限，书中疏漏之处在所难免，敬请有关专家、同行不吝赐教，提出宝贵意见，以便修订。

马三梅
2017 年 10 月

第一版前言

教育就是要培养学生的"六会"(会查、会读、会想、会说、会做、会写)能力,而"科技文献检索与利用"恰恰就是一门可以培养学生"会查、会读、会想、会写"能力的课程,其重要性不言而喻。

20 世纪 90 年代,如要查找一篇参考文献,需要到图书馆翻阅纸质版的图书和期刊。而计算机技术和计算机网络资源的飞速发展,为查找文献提供了便利。依靠 EndNote 等软件进行文献检索的速度之快,令人瞠目结舌。使用 Google 阅读器和鲜果阅读器等其他阅读器可以获得最新的研究成果,节省时间。学会利用这些软件就会如虎添翼,事半功倍。

编者在讲授"科技文献检索与利用"时发现,学生在课堂上问得最多的问题是如何使用 EndNote X6 等软件,学生苦于找不到有介绍 EndNote X6 等软件使用方法的教材;其次就是如何进行毕业论文选题的问题,有的学生辛辛苦苦选定了一个题目,查阅了资料,最后却发现所选题目不适合作为毕业论文的主题。这些问题在目前的"科技文献检索与利用"教材中均不能找到合适的答案。有感于此,我们编写了这本实践性强又有利于培养学生"会查、会读、会想、会写"能力的教材。

本书的主要特点之一是注重实践性。我们按照步骤介绍了 EndNote X6 等软件的使用方法。例如,详细介绍了如何利用 EndNote X6 软件在不同数据库中进行文献检索、插入参考文献、改变参考文献格式、使插入的文献变成普通文本格式等;介绍了鲜果阅读器及新浪点点通阅读器的使用方法,还介绍了科学研究的方法和综述的写作方法;解释了如何选题的问题及如何使用网络查找中图分类号。

本书图文并茂,每一步操作过程均给出了截屏视图,便于读者理解、学习和操作。每章前面列出了本章内容的思维导图,利于学生学习和掌握所学知识。

附录部分以我们发表的论文为例,让读者看到了论文投稿和修改的全过程,体现出了"文章是改出来的"这一主题。还列出了一篇小短文《论文的新意从何来》，以激发学生的创意，培养创新思维和创新能力，并列出一些文献检索常用的网址，便于学生参考和拓展学习。此外，本书还具有内容通俗易懂、知识丰富多彩、语言精练简洁、论述清晰流畅等特点。

　　本书由马三梅、王永飞、张立杰、李万昌、李宏业、屈红霞、孙小武、李峰、郭国庆、杨军英和马利萍共同编著。具体分工如下：绪论由张立杰编写；第一章由杨军英编写；第二章由屈红霞编写；第三章由李万昌编写；第四章由李宏业编写；第五章由孙小武编写；第六章由郭国庆编写；第七章由李峰编写；附录由马三梅、王永飞、李万昌和马利萍编写。马三梅负责全书图片和思维导图的制作，张立杰、李万昌、李宏业和屈红霞负责了书稿的修改工作，马三梅和王永飞负责全书的统稿、审稿和定稿。此外，高川同学协助制作了第三章的图片；陈文燕同学协助制作了第四章的图片；付留闯同学协助制作思维导图。感谢各位对本书的真诚付出。没有大家的努力，这一本还算有特色的书籍就不能及时出版。

　　本书的编写得到暨南大学、梧州学院、河南师范大学、中国科学院华南植物园、湖南农业大学和上海交通大学的指导和关心。本书的出版得到国务院侨务办公室立项，以及彭磷基外招生人才培养改革基金及国家西甜瓜产业技术体系基金的资助。科学出版社对本书的出版也付出了大量的劳动。在此一并表示感谢！

　　限于编者的水平和经验，书中难免有不足之处，恳请读者批评指正，以便再版时修正。

编　者

2014 年 1 月

目　　录

第三版前言

第二版前言

第一版前言

绪论 …………………………………………………………………………………… 1

第一章　文献检索的基础知识 ……………………………………………………… 3
　　第一节　文献的概念及种类 …………………………………………………… 4
　　第二节　文献检索的概念、步骤、技术和作用 ……………………………… 7
　　第三节　文献检索的发展历史 ………………………………………………… 10
　　第四节　文献检索的现状 ……………………………………………………… 12
　　第五节　搜索引擎的类型及使用 ……………………………………………… 19

第二章　EndNote X9 软件的使用 ………………………………………………… 21
　　第一节　使用 EndNote X9 软件下载文献 …………………………………… 21
　　第二节　手工添加文献和粘贴原文 PDF 文件及 EndNote X9 文件的合并 … 27
　　第三节　使用 EndNote X9 软件添加和排列参考文献 ……………………… 33

第三章　常用中文数据库的检索 …………………………………………………… 41
　　第一节　中国知识资源总库的使用 …………………………………………… 41
　　第二节　万方数据的使用 ……………………………………………………… 52
　　第三节　维普资讯的使用 ……………………………………………………… 59

第四章　常用英文数据库的检索 …………………………………………………… 70
　　第一节　ISI Web of Knowledge 的使用 ……………………………………… 71

第二节　Wiley Blackwell 的使用 ………………………………………… 82
第三节　Elsevier ScienceDirect 的使用 …………………………………… 90
第四节　SpringerLink 的使用 ……………………………………………… 97
第五节　PubMed 的使用 …………………………………………………… 103

第五章　常用 APP 和微信公众号的使用 ……………………………………… 104
第一节　常用 APP 的使用 ………………………………………………… 105
第二节　微信公众号的使用 ………………………………………………… 112

第六章　硕士论文和博士论文及专利的检索 …………………………………… 115
第一节　国内硕士论文和博士论文的检索 ………………………………… 116
第二节　国外硕士论文和博士论文的检索 ………………………………… 120
第三节　专利的检索 ………………………………………………………… 125

第七章　图像检索 ………………………………………………………………… 130
第一节　利用文字来检索图片 ……………………………………………… 130
第二节　百度识图 …………………………………………………………… 131
第三节　"花伴侣"的使用 ………………………………………………… 133
第四节　"形色"的使用 …………………………………………………… 135

第八章　如何利用文献 …………………………………………………………… 139
第一节　利用文献的原则 …………………………………………………… 140
第二节　查找文献的目的 …………………………………………………… 141
第三节　设计新实验的方法 ………………………………………………… 148
第四节　参考文献引用的规范 ……………………………………………… 150

第九章　科技论文的种类、格式、写作、排版及投稿 ………………………… 153
第一节　科技论文的种类 …………………………………………………… 154
第二节　科技论文的格式及写作 …………………………………………… 154
第三节　科技论文的 Word 排版技巧 ……………………………………… 165
第四节　如何投稿 …………………………………………………………… 172

第十章　论文查重、SCI 影响因子、SCI 期刊分区与 CSCD ………………… 176
第一节　论文查重 …………………………………………………………… 177
第二节　SCI 影响因子及其查找 …………………………………………… 190
第三节　SCI 期刊分区及其查找 …………………………………………… 198
第四节　CSCD 的概念及其查找 …………………………………………… 204

主要参考文献 ……………………………………………………………… 207

附录Ⅰ　文献检索常用网址 ……………………………………………… 209

附录Ⅱ　《中国图书馆分类法》（第五版）简表 ………………………… 210

附录Ⅲ　论文的新意从何来 ……………………………………………… 215

附录Ⅳ　发表在《生命的化学》上几篇文章的写作思路 ……………… 217

附录Ⅴ　思维导图在《植物生化与分子生物学》[①]教学中的应用 …… 221

附录Ⅵ　从 RNA 干涉的发现过程谈学生创新能力的培养 …………… 225

附录Ⅶ　《谈谈如何结合分子标记的发展培养学生的创造性思维》一文的原稿、
修改说明信、正式发表稿及原稿与正式发表稿的比较 …………… 227

附录Ⅷ　《从绿色荧光蛋白的发现谈如何提出新颖的科研问题》一文的原稿、
审稿意见、修改说明信、校对稿、校对修改说明信、正式发表稿及
点评 ……………………………………………………………… 239

附录Ⅸ　我们编写教材及教辅材料的总结和思考 ……………………… 254

---

① 此处书名号应为双引号，因主编已发表的文章中使用书名号，所以此处不做修改，特此说明

视 频 目 录

扫描下方二维码查看本书相关视频

视频 1-1：文献的分类
视频 1-2：文献检索的概念
视频 1-3：文献检索的步骤
视频 1-4：文献检索的作用
视频 2-1：EndNote 软件的下载与安装
视频 2-2：使用 EndNote 软件下载文献
视频 2-3：在 EndNote 中手工添加文献
视频 2-4：在 EndNote 中粘贴 PDF 文件
视频 3-1：如何使用中国知识资源总库
视频 3-2：万方数据资源系统的使用
视频 3-3：维普中外科技期刊数据库的使用
视频 3-4：使用维普中外科技期刊数据库检索及导出文献

视频 4-1：Web of Science 的使用
视频 4-2：Wiley Blackwell 的使用
视频 4-3：Elsevier ScienceDirect 的使用
视频 4-4：SpringerLink 的使用
视频 8-1：利用文献的原则
视频 8-2：科研的思维方法
视频 8-3：检索文献的目的
视频 8-4：设计新实验的方法
视频 9-1：为什么要进行科技论文写作
视频 9-2：综述的选题
视频 9-3：论文框架的构建
视频 9-4：论文是改出来的

绪　论

随着互联网的飞速发展，各国的信息资源聚集在一起，这使全世界共享信息资源变成了现实。互联网给人们带来了海量的信息和各种数据库。如何检索和利用这些数据库中的文献呢？这就需要学习"科技文献检索与利用"这门课程。

本书思维导图：

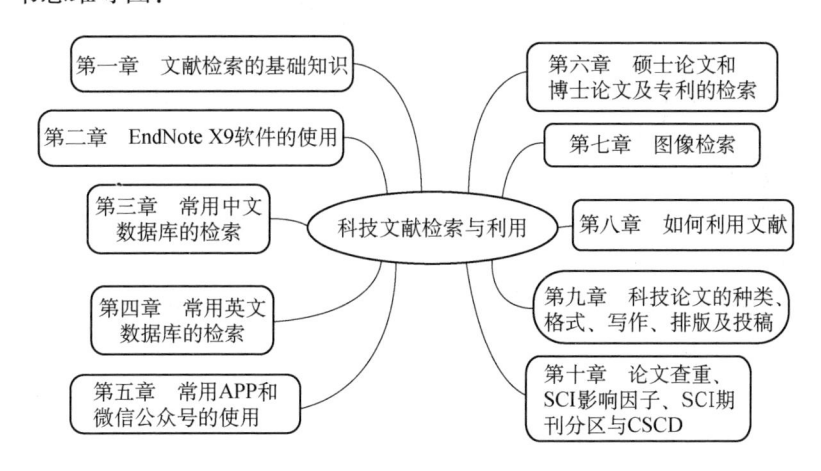

```
科技文献检索与利用
├── 第一章　文献检索的基础知识
├── 第二章　EndNote X9软件的使用
├── 第三章　常用中文数据库的检索
├── 第四章　常用英文数据库的检索
├── 第五章　常用APP和微信公众号的使用
├── 第六章　硕士论文和博士论文及专利的检索
├── 第七章　图像检索
├── 第八章　如何利用文献
├── 第九章　科技论文的种类、格式、写作、排版及投稿
└── 第十章　论文查重、SCI影响因子、SCI期刊分区与CSCD
```

一、为什么学习"科技文献检索与利用"

现代社会已经进入知识经济时代，新知识产生的速度大大加快。知识经济时代要求每个人不断学习，也就意味着目前已进入了终身学习的时代。在这样的形势下，一个人想要适应工作和社会需要，就要不断地学习新知识。要想学习新知识，首先要搜集到新知识。搜集知识是学习的第一步。最新的知识一般都发表在最新的科技期刊上。如何从大量的期刊中搜集合适的学习材料？学过"科技文献检索与利用"之后，就会有一个答案。

教育的目标就是要培养学生"六会"（会查、会读、会想、会说、会做、会写）的能力。一个真正具备"六会"能力的人，在学习和工作上就会得心应手，任何困难都不会成为其前进路上的拦路虎。而"科技文献检索与利用"恰恰就是一门可以培养学生"会查、会读、会想、会写"能力的课程。例如，发表论文的质量和数量是衡量一个人学术水平高低的指标之一，一个掌握"会写"（中/英文写作）能力的人在科学界基本可以畅行无阻。写作能力的培养离不开"会读"和"会想"。而在读之前首先要搜集到阅读的材料。《科技文献检索与利用》正好就是一本告诉读者如何从海量的数据库中搜集到适合阅读的材料，以及如何正确利用这些文献的书籍。

"科技文献检索与利用"以培养学生检索文献与利用文献的能力为核心，促进学生信息素养的提升，使学生充分、有效地利用文献资源，并使其成为知识创新的源头。

二、"科技文献检索与利用"的学习方法

电脑在文献检索中的作用就相当于做饭用的"锅碗瓢盆"。没有"锅碗瓢盆"，就无法做饭；没有电脑，就无法搜集文献。所以学习这门课程要具备以下几个条件：第一，必须有一台能够联网的电脑；第二，必须不断尝试检索，亲身实践，只有在亲自检索和利用文献的基础上，才能够掌握检索方法；第三，必须认真阅读下载的文献，对文献进行深入分析；第四，必须多动脑，对文献进行分类和总结，发现前人研究的不足之处，从而设计出新的实验。

"科技文献检索与利用"是一门提供方法的课程，它将最高效的检索与利用文献的方法详细介绍给大家，在这些方法的指导下，读者可快速检索到合适的文献，并快速、充分地利用这些文献。同时它还是一门强调实践性的课程，读者需要认真学习，亲身实践，真正掌握这些技能，使其成为学习和工作中真正的帮手。

科技文献检索与利用有两个步骤：第一是检索，第二是利用。随着电脑和网络的普及，文献检索的过程目前已基本实现全部在电脑上操作。科技公司不断地推出新的软件，以后肯定还会有更好的软件出现。在技术飞速发展的今天，我们只有不断地学习这些新技术，才会提高工作和学习的效率，并在这个技术日新月异的时代处于不败之地。

关于文献的利用，更是千人千面、百人百性。这是一个阅读、思考、行动和写作的综合过程。阅读能力强，才能正确地消化、吸收文献的内容；思考能力强，才能够从文献中发现问题，并提出新的研究方向；行动能力强，就可以根据设计的实验，认真执行，做出创新的科研成果；写作能力强，就可以及时将研究成果写出来。

愿通过本课程的学习，使大家"会查、会读、会想、会写"的能力得到一定的提高。

第一章　文献检索的基础知识

当今社会是信息化的社会，能够有效地获取和利用信息的人会在各行各业脱颖而出。在以创新为目标的学术活动中，能有效地获取文献并且高效利用文献更是从事学术活动的必备能力。所以学习文献检索与利用的理论和方法，可以更好地指导实践活动。本章主要介绍科技文献检索的基础知识，为培养文献检索和利用技能奠定理论基础。

本章思维导图：

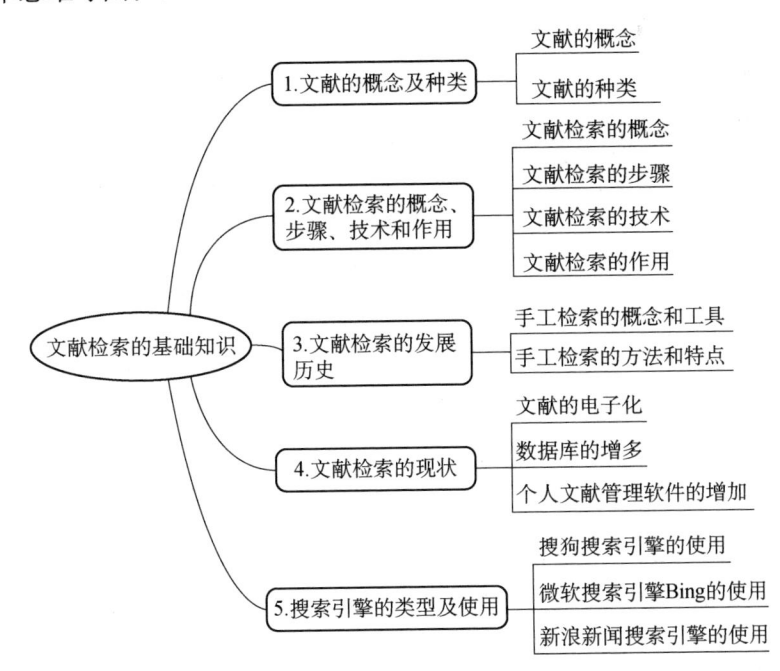

```
                                       ┌─ 文献的概念
                    1.文献的概念及种类 ─┤
                                       └─ 文献的种类

                                                ┌─ 文献检索的概念
                    2.文献检索的概念、           ├─ 文献检索的步骤
                      步骤、技术和作用 ─────────┤
                                                ├─ 文献检索的技术
                                                └─ 文献检索的作用

文献检索的基础知识 ─ 3.文献检索的发展  ┌─ 手工检索的概念和工具
                      历史 ───────────┤
                                       └─ 手工检索的方法和特点

                                       ┌─ 文献的电子化
                    4.文献检索的现状 ──┼─ 数据库的增多
                                       └─ 个人文献管理软件的增加

                                                ┌─ 搜狗搜索引擎的使用
                    5.搜索引擎的类型及使用 ─────┼─ 微软搜索引擎Bing的使用
                                                └─ 新浪新闻搜索引擎的使用
```

第一节　文献的概念及种类

信息素质不仅是人们生存的基本能力，更是在学习型社会必备的素质。信息素质是指能够敏锐地察觉信息需求，并能对信息进行检索、评价和有效利用的能力。信息主要存储在文献中。本节主要介绍文献的概念及种类。

一、文献的概念

很多信息都存储在文献中，那么什么是文献呢？

文献是记录知识的一切载体。一般由知识内容、信息符号、载体材料、记录方式四要素构成。

二、文献的种类

1. 按照文献的载体形式来划分

按照文献的载体形式，文献可以分为印刷型文献、缩微型文献、声像型文献和机读型文献。

（1）印刷型文献　　印刷型文献是以手写、打印、印刷等为记录手段，将信息记载在纸张上形成的文献。它是传统的文献形式，也是现代文献信息资源的主要形式之一。它的优点是便于阅读与流传，符合人们的阅读习惯。它的缺点是存储信息的密度低，收藏和管理需要较大的空间和较多的人力。

（2）缩微型文献　　缩微型文献是以感光材料为载体，采用光学缩微技术将文字或图像记录、存储在感光材料上而成的文献，如胶卷、缩微胶片。它的主要特点是存储密度高，体积小，重量轻，便于保存和传递。缩微型文献生产速度快、成本低，但是设备投资大，需要借助于阅读机才能阅读。

（3）声像型文献　　声像型文献是将声音、图像等多媒体信息记录在光学材料、磁性材料上而形成的文献，主要有唱片、录音带、录像带、电影胶片、幻灯片等。它的主要特点是存储信息密度高，用有声语言和图像传递信息，内容直观、表达力强，易于接受和理解，尤其适用于难以用文字、符号描述的复杂信息和自然现象。声像型文献也需要专门的设备才能进行制作和阅读。

（4）机读型文献　　机读型文献就是数字信息文献。它是把文字、资料转化成数字语言和机器语言，采用计算机来记录，将信息存储在磁盘、磁带或光盘等载体中而形成的多种类型的电子出版物。其优点是存储密度高，存取速度快、查找方便、寿命长。不足之处是必须配备计算机等设备才能使用。根据载体材料、存储技术和传递方式的不同又分为联机型文献、光盘型文献和网络型文献。

2. 按照文献的出版形式来划分

（1）图书　　图书具有品种最多、数量最大、范围最广的特点。图书一般给人们以系统性、完整性、连续性的知识和信息。

（2）期刊　　期刊具有出版周期短、报道快、数量大、信息内容新等特点。它是很重要的信息源。科技学术期刊是一种定期出版的刊物，通过报道科学研究的一些新进展，来促进科学研究的交流与进步。内容中是否具有新的、原创性的研究结果是判断一篇论文是否值得出现在期刊上的基本原则。

科学研究的成果主要以论文的形式发表在各种类型的学术期刊中。目前，在人才引进、职称晋升、机构科研实力对比时，文献的学术水平是推断个人和机构学术水平的指标之一。评价文献学术水平相对公正的方法是同行评议（peer review），但由于耗时长、成本高，不易被采用。目前评价学术水平的通用指标是文献是否发表在核心期刊上、文献被引用的次数、文献所载期刊的影响因子。那么什么是核心期刊呢？

核心期刊原指发表某一专业文献比较集中的期刊，现在则指被权威数据库或评价系统收录的学术水平较高的刊物。被SCIE（科学引文索引扩展版）、SSCI（社会科学引文索引）、A&HCI（艺术与人文科学引文索引）和EI（工程索引）收录的期刊被公认为是核心期刊。国内的核心期刊系统有以下几个。

1)《中文核心期刊要目总览》：由北京大学图书馆编制，每4年出版一次。目前最新版为2021年出版的《中文核心期刊要目总览》（第九版）。

2)《中国科技期刊引证报告（核心版）》（CJCR）：由中国科学技术信息研究所编制，每年出版。

3) 中国科学引文数据库（CSCD）：由中国科学院文献情报中心编制，目前最新版为2021—2022版，收录1314种核心期刊。

4) 中文社会科学引文索引（CSSCI）：由南京大学中国社会研究评价中心编制，2021—2022版收录500多种核心期刊。

某一期刊是否为核心期刊，可以查询以上单一的数据库，也可查上海交通大学提供的核心期刊查询系统（http://corejournal.lib.sjtu.edu.cn/）。它的首页如图1-1所示。

（3）报纸　　报纸的特点是报道及时、受众面广，具有群众性和通俗性。

（4）学位论文　　学位论文内容较为系统，具有一定的深度和创造性。

（5）会议文献　　会议文献的特点是及时反映新技术、新成果，专业性强，能较全面地反映某一技术领域或学科的发展水平、动态和趋势。

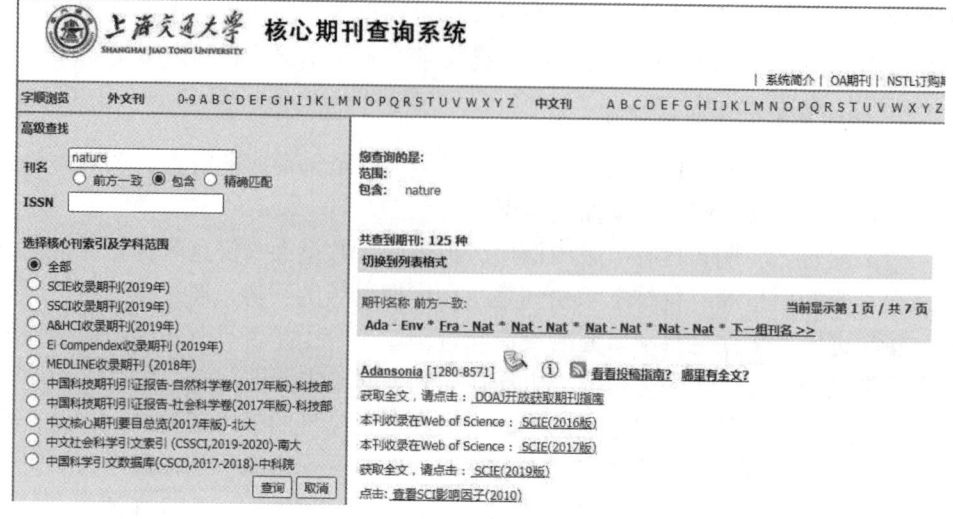

图1-1 核心期刊查询系统的首页

（6）专利文献　专利文献具有详尽、新颖、实用、报道及时等特点。

（7）标准文献　标准文献是指按规定程序制订，经公认权威机构（主管机关）批准的一整套在特定范围（领域）内必须执行的规格、规则、技术要求等规范性文献。它是一种具有约束力的规定性和法律性的文献。

（8）科技报告　科技报告具有单独成册、出版日期不定、内容专深、报道迅速、多为保密、控制发行等特点。

（9）政府出版物　政府出版物是由政府机构及其拥有的官方或半官方的专门机构所发表、出版的各种文献资料，其内容可以分为行政性文件和科技性文件两大类。

（10）产品资料　产品资料主要是厂商为了推销产品而出版发行的一种商业性宣传资料，包括厂商介绍、产品目录、产品样本和产品说明书等，它的特点是技术成熟、数据比较可靠、有较多的照片和结构图、直观性强。

（11）其他文献　其他文献包括技术档案、工作札记、广播、电视、剪报、复印资料等。

3. 按照加工程度来划分

（1）零次文献　零次文献是指非正式出版物或非正式渠道交流的文献，未公开于社会，只为个人或某一团体使用，如文章草稿、私人笔记、会议记录、未经发表的名人手迹，它在内容上有一定的价值，而且能够避免一般公开文献所需时间太长的弊病，新颖程度受人关注。

（2）一次文献　一次文献是指以作者本人的经验或研究成果为依据而撰写的原始文献，经公开发表或交流后，成为一次文献。一次文献是文献的主体，是最基本的信息源,是文献检索的对象。它一般包括期刊论文、专著、研究报告、会议文献、学位论文、专利说明书、技术标准、技术档案、科技报告等。

一次文献不仅具有创造性,还具有原始性和分散性,一般论述比较具体、详细和系统,有观点、有事实、有结论。一次文献的创造性是指作者根据工作和科研中的成果而撰写的具有创造性劳动的结晶,它包含着新观点、新发明、新技术、新成果,具有直接参考、借鉴和使用价值。一次文献的原始性是指文献为原始创作和首次发表。一次文献的分散性是指在形式上有研究报告、论文等多种形式。

(3) 二次文献　　二次文献是信息部门将那些分散的、无组织的一次文献,用一定的方法进行加工、整理、归纳、简化,把文献的外部特征和内容特征著录下来,使其成为有组织、有系统的检索工具,如书目、题录、文摘、索引等。二次文献是对一次文献的浓缩和有序化,主要作用是存储和报道一次文献线索,提供查找的途径,因此它是查找一次文献的检索工具,是重要的指示性信息源,可以减少人们查找一次文献信息所花费的时间。

(4) 三次文献　　三次文献是指参考性文献,是在二次文献的基础上,选用一次文献的内容进行分析、概括、综合研究和评价而编写出来的文献,分为综述研究和参考工具两种类型。三次文献源于一次文献又高于一次文献,属于一种再创造性文献。三次文献主要是信息研究的产物和成果,是一次文献的浓缩。

第二节　文献检索的概念、步骤、技术和作用

一、文献检索的概念

检索文献、阅读文献是一切科研工作的出发点。文献检索属于信息检索的一种。

广义的信息检索(information retrieval)是指将信息按一定的方式组织和存储起来,并根据信息用户的需要找出有关信息的过程,所以它又称为"信息的存储与检索"(information storage and retrieval)。狭义的信息检索则仅指信息用户根据需要找出有关信息的过程,即从信息集合中找出所需信息的过程,相当于人们通常所说的信息查询(information search)。

根据检索对象和内容的不同,信息检索分为数据检索(data retrieval)、事实检索(fact retrieval)和文献检索(literature retrieval)。数据检索是指对数据的检索,如对人口参数、国内生产总值的检索等。事实检索是指对各种事实资料、研究结果和现状的检索。文献检索是指利用检索工具或检索系统查找文献的过程,包括文献线索检索和文献全文检索。

文献线索检索是指利用检索工具或检索系统查找文献的出处，检索结果包括书名或论文题目、著者、出版者、出版地、出版时间等文献外部特征。检索工具有书目、索引、文摘、书目型数据库和索引、题录型数据库。面对浩如烟海的文献，文献线索检索提供了文献的题目和摘要，根据这些内容可以大致判断一篇文献是否值得认真阅读。如果值得认真阅读就需要进行文献全文检索，下载文献，进行下一步的消化与吸收。

文献全文检索是以文献所含的全部信息作为检索内容，检索系统存储的是整篇文章或整部图书的全部内容。全文检索为检索者提供全文，通过阅读全文才能对前人的研究有深刻的认识。

二、文献检索的步骤

随着互联网技术的发展，文献检索的步骤和技术也在不断地变化。以前文献检索通过手工检索进行，现代文献检索则通过人机互动进行。文献检索是一项实践性很强的活动，它要求我们善于思考，并通过经常性的实践，逐步掌握文献检索的规律，从而迅速、准确地获得所需文献。

文献检索一般可分为6个检索步骤：明确课题要求、了解课题的知识背景、分析课题涉及的概念、选择适用的检索刊物和数据库、实施检索、索取原文。

文献检索最重要的是找到合适的检索词。检索词要准确、全面地表达课题内容，不能太大也不能太小。在检索过程中，当对检索结果不满意时，应调整检索策略，重新检索，直至得到满意的结果。结果太多或太少时，应在前次检索的基础上缩小或扩大检索范围。

如今的文献检索离不开对文献管理软件如EndNote、NoteExpress等的使用，这些软件的使用会使检索速度加快，且下载的文献十分容易管理。EndNote的具体操作步骤详见本书第二章。

三、文献检索的技术

文献检索的技术一般有3种：布尔逻辑检索、截词检索和限制检索。

1. 布尔逻辑检索

常用的布尔逻辑运算符有3种："逻辑与""逻辑或""逻辑非"。运用布尔逻辑运算符可以将代表某一概念的检索词组配在一起，以充分表达信息需求，确保输出准确的检索结果。

（1）"逻辑与"（AND）　　可以缩小检索范围，减少输出结果，提高查准率。

（2）"逻辑或"（OR）　　可以增加检索范围，增加输出结果，提高查全率。

（3）"逻辑非"（NOT） 可以排除不希望出现的检索词，缩小检索范围，提高查准率。

2. 截词检索

因为英文的构词特性，名词的单复数形式不一致，并且同一个单词的英式和美式拼法也可能不一致。所以分别检索时需要检索多次，需要更长的时间。使用截词检索能够节省时间，一次检索就可将所有的结果检索出来。截词检索是利用检索词的词干或不完整的词形进行非精确匹配检索，含有词干的文献信息均被检索出来。截词是指在检索词的适当位置进行截断，保留相同的部分，用相应的截词代替可变化部分。

从截断字符的数量看，截词可分为无限截词和有限截词。

1) 无限截词：常用符号为"*"，一个无限截词符号可代表多个字符，表示在检索词的词干后可加任意字符或不加字符。例如，输入"employ*"，可检索到 employ、employer、employers、employment 等词。

2) 有限截词：一个有限截词只代表一个字符，常用符号"?"表示。代表这个单词的某个字母可以任意变化，在检索词词干后可加一个或一个以上的有限截词符，一般有限截词符的数量有限制，其数目表示在词干后最多允许变化的字符个数，如"solut？？？"可检索到包含 solute、solution 和 solutting 等词在内的文献。

根据截断的位置，截词可以分为后截词、前截词和中截词。

1) 后截词：后截词最常用，即将截词符放在一个字符串之后，用以表示后面有限或无限个字符，不影响其前面检索字符串的检索结果。例如，输入"physic*"，可检索到包含 physic、physical、physician、physicist、physics 等词的文献。

2) 前截词：前截词是将截词符置于一个字符串之前，以表示其前方有限或无限个字符，不会影响后面检索字符串的检索结果。例如，以"*ology"作为检索词，可以检索出含有 physiology、pathology、biology 等词的文献。

3) 中截词：是将截词符置于一个检索词的中间，不影响前后字符串的检索结果。例如，输入"wom？n"可一次检出含有 woman 和 women 的文献。

3. 限制检索

在检索系统中，使用缩小和限定检索范围的方法进行检索，称为限制检索。限制检索条件最常用的是字段限制。限制检索词必须在数据库记录中规定的字段范围内出现。通常数据库中可供检索的字段分为主题字段和非主题字段。主题字段有题目（title）、文摘（abstract）等；非主题字段有作者（author）、文献类型（document）等。

四、文献检索的作用

科学技术的发展具有连续性和继承性，闭门造车只会重复别人的劳动或者走弯路。研究人员在选题开始时就必须进行信息检索，了解别人在该项目上已经做了哪些工作、哪些工作目前正在做、谁在做、进展情况如何等。这样，就可以在他人研究的基础上进行再创造，从而避免重复研究，少走或不走弯路。

文献检索是研究工作的基础和必要环节，成功的文献检索无疑会节省大量时间，使研究人员能用更多的时间与精力进行科学研究。掌握了文献检索的方法，就找到了一条吸收和利用大量新知识的捷径。所以，文献检索有三大作用：可以避免重复研究和少走弯路、可以节省时间、是获取新知识的捷径。

第三节　文献检索的发展历史

文献检索随着互联网技术的发展也在不断地变化，从过去的手工检索发展到现代的人机互动检索。

一、手工检索的概念和工具

手工检索是指人们通过手工的方式检索文献。在网络产生之前，文献检索一般采用手工的方法。使用的检索工具主要为书本型、卡片式的信息系统，即目录、索引、文摘和各类工具书（如百科全书、年鉴、手册、名录、字典、词典、表谱、图录等），主要为印刷型文献资料。

1. 目录、索引、文摘

目录也称书目，它是一种著录一批相关图书或其他类型出版物，并按一定次序编排而成的检索工具。

索引是记录一批或一种图书、报刊等所载的文章篇名、著者、主题、人名、地名、名词术语等，并标明出处，按一定排检方法组织起来的一种检索工具。索引不同于目录，它是对出版物（书、报、刊等）内的文献单元、知识单元、内容事项等的揭示，并注明出处，方便进行细致深入的检索。

文摘是以提供文献内容梗概为目的，不加评论和补充解释，简明、确切地记述文献重要内容的短文。汇集大量文献的文摘，并配上相应的文献题录，按一定的方法编排而成的检索工具，称为文摘型检索工具，简称文摘。

2. 百科全书

百科全书是概述人类一切门类或某一门类知识的完备工具书，是知识的总汇。它是对人类已有知识进行汇集、浓缩并使其条理化的产物。百科全书一般按条目（词条）字顺编排，另附有相应的索引，可供迅速查检。

3. 年鉴

年鉴是指按年度系统汇集一定范围内的重大事件、新进展、新知识和新资料，供读者查阅的工具书。它按年度连续出版，所收内容一般以当年为限。年鉴可用来查阅特定领域在当年的发生事件、进展、成果、活动、会议、人物、机构、统计资料、重要文件或文献等方面的信息。

4. 手册、名录

手册是汇集经常需要查考的文献、资料、信息及有关专业知识的工具书。名录是提供有关专名（人名、地名、机构名等）简明信息的工具书。

5. 字典、词典

字典和词典是最常用的一类工具书。字典是为字词提供音韵、意思解释、例句、用法等的工具书。词典是按一定的次序编列词语，并加以解释的工具书，分为语言性词典和知识性词典。

6. 表谱、图录

表谱是将纷繁复杂的历史人物、事件、年代用简明的表格、谱系等形式表现出来的工具书，具有精要、便览、易查等特点。

图录又称图谱，是用绘画、摄影等方式反映事物或人物形象的工具书，主要有历史图录、人物图录、艺术图录、文物图录、科技图录、地图等。图录提供文字以外的形象、直观的资料。

印刷型文献是当前和今后相当长时间内的文献主体，而电子文献是今后文献的发展方向。一般而言，20世纪90年代之后的一些文献可以在网络上获得原文文件，但是20世纪90年代之前的大多数文献还是要通过印刷型文献获取。

二、手工检索的方法和特点

手工检索的常用方法有直接检索法和间接检索法两种。直接检索法即直接从报刊中通过浏览获取所需信息的一种方法。间接检索法即通过检索工具的指引进行查找，并获取所需信息的一种方法。

手工检索到的文献，在有复印机之前，必须用手摘抄下来，摘抄的过程十分缓慢。在图书馆仅有一本相关资料时，仅可供一人查找。在有复印机之后，手工检索的文献可以复印成纸质版进行保存，速度稍微加快了一点。但纸质版的文献也不好保存，日久纸张发黄，而且不好分类和管理。

第四节 文献检索的现状

网络产生之后，随着数据库文献的电子化，文献的类型由纸质版文献或者印刷型文献发展到电子版文献。电子版文献简称电子文献。现代的文献检索一般是用计算机对电子化数据库内的文献进行检索，这种检索方式称为计算机检索，具体是指人们利用数据库、计算机软件技术、计算机网络及通信系统进行文献检索，其检索过程是在人机的协同作用下完成的。

一、文献的电子化

电子文献的分类十分复杂。按照载体的形态，电子文献可分为软磁盘（FD）文献、只读光盘（CD-ROM）文献、可擦写光盘（CD-RW）文献等。

按照文献的电子格式，电子文献可以分为文本格式的 TXT 文件、DOC 文件、PDF 文件，图像格式的 GIF 文件、JPG 文件，以及标记文件格式的 HTML 文件和 XML 文件等。

按照出版周期和内容特点，电子文献可以分为电子期刊、电子图书、电子报纸及数据库等。数据库是指至少由一种文档组成，能满足特定目的或特定功能需要的数据集合。

按照内容的性质和时效性，电子文献可以分为论文文献和动态消息。

按照版权状况，电子文献可以分为有版权电子文献和无版权电子文献。

从文献信息利用的角度来看，电子文献可以分为有版权的电子期刊、电子图书及报告，这类电子文献的学术价值相对较高；单篇论文和动态性的电子文献有时虽然没有注明版权，但也有一定的参考价值。

二、数据库的增多

图书馆是人类的知识宝库，存储着丰富的文献信息资源。目前，国内和国外的数据库一般都整合在图书馆的电子资源中。例如，在暨南大学图书馆的首页（图 1-2）下方有各种数据库的链接入口（图 1-3）。

数据库是可以共享的某些具有共同存取方式和一定组织方式的相关数据的集合，它主要由文档、记录和字段构成。

图 1-2　暨南大学图书馆首页

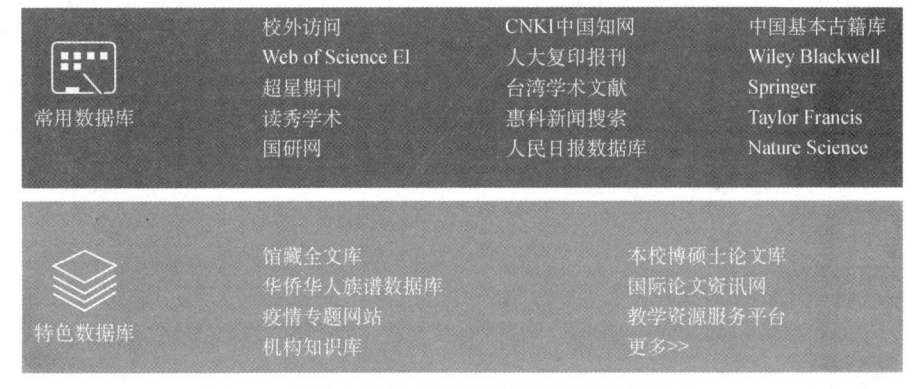

图 1-3　暨南大学图书馆首页上的数据库链接入口

文档（file）是数据库中一部分记录的集合，相当于文件夹，包括很多记录。

记录（record）是文档的基本单元，是对某一文献的全部相关属性进行描述的结果。在数据库中一个记录就是一条文章或题录；在全文数据库中就是一篇完整的文献。每一个记录一般由若干个描述性的字段（field）构成，如标题字段、作者字段、文章字段、来源字段、主题词字段等。

根据提供数据库的国家，可将常用数据库分为国内常用数据库和国外常用数据库。

1. 国内常用数据库

（1）中国知识资源总库　　中国知识资源总库（http://www.cnki.net），就是中国知识基础设施工程（China National Knowledge Infrastructure，CNKI），简称中国知网，是目前中文数据量最大的数字图书馆。它的资源包含中国学术期刊网络出版总库、中国优秀硕士学位论文全文数据库、中国博士学位论文全文数据库、中国重要会议论文全文数据库、中国重要报纸全文数据库、中国年鉴全文数据库、中国工具书网络出版总库。中国知网的首页如图 1-4 所示。

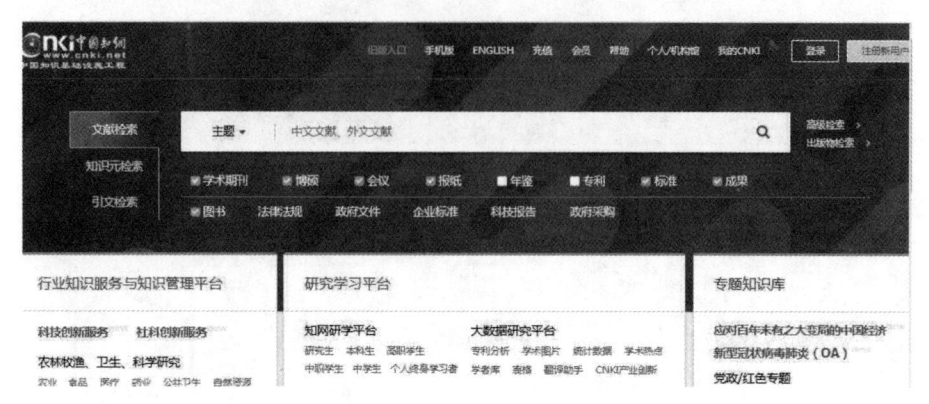

图 1-4　中国知网首页

从中国知网下载的全文文献为 CAJ 或 PDF 格式。打开和阅读 CAJ 格式的文件需要用 CAJViewer 软件；打开和阅读 PDF 格式的文件需要用 Adobe Acrobat Reader 软件。这两个软件可以在中国知网的下载中心或其他网站下载安装使用。

（2）万方数据　　万方数据（http://www.wanfangdata.com.cn）由北京万方数据股份有限公司创办，收录的资源包括学术期刊、会议论文、学位论文、科技成果、标准、专利、法律法规等。万方数据首页如图 1-5 所示。

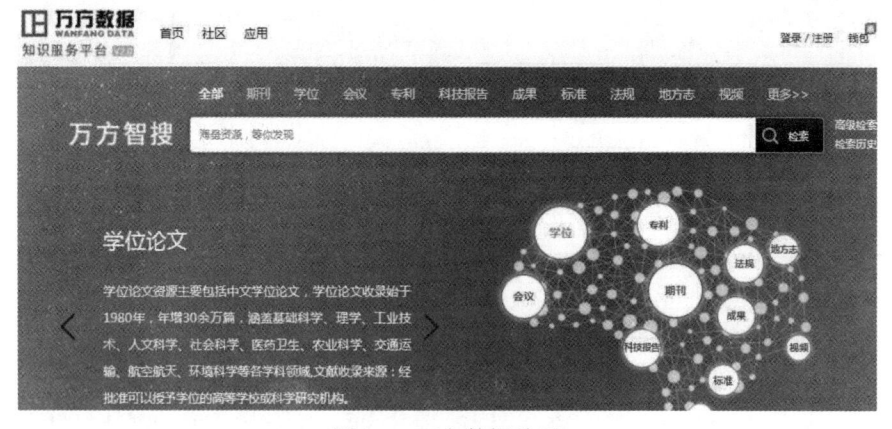

图 1-5　万方数据首页

（3）维普资讯　　维普资讯（http://www.cqvip.com/）由重庆维普资讯有限公司建立，是综合性期刊数据库，包括 1989 年以来医药卫生、自然科学、工程技术、农业、经济、教育和图书情报等方面的资源。维普资讯首页如图 1-6 所示。

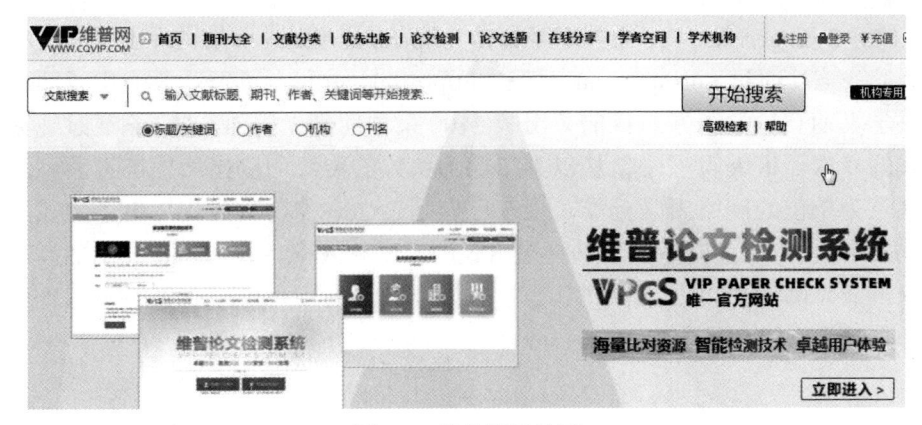

图1-6　维普资讯首页

（4）中国生物医学文献数据库　中国生物医学文献数据库（China Biology Medicine disc，CBMdisc）是由中国医学科学院医学信息研究所于1994年研制开发的综合性中文医学文献数据库，收录了1978年以来1600余种中国生物医学期刊及汇编、会议论文的文献记录，总计超过400万条记录，年增长量约35万条。涉及基础医学、临床医学、预防医学、药学、中医学及中药学等生物医学领域的各个方面，是目前国内医学文献的重要检索工具。其首页如图1-7所示。

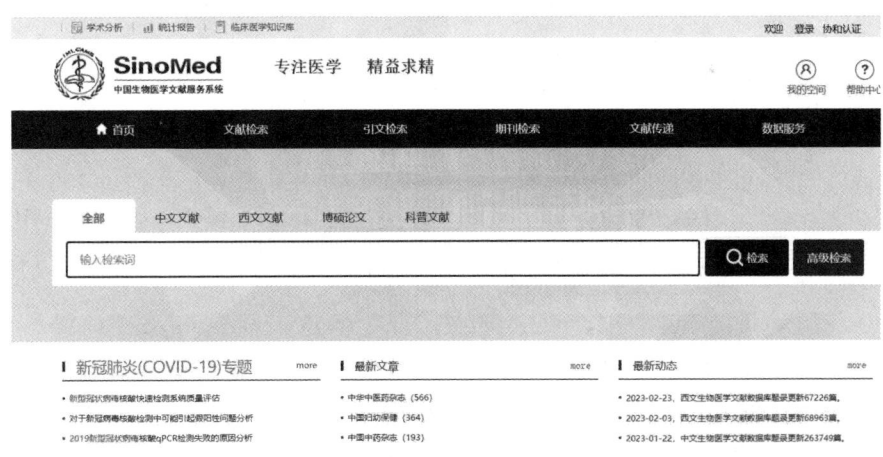

图1-7　中国生物医学文献数据库首页

2. 国外常用数据库

（1）ISI Web of Knowledge　ISI Web of Knowledge（WoK）是由Thomson Reuters提供的学术信息资源整合平台，包括的数据库有Web of Science、BIOSIS Previews、Current Contents Connect、MEDLINE、INSPEC、中国科学引文数据库等。WoK首页的默认检索是所有数据库检索，可同时检索多个数据库，其优点是引导用户查找全文文献。通过页面上的"Select a Database"可以选择单库检索。

（2）SpringerLink　　德国施普林格（Springer-Verlag）是世界上著名的科技出版社，该社通过 SpringerLink 系统（http://link.springer.com/）发行电子图书并提供学术期刊检索服务。目前共出版 2100 余种期刊。SpringerLink 通过纯数字模式的专家评审编辑程序，从以卷、期为单位的传统印刷出版标准过渡到以单篇文章为单位的网络出版标准，现在已有超过 200 种期刊优先以电子方式出版（online first），大大提高了文献网上出版的速度和效率，并保持了文献的高质量要求。非订阅用户可以查看文献题录、摘要。订阅用户可以查看、下载免费全文和自己订阅的全文。SpringerLink 首页如图 1-8 所示。

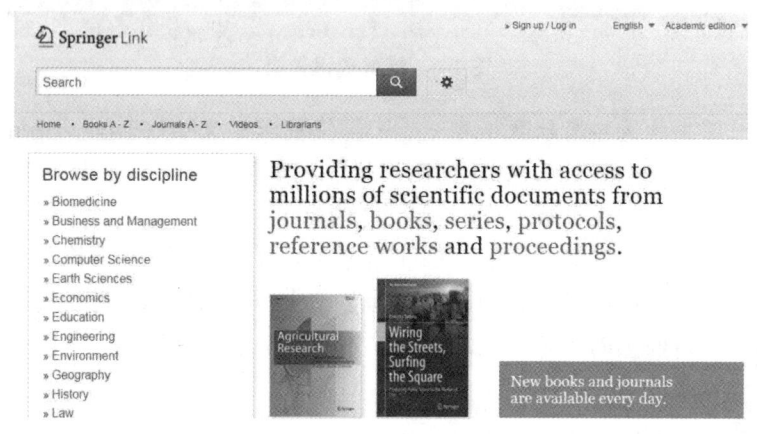

图 1-8　SpringerLink 首页

（3）Wiley Blackwell　　Wiley Blackwell 是当今世界最重要的教科书和专业出版商之一，同时也是最大的学术出版机构。Wiley Blackwell 与超过 700 个非营利协会合作——出版的期刊代表了这些学科的尖端研究成果，并且是学术团体的核心。Wiley Blackwell 的网址为 http://onlinelibrary.wiley.com/，首页如图 1-9 所示。

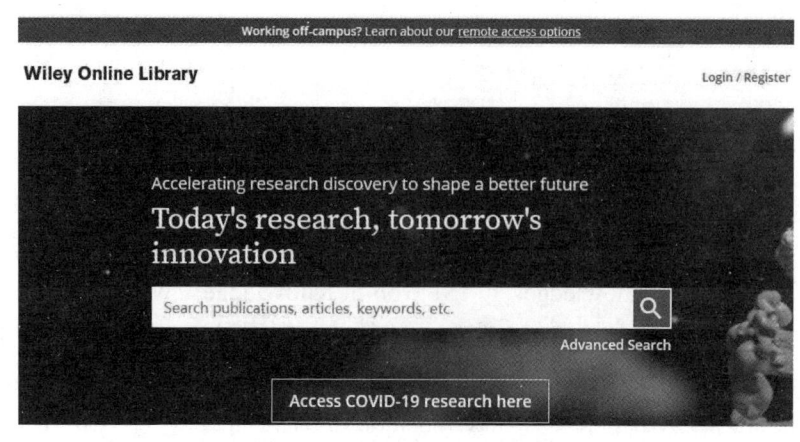

图 1-9　Wiley Blackwell 首页

（4）Elsevier ScienceDirect　　Elsevier（爱思唯尔）是荷兰的学术出版商，有 100 多年的历史，出版内容涉及自然科学、工程学、医学、生命科学、社会科学及人文等多个学科。它提供 2200 多种期刊和数千种图书的全文文献。用户无论是否订阅 Elsevier 期刊，在浏览器中输入 Elsevier 的在线检索平台 ScienceDirect 的网址（http://www.sciencedirect.com），都可以进入该平台。非订阅用户可以查看文献题录、摘要及免费全文。订阅用户可以查看、下载免费全文和自己订阅的全文。Elsevier ScienceDirect 首页如图 1-10 所示。

图 1-10　Elsevier ScienceDirect 首页

（5）PubMed　　PubMed 是生物医学领域的数据库，由美国国立医学图书馆的生物技术信息中心开发研制。它的数据每周更新，访问免费，具有使用方便、检索质量高、检索功能强大、外部链接丰富、服务个性化等优点，是生物医学领域科研人员和临床医务人员不可缺少的文献信息源。PubMed 可通过 NCBI 首页上的 PubMed 链接进入（https://pubmed.ncbi.nlm.nih.gov/），也可从暨南大学图书馆上的链接进入。PubMed 收录了 1948 年以来世界上 80 多个国家和地区医学、生命科学方面的 5400 多种期刊和电子图书。PubMed 首页如图 1-11 所示。

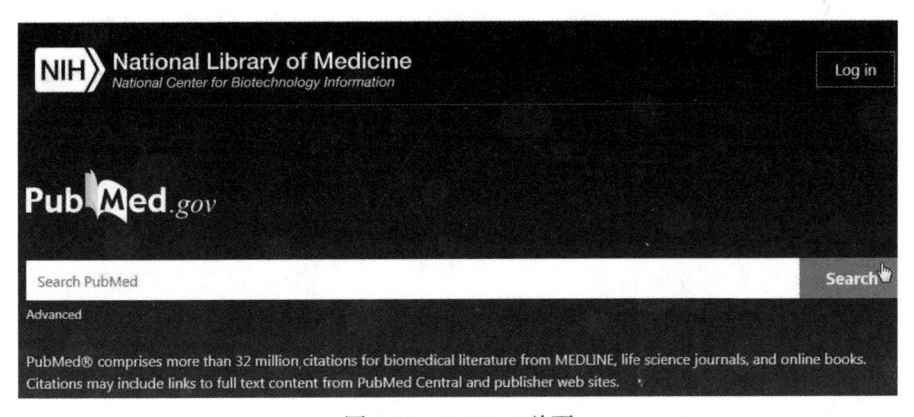

图 1-11　PubMed 首页

在查找文献时不需要进入每一个数据库查询，一般的选择原则是中文用 CNKI，英文用 ISI Web of Knowledge（WoK），其他数据库作为补充。

三、个人文献管理软件的增加

个人文献管理软件是一种用于帮助用户组织、管理与课题有关的参考文献，建立个人参考文献数据库的软件。在没有文献管理软件之前，个人下载的文献往往是单个文件，难以管理。目前已经出现了很多管理文献的软件，使下载和管理文献变得十分容易。

1. 个人文献管理软件的种类

目前应用最广的个人文献管理软件是 EndNote、Reference Manager、ProCite 单机系列产品和 Web 版 Refworks 及国内的 NoteExpress 软件：①EndNote 的主要特点是直观和客户化，易学易用；②Reference Manager 的功能非常强大，可以实现在互联网上的书目检索并创建适合研究论文写作的专业书目数据，它可以在多个打开的数据库上检索，并提供拼写检查、同义词等功能，网络版允许许多用户对数据进行读写操作，更适合研究工作组的集体使用；③ProCite 提供高级检索和排序功能，使数据易于存储，是图书管理和针对特殊馆藏的理想软件；④NoteExpress 软件内置 3000 多种国内外学术期刊和高校论文参考文献格式，并支持不同参考文献格式一键转换。

2. 个人文献管理软件的功能

1）批次输入文献：系统提供了各种数据库的检索结果直接转入系统的功能，用户可以将不同数据库的检索结果直接输入，成为格式一致的文献。

2）检索查询功能：文献输入后，可按不同字段进行检索，利用 Author、Title、Journal、Keyword、Subject 等进行布尔逻辑组配检索，并可排序或增删记录。

3）查重：当用户陆续汇集许多资料后，系统可以自动查重，并允许将重复的记录删除。

4）可加注个人读书笔记：使用者可以随时将读书心得加入该文献记录，方便以后写文章时直接调用。

5）自动生成参考文献目录：写文章时，可以在 Word 文本中插入附注，在文章末尾自动生成参考文献目录。

6）自动生成期刊所需的参考文献格式：这些软件可以提供数百种期刊的引用格式供用户选择。由于在科学领域内没有标准的文献引用格式，投稿时，不同的期刊有不同的投稿要求，该功能极大地方便了读者投稿。

7）产生科技论文写作模板、简化论文投稿程序：这些软件的开发人员针对不同期刊的写作要求，一步到位地建立符合投稿要求的论文格式，节省了大量的时间。

电子检索的文献资料主要来自国内外各种数据库。电子检索的结果可以用电子版的方式保存在电脑上，需要的时候随时查看，也可以打印在纸上查看。

第五节　搜索引擎的类型及使用

搜索引擎（search engine）是目前收录与查找网络信息资源的主要工具。使用时只需在搜索框内输入检索词，通过浏览器提交给搜索引擎后，检索软件即可根据输入信息进行搜索，获得检索结果并输出。按照检索语言，网络搜索引擎可以分为三种类型：关键词型搜索引擎、分类型搜索引擎和混合型搜索引擎。

关键词型搜索引擎是通过输入关键词来查找所需的信息资料，如百度等。百度（http://www.baidu.com/）是世界上最大的中文搜索引擎。它的使用十分简单，只需在首页的搜索框内输入查询内容并按"Enter"键，或单击"百度一下"按钮即可得到搜索结果。

分类型搜索引擎是把搜集到的信息资源按照一定的主题进行分门别类，建立分类目录，大目录下包含子目录，如此依次建立一层层有包含关系的分类目录，如新浪新闻搜索。

混合型搜索引擎兼有关键词型和分类型两种检索方式，既可直接输入检索词查找特定资源，又可浏览分类目录了解某个领域范围内的资源，如搜狗搜索和微软搜索引擎 Bing（必应）。下面介绍一些常用搜索引擎的使用。

一、搜狗搜索引擎的使用

搜狗搜索（http://www.sogou.com/）是搜狐公司于 2004 年 8 月推出的全球首个第三代互动式中文搜索引擎。搜狗搜索首页如图 1-12 所示。在搜索框内输入检索词就可以进行搜索。

图 1-12　搜狗搜索首页

二、微软搜索引擎 Bing 的使用

微软搜索引擎 Bing（必应）中文版（https://cn.bing.com/）于 2009 年由微软公司推出。必应提供了页面搜索、图片搜索、视频搜索、词典搜索、学术搜索、地图搜索等功能，其首页如图 1-13 所示。

图 1-13　必应首页

三、新浪新闻搜索引擎的使用

新浪新闻搜索（http://uni.sina.com.cn/index.php）是全球最大的中文网络门户新浪网站的一个搜索引擎，其首页如图 1-14 所示。输入检索词后，可以在新闻中搜索，也可以在博客、微博、图片、视频中搜索。

图 1-14　新浪新闻搜索首页

这些搜索引擎都为文献检索提供了很好的途径。但是由于获取信息相对容易，对人的思考能力反而要求更高。如何利用收集的信息？如何判断信息的质量？这些取决于一个人对信息的利用能力。

第二章 EndNote X9 软件的使用

EndNote 是 Thomson Scientific 公司开发的一个参考文献管理软件。EndNote 系列软件可以快速地查找并下载大量的文献。在写作时，还能够利用其插入参考文献，任意修改参考文献的格式，而且其兼容性好，同时支持中文数据库和英文数据库的导出。使用它可以实现对文献的便捷管理，从而节省大量的时间。现在的最新版本是 EndNote 20（2020 年发布）。最新版本的兼容性不如旧的版本，所以本章以 EndNote X9 软件为例逐一介绍其使用方法。

本章思维导图：

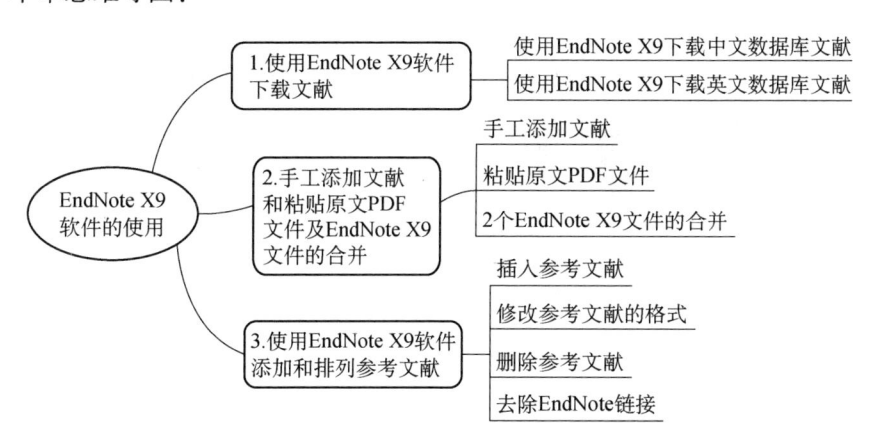

```
                                    ┌─ 使用EndNote X9下载中文数据库文献
                   1.使用EndNote X9软件下载文献
                                    └─ 使用EndNote X9下载英文数据库文献
                                    
                                    ┌─ 手工添加文献
EndNote X9         2.手工添加文献和粘贴原文PDF   ├─ 粘贴原文PDF文件
软件的使用          文件及EndNote X9文件的合并     └─ 2个EndNote X9文件的合并
                   
                                    ┌─ 插入参考文献
                   3.使用EndNote X9软件         ├─ 修改参考文献的格式
                   添加和排列参考文献           ├─ 删除参考文献
                                    └─ 去除EndNote链接
```

第一节 使用 EndNote X9 软件下载文献

安装 EndNote X9 十分简单，只需点击安装程序，依次点击"Next"就可以完成安装过程。安装完成后，就可以使用。

使用 EndNote X9 软件可以下载中文文献和英文文献。在下载文献之前，首先需要确定合适的关键词。确定关键词之后，就可以使用 EndNote X9 来下载文献了。下面以"石细胞"（stone cell）为例，介绍利用 EndNote X9 从数据库中下载文献的过程。

一、使用 EndNote X9 下载中文数据库文献

使用 EndNote X9 软件可以下载 CNKI、万方数据、维普资讯等数据库中的文献，操作详见本书第三章。

二、使用 EndNote X9 下载英文数据库文献

使用 EndNote X9 软件下载文献的第一步是建立一个新的 EndNote 文件。新建文件的步骤与 Office 等软件新建文件的操作一样，具体步骤如下。

首先打开 EndNote X9 软件，点击"File"菜单中的新建命令，建立一个空白的 EndNote 文件，命名为"My EndNote Library"或其他名称（图 2-1），然后将这个文件保存到电脑上自己选择的位置。下载的文献就可以保存在这个文件中。在下载文献前，这个文件中没有任何文献。

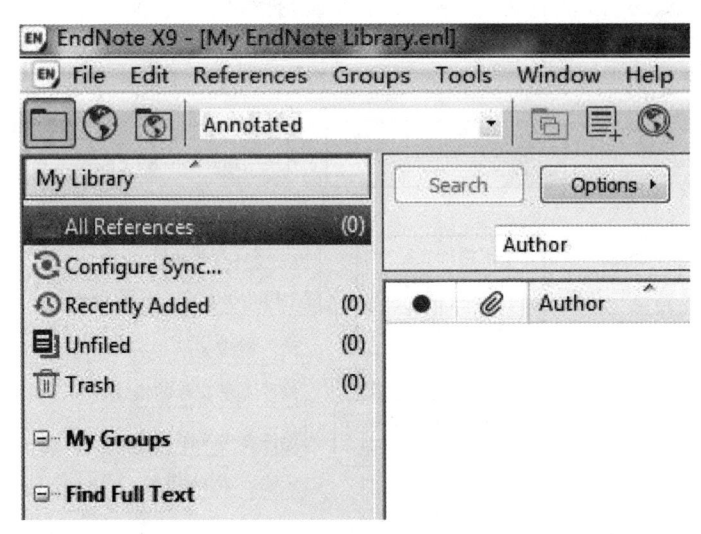

图 2-1 新建一个名为"My EndNote Library"的文件

新建文件后，在这个文件中，点击如图 2-2 所示的"Tools"菜单下拉菜单的第四行"Online Search…"，出现如图 2-3 所示的活动窗口。在这个窗口上选择"PubMed（NLM）"或其他数据库，然后点击"Choose"按钮，连接上数据库后出现如图 2-4 所示的检索界面。在这个界面的最上方，显示"Online Mode"。

第二章　EndNote X9 软件的使用

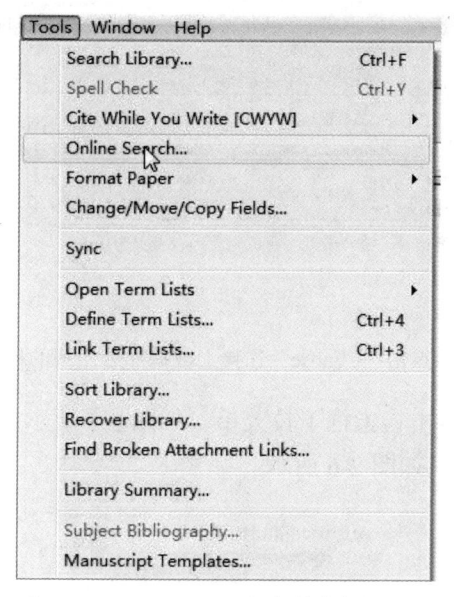

图 2-2　"My EndNote Library"文件中的"Tools"菜单

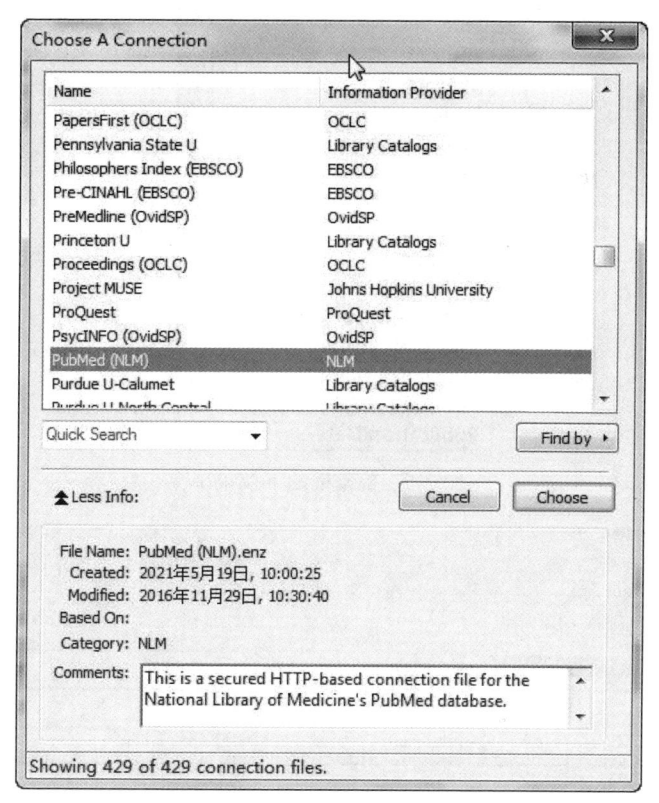

图 2-3　点击"Online Search…"后出现的活动窗口

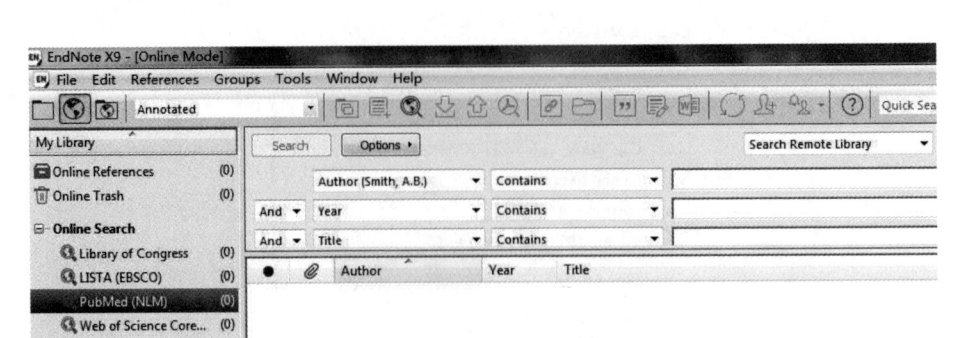

图 2-4　点击"Choose"连接上数据库后出现的检索界面

在这个界面上，点击检索框下拉菜单，如图 2-5 所示。选择"Title"，在检索框内输入"stone cell"，如图 2-6 所示。

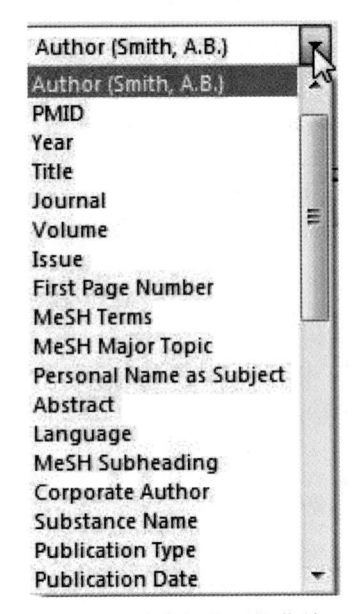

图 2-5　检索框的下拉菜单

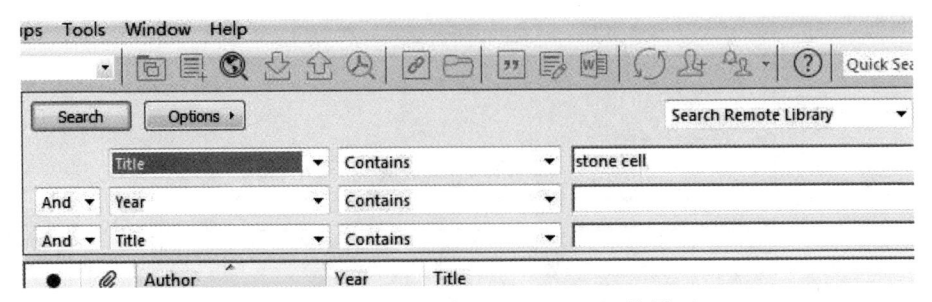

图 2-6　在检索框内输入"stone cell"的界面

在如图 2-6 所示的界面上，点击"Search"按钮，出现如图 2-7 所示的活动窗口，显示找到了 98 篇文献。在这个窗口上点击"OK"按钮。

图 2-7　PubMed 的检索结果

点击"OK"按钮后，将查找到的 98 篇文献全部导入"Online Mode"，如图 2-8 所示。在文献题录框内，同时按住键盘的"Ctrl"和"A"，选择所有的文献题录，右键点击，弹出窗口，选择"Copy References To"→"My EndNote Library.enl"（图 2-9），就可以将文献题录导入"My EndNote Library"中。导入后显示"My EndNote Library"中有 98 篇文献题录（图 2-10）。

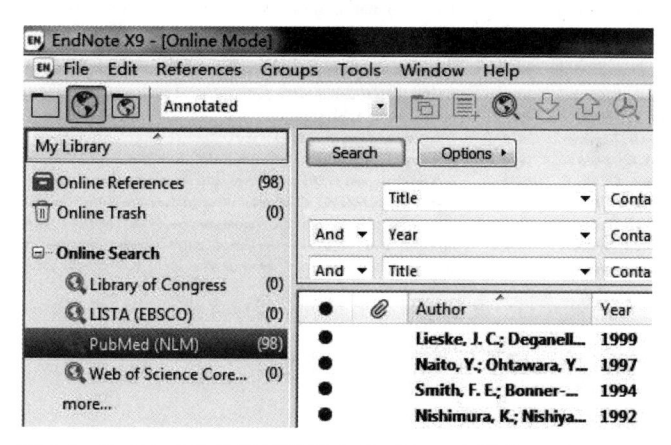

图 2-8　PubMed 的检索结果导入 EndNote 文件的 Online Mode

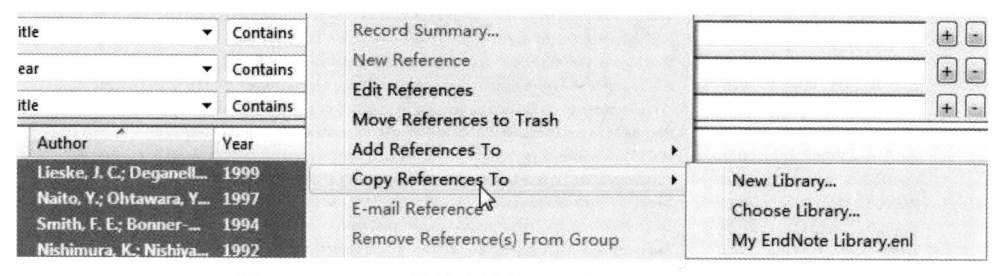

图 2-9　PubMed 的检索结果导入本地 EndNote 文件

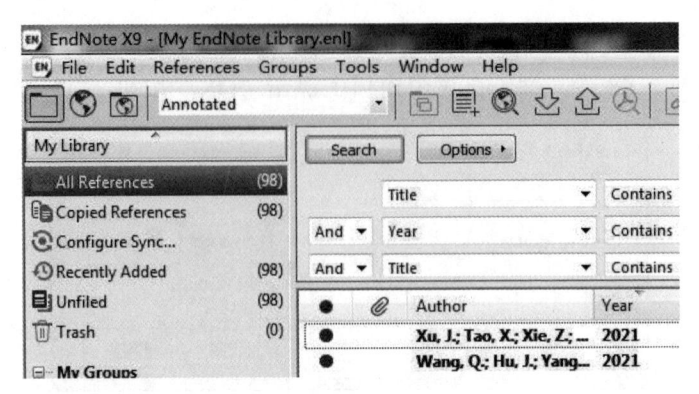

图 2-10 98 篇文献题录已经导入

可见，要查阅 PubMed 数据库中的英文文献，不需要进入 PubMed 的网站，直接利用 EndNote 软件就可以查找并导入文献。

在如图 2-10 所示页面上点击"Author"按钮，文献就按照作者姓名的字母顺序排列，如图 2-11 所示。

图 2-11 文献按作者姓名的字母顺序排列的结果

继续点击"Author"按钮，文献就按照作者姓名字母的反向顺序排列，如图 2-12 所示。

图 2-12 文献按作者姓名的字母反向顺序排列的结果

继续点击"Year"按钮,文献就按照论文发表时间由远到近的顺序排列,如图 2-13 所示。

Author	Year	Title
Smith, W. W.	1935	The Course of Stone Cell Formation in Pear Fruits
Madison, B. B.	1947	Squamous cell carcinoma of the renal fossa following nephrectomy for stone
Kato, T.; Chabata, T.; ...	1966	[A case of squamous cell carcinoma of the renal pelvis associated with staghorn stone]
Baroldi, G.; Milam, J. ...	1974	Myocardial cell damage in "stone hearts"
Rosenberg, R. N.	1977	Neuroblastoma and glioma cell cultures in studies of neurologic functions: the clinician's
Baggio, B.; Gambaro, ...	1984	Relation between band 3 red blood cell protein and transmembrane oxalate flux in stone
Yamaguchi, K.; Ogaw...	1986	[Transitional cell carcinoma developed in association with renal stone and ureter catheter
Janetschek, G.; Putz...	1988	Renal transitional cell carcinoma mimicking stone echoes
Billa, R. F.; Biwole, M. ...	1991	Gall stone disease in African patients with sickle cell anaemia: a preliminary report from
Nishimura, K.; Nishiya...	1992	[A case of renal squamous cell carcinoma associated with giant hydronephrosis and urete
Smith, F. E.; Bonner-...	1994	Pancreatic Reg/pancreatic stone protein (PSP) gene expression does not correlate with
Naito, Y.; Ohtawara, Y...	1997	Morphological analysis of renal cell culture models of calcium phosphate stone formation
Lee, K. T.; Sheen, P. C.	1999	Proliferating cell nuclear antigen expression in peribiliary glands of stone-containing intra

图 2-13　文献按论文发表时间由远到近的顺序排列的结果

再点击"Year"按钮,文献就按照论文发表时间由近到远的顺序排列,如图 2-14 所示。

Author	Year	Title
Xu, J.; Tao, X.; Xie, Z.; ...	2021	PbCSE1 promotes lignification during stone cell development in pear (Pyrus brets
Wang, Q.; Hu, J.; Yang...	2021	Anatomy and lignin deposition of stone cell in Camellia oleifera shell during the yo
Wahyudi, S. S.; Rozidi...	2021	Giant bladder stone with squamous cell carcinoma of bladder: Case report and the
Mamat, A.; Tusong, K...	2021	Integrated transcriptomic and proteomic analysis reveals the complex molecular
Grytting, V. S.; Refsn...	2021	Respirable stone particles differ in their ability to induce cytotoxicity and pro-infla
Gachechiladze, M.; U...	2021	LC3A positive "stone like structures" are differentially associated with survival ou
Chen, J.; Lazarus, H. ...	2021	Getting blood out of a stone: Identification and management of patients with poo
Cai, H.; Xu, H.; Chu, H....	2021	Fabrication of multi-functional carbon dots based on "one stone, three birds" stra
Yang, X. C.; Li, Q.; Tan...	2020	One Stone, Two Birds: pH- and Temperature-Sensitive Nitrogen-Doped Carbon D
Wang, X.; Liu, S.; Liu, ...	2020	Biochemical characterization and expression analysis of lignification in two pear (P
Wang, B.; He, G.; Xu, ...	2020	miRNA-34a inhibits cell adhesion by targeting CD44 in human renal epithelial cells
Thongtip, S.; Siviroj, ...	2020	A suitable biomarker of effect, club cell protein 16, from crystalline silica exposur
Sicard, G.; Fina, F.; Fa...	2020	Like a Rolling Stone: Sting-Cgas Pathway and Cell-Free DNA as Biomarkers for Con

图 2-14　文献按论文发表时间由近到远的顺序排列的结果

假如引用的文献没有在这个数据库中,可以采用手工的方法把该文献导入"My EndNote Library"中。

第二节　手工添加文献和粘贴原文 PDF 文件及 EndNote X9 文件的合并

EndNote X9 软件除可从网站上下载文献外,也可以手工添加文献,还能够将

PDF 格式的原文文件添加到文献的题录中。

一、手工添加文献

如何将一篇文章的题录导入"My EndNote Library"呢？例如，这篇文章的作者为"王永飞，马三梅"，题目为"在四种新碱基的教学中培养学生的提问能力"，发表在 2019 年《生命的化学》上，卷期为"39（5）"，页码为"1025-1028"。

首先新建一个"My EndNote Library"文件，或者打开上一节中已有的文件，点击"References"菜单，在下拉菜单中选择"New Reference"，如图 2-15 所示。

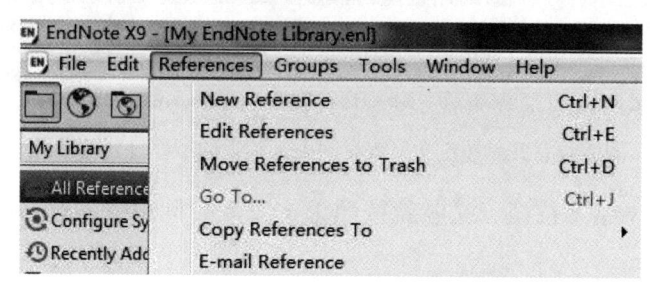

图 2-15　EndNote 文件中的 References 菜单

点击后进入如图 2-16 所示的界面。在这个界面上可以添加新的文献。

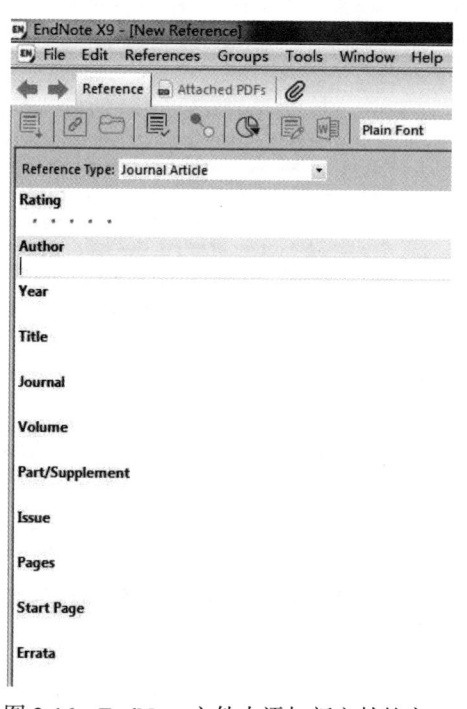

图 2-16　EndNote 文件中添加新文献的窗口

在图 2-16 所示界面上点击"Author",在"Author"下面可以添加作者,作者之间用回车键换行;在"Year"下面添加年份"2019";在"Title"下面添加 "在四种新碱基的教学中培养学生的提问能力";在"Journal"下面添加"生命的化学";在"Volume"下面添加"39";在"Issue"下面添加"5";在"Pages"下面添加"1025-1028",如图 2-17 所示。

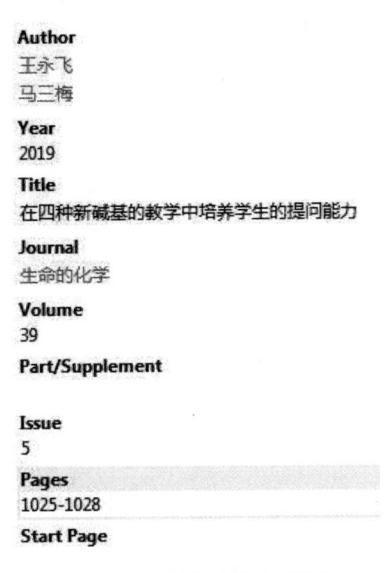

图 2-17　添加文献的信息

然后关闭这个窗口,在弹出的窗口上,点击"Yes"按钮,如图 2-18 所示,就可以在"My EndNote Library"文件中发现刚刚添加的文献,如图 2-19 所示。

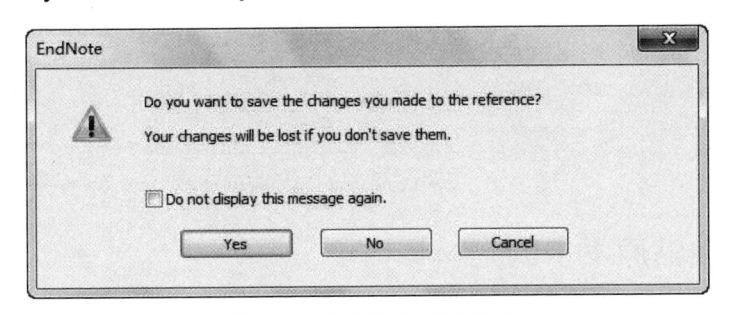

图 2-18　关闭后出现的弹窗

图 2-19　添加了一篇中文文献的 EndNote 文件

如果想删除一篇文献，仅仅需要先选定这篇文献，选定后的文献变成蓝色，然后点击鼠标右键，在弹出的活动窗口中选择"Move References to Trash"（图 2-20），就可以删除这篇文献。

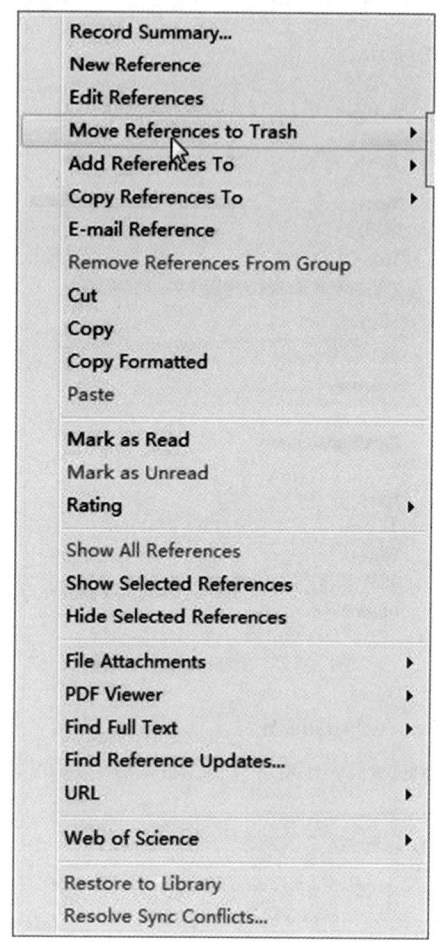

图 2-20　删除 EndNote 文件中的文献

二、粘贴原文 PDF 文件

EndNote X9 软件还可以将 PDF 格式的原文文件粘贴到 EndNote 文件中。我们还以上文的《在四种新碱基的教学中培养学生的提问能力》这篇文章为例。首先把这篇文章的 PDF 全文文件存放到电脑上选定的位置，之后打开"My EndNote Library"文件，选定这篇文献的题录后双击鼠标，进入编辑文献的窗口，如图 2-21 所示。

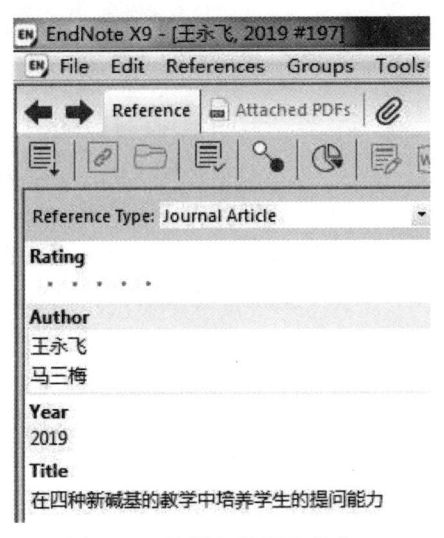

图 2-21 编辑文献题录的窗口

在图 2-21 所示的窗口上点击曲别针符号"   ",会弹出一个活动窗口,选择文献的 PDF 文件,点击"打开"按钮,就可以将这个 PDF 文件粘贴到这个文献的题录中。

当弹出如图 2-22 所示的窗口时,点击"Yes"按钮,就可以发现打开了 PDF 文件,继续关闭编辑文献窗口,就可以进入所有文献的窗口,在这个窗口中可以发现这个文献的作者左侧出现了一个曲别针符号"   ",表示这篇文献有一个 PDF 格式的文件,如图 2-23 所示。

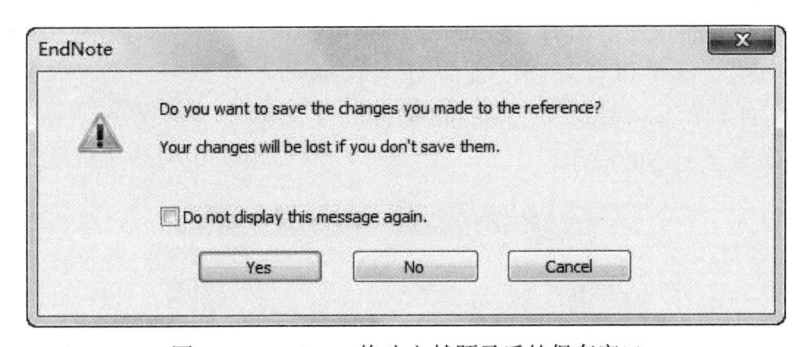

图 2-22 EndNote 修改文献题录后的保存窗口

图 2-23 粘贴 PDF 文件后的工作窗口

图 2-24　粘贴 PDF 文件之后的编辑文献窗口

双击这篇文献，就可以进入编辑文献窗口（图 2-24）。发现在这篇文献下面有一个 PDF 文件，双击就可以打开这个文件并进行阅读。

通过粘贴 PDF 文件的功能，可以将文献的题录和原文的 PDF 文件一一对应，保存在这个名为"My EndNote Library"的文件中。可见，通过 EndNote X9 软件可将文献管理得井井有条。

此外，采用与粘贴原文 PDF 文件相似的方法，还可以把图片、Word 文件等相关资料添加到文献中，非常便于阅读、管理、查找及今后的写作。

三、2 个 EndNote X9 文件的合并

每次检索时，如果分别建立了 EndNote 文件，可以将两个 EndNote 文件中的文献题录合并到一个文件中，步骤如下。

打开一个 EndNote 文件，按住"Shift"键，用鼠标左键分别在第一篇和最后一篇文献上点击，选择所有的文献，点击鼠标右键，弹出如图 2-25 所示的窗口，选择"Copy"，然后打开另一个目标 EndNote 文件，打开"Edit"下拉菜单，点击"Paste"，就可以将复制的文献导入目标 EndNote 文件（图 2-26）。多个 EndNote 文件的合并可以多次重复上述的操作。

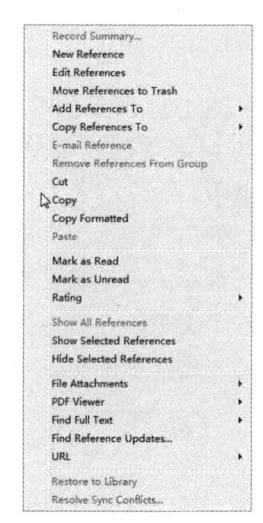

图 2-25　右键弹出窗口

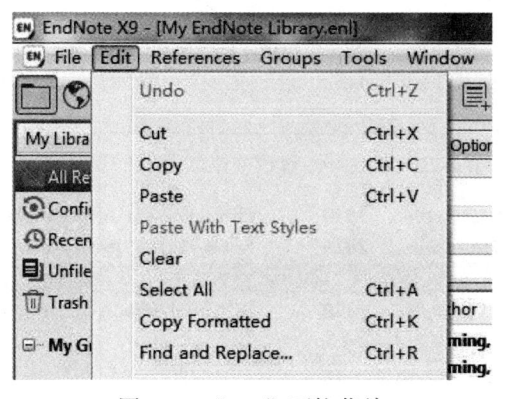

图 2-26　"Edit"下拉菜单

第三节　使用 EndNote X9 软件添加和排列参考文献

EndNote X9 软件还是写作科技论文的好帮手，它可以在 Word 文件中插入参考文献，并能对参考文献格式进行快捷修改，这些功能为使用者排列参考文献节省了大量的时间。

一、插入参考文献

假若想向下面一段文字中插入 3 篇参考文献。

　　目前的教学一般采用了 PowerPoint 软件制作讲义。PPT 制作的各个幻灯片之间呈线性关系，很难看出知识点之间的逻辑关系[1]。一节课下来，甚至一门课下来，学生仅仅看到了一个个独立的知识点，对知识点之间的逻辑关系并不清楚。经过长期的教学实践，杨炳儒教授在计算机专业的一些课程中使用了思维导图（Mind Mapping）[2]。在教学中运用思维导图可以弥补知识点分散的缺陷，增加学生对整体知识框架的理解[3]。由于目前生物学相关课程教学中采用思维导图的并不多，我们在"植物生化与分子生物学"的教学中尝试使用思维导图。

需要引用参考文献的地方分别为[1]、[2]和[3]，引用的文献如下。

　　[1]张帆，杨炳儒. KM 教学法在"数据结构"课程中的研究与应用. 基础教育研究，2010，24：19-20.
　　[2]杨炳儒，张桃红. 理工科课堂 KM 教学法研究. 现代大学教育，2006，4：83-85.
　　[3]张桃红，彭珍，杨炳儒，谢永红."C 程序设计"课程的 KM 教学法研究. 计算机教育，2010，2：113-115+101.

首先查找资料，创建一个含有需要插入参考文献的 EndNote 文件，如图 2-27 所示。打开这个 EndNote 文件，选定一篇要插入的文献使其变成蓝色。

图 2-27　含有 3 篇参考文献的 EndNote 文件

将上述需插入参考文献的文字输入 Word 文件，然后将光标放到需要插入文献的位置，在 EndNote 中打开"Tools"菜单下的"Cite While You Write [CWYW]"，当"Insert Selected Citation(s)"字迹呈现灰色（图 2-28）时，无法插入文献。

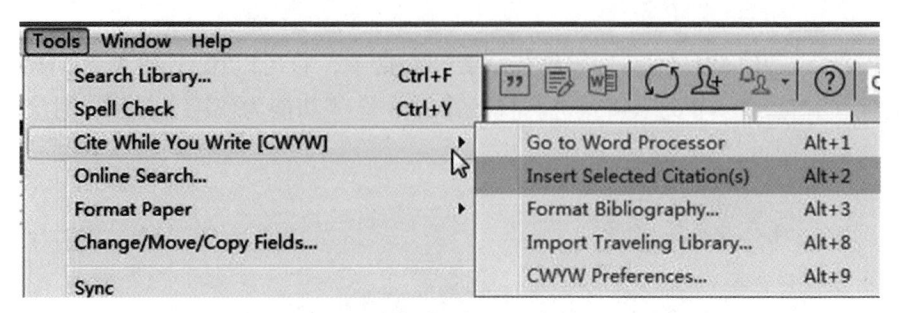

图 2-28　还没有加载到 Word 中的 EndNote

打开 Word 文件，选择"文件"→"选项"→"加载项"（图 2-29），点击"确定"。

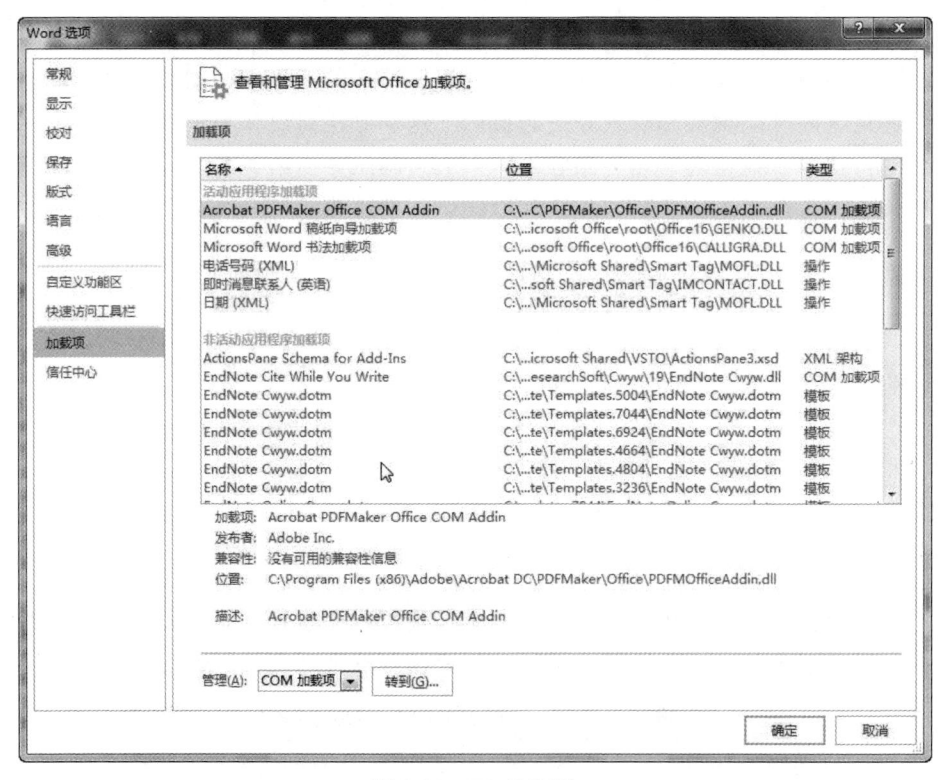

图 2-29　Word 选项

在 COM 加载项中（图 2-30），在"EndNote Cite While You Write"左侧打钩，点击"确定"按钮，就可以在 Word 中出现"EndNote X9"的菜单。此时，在 EndNote

中打开"Tools"菜单下的"Cite While You Write［CWYW］",当"Insert Selected Citation(s)"字迹呈现黑色时(图 2-31),可以插入文献。

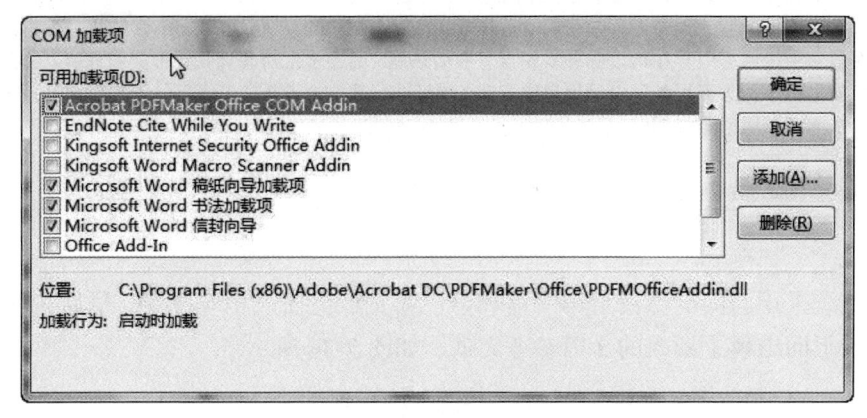

图 2-30　COM 加载项

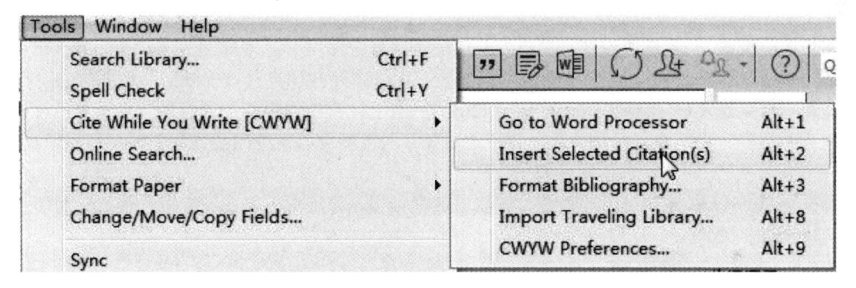

图 2-31　从 EndNote 文件往 Word 中插入选定的文献

也可以打开 Word 文件"EndNote X9"下拉菜单中的"EndNote X9",在下拉菜单中选择"Insert Citation",继续打开"Insert Citation"右侧的小三角,打开下拉菜单,选择"Insert Selected Citation(s)",就可以插入对应的文献(图 2-32)。

图 2-32　在 Word 文件插入选定的文献

当文献成功插入后,将光标放到文献插入处,作者姓名的背景色就变成灰色,并且在这段文字的下面出现了第一篇参考文献(图 2-33)。

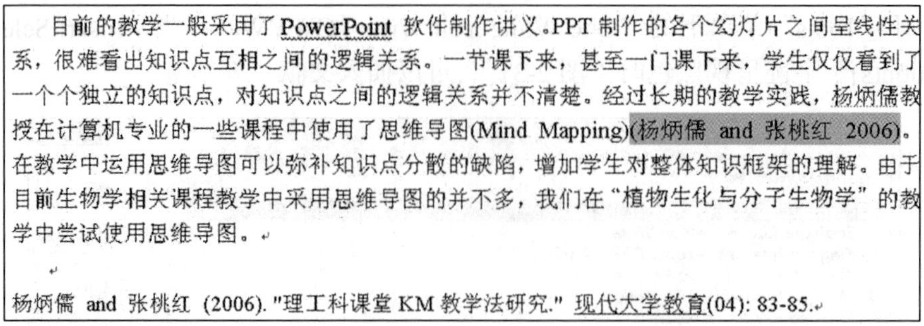

> 目前的教学一般采用了 PowerPoint 软件制作讲义。PPT 制作的各个幻灯片之间呈线性关系，很难看出知识点互相之间的逻辑关系。一节课下来，甚至一门课下来，学生仅仅看到了一个个独立的知识点，对知识点之间的逻辑关系并不清楚。经过长期的教学实践，杨炳儒教授在计算机专业的一些课程中使用了思维导图(Mind Mapping)(杨炳儒 and 张桃红 2006)。在教学中运用思维导图可以弥补知识点分散的缺陷，增加学生对整体知识框架的理解。由于目前生物学相关课程教学中采用思维导图的并不多，我们在"植物生化与分子生物学"的教学中尝试使用思维导图。
>
> 杨炳儒 and 张桃红 (2006). "理工科课堂 KM 教学法研究." 现代大学教育 (04): 83-85.

图 2-33　插入一篇文献后的 Word 文件

继续采用前面的方法将第二篇和第三篇文献也插入相应位置。最后，在这段文字的下面出现了插入的 3 篇参考文献，如图 2-34 所示。

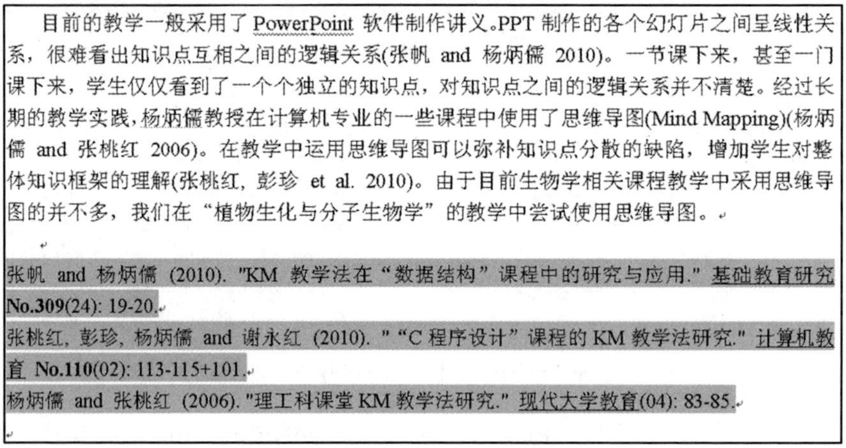

> 目前的教学一般采用了 PowerPoint 软件制作讲义。PPT 制作的各个幻灯片之间呈线性关系，很难看出知识点互相之间的逻辑关系(张帆 and 杨炳儒 2010)。一节课下来，甚至一门课下来，学生仅仅看到了一个个独立的知识点，对知识点之间的逻辑关系并不清楚。经过长期的教学实践，杨炳儒教授在计算机专业的一些课程中使用了思维导图(Mind Mapping)(杨炳儒 and 张桃红 2006)。在教学中运用思维导图可以弥补知识点分散的缺陷，增加学生对整体知识框架的理解(张桃红, 彭珍 et al. 2010)。由于目前生物学相关课程教学中采用思维导图的并不多，我们在"植物生化与分子生物学"的教学中尝试使用思维导图。
>
> 张帆 and 杨炳儒 (2010). "KM 教学法在"数据结构"课程中的研究与应用." 基础教育研究 No.309(24): 19-20.
> 张桃红, 彭珍, 杨炳儒 and 谢永红 (2010). ""C 程序设计"课程的 KM 教学法研究." 计算机教育 No.110(02): 113-115+101.
> 杨炳儒 and 张桃红 (2006). "理工科课堂 KM 教学法研究." 现代大学教育 (04): 83-85.

图 2-34　插入 3 篇文献后的 Word 文件

二、修改参考文献的格式

在投稿的时候，不同的刊物有不同的格式要求，并且投稿也往往不是一次就能够成功。当改投其他刊物时，就需要修改文献的格式。

在 Word 文件中，点击"EndNote X9"下拉菜单，在"Style"中打开下拉菜单（图 2-35），若选择"Annotated"，表示参考文献的格式为带注解的，此时论文的摘要也出现在文献中，如图 2-36 所示。

若选择"Author-Date"，表示参考文献的格式为"著者-出版年制"。此时论文的摘要自动消失，如图 2-34 所示。

若选择"Numbered"，表示参考文献的格式为"顺序编码制"，参考文献按照引用顺序排列，此时文章中的文献自动变成数字，参考文献的格式自动加上了序号，如图 2-37 所示。

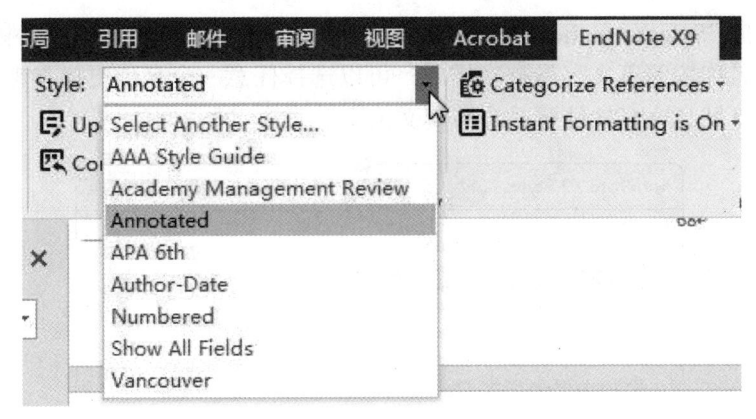

图 2-35　参考文献格式的选择

目前的教学一般采用了 PowerPoint 软件制作讲义。PPT 制作的各个幻灯片之间呈线性关系，很难看出知识点互相之间的逻辑关系(张帆 and 杨炳儒 2010)。一节课下来，甚至一门课下来，学生仅仅看到了一个个独立的知识点，对知识点之间的逻辑关系并不清楚。经过长期的教学实践，杨炳儒教授在计算机专业的一些课程中使用了思维导图(Mind Mapping)(杨炳儒 and 张桃红 2006)。在教学中运用思维导图可以弥补知识点分散的缺陷，增加学生对整体知识框架的理解(张桃红，彭珍 et al. 2010)。由于目前生物学相关课程教学中采用思维导图的并不多，我们在"植物生化与分子生物学"的教学中尝试使用思维导图。

张帆 and 杨炳儒 (2010). "KM 教学法在"数据结构"课程中的研究与应用." 基础教育研究 No.309(24): 19-20.

<正>KM 教学法是由北京科技大学杨炳儒教授倡导提出的，是将"知识逻辑结构"与"思维导图"进行融合，以知识逻辑结构为核心，经宏观知识架构与微观演绎铺展，形成相互融合的教学方法和模式。"数据结构"课程的知识体系安排是在宏观上

图 2-36　Annotated 格式的参考文献

目前的教学一般采用了 PowerPoint 软件制作讲义。PPT 制作的各个幻灯片之间呈线性关系，很难看出知识点互相之间的逻辑关系[1]。一节课下来，甚至一门课下来，学生仅仅看到了一个个独立的知识点，对知识点之间的逻辑关系并不清楚。经过长期的教学实践，杨炳儒教授在计算机专业的一些课程中使用了思维导图(Mind Mapping)[2]。在教学中运用思维导图可以弥补知识点分散的缺陷，增加学生对整体知识框架的理解[3]。由于目前生物学相关课程教学中采用思维导图的并不多，我们在"植物生化与分子生物学"的教学中尝试使用思维导图。

1.　张帆 and 杨炳儒, *KM 教学法在"数据结构"课程中的研究与应用.* 基础教育研究, 2010. No.309(24): p. 19-20.
2.　杨炳儒 and 张桃红, *理工科课堂 KM 教学法研究.* 现代大学教育, 2006(04): p. 83-85.
3.　张桃红, et al., *"C 程序设计"课程的 KM 教学法研究.* 计算机教育, 2010. No.110(02): p. 113-115+101.

图 2-37　Numbered 格式的参考文献

若选择"Select Another Style…",就会出现如图 2-38 所示的刊物名称选择表,这些刊物名称按照英文字母顺序排列,可以选择任意一个名称更换参考文献的格式。由此可见,这个软件更适合写英文论文。

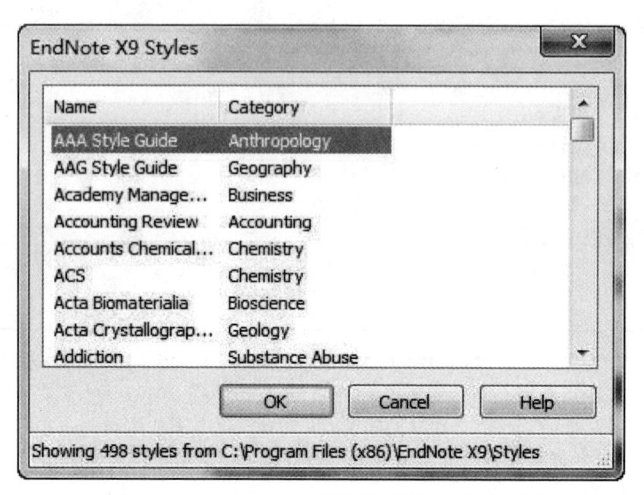

图 2-38 EndNote X9 所带的刊物名称选择表

例如,当选择 Cell 杂志时,点击"OK"按钮,文献就变成如图 2-39 所示的格式,参考文献的引用格式是按 Cell 杂志的要求来排列的。按照这种方法,可以选择不同的刊物来排列参考文献。

图 2-39 按 Cell 杂志格式排列的参考文献

三、删除参考文献

还以上文的那段文字为例,成功插入 3 篇文献后,选择 Numbered 格式即"顺序编码制",对参考文献按照引用顺序进行排列,如图 2-37 所示。

假如想删除参考文献[1]，该如何删除呢？首先打开 Word 文件，将光标放到"[1]"处，选定，使其变成黑色，如图 2-40 所示。

> 目前的教学一般采用了 PowerPoint 软件制作讲义。PPT 制作的各个幻灯片之间呈线性关系，很难看出知识点互相之间的逻辑关系[1]。一节课下来，甚至一门课下来，学生仅仅看到了一个个独立的知识点，对知识点之间的逻辑关系并不清楚。经过长期的教学实践，杨炳儒教授在计算机专业的一些课程中使用了思维导图(Mind Mapping)[2]。在教学中运用思维导图可以弥补知识点分散的缺陷，增加学生对整体知识框架的理解[3]。由于目前生物学相关课程教学中采用思维导图的并不多，我们在"植物生化与分子生物学"的教学中尝试使用思维导图。
>
> 1. 张帆 and 杨炳儒, *KM 教学法在"数据结构"课程中的研究与应用*. 基础教育研究, 2010. **No.309**(24): p. 19-20.
> 2. 杨炳儒 and 张桃红, *理工科课堂 KM 教学法研究*. 现代大学教育, 2006(04): p. 83-85.
> 3. 张桃红, et al., *"C 程序设计"课程的 KM 教学法研究*. 计算机教育, 2010. **No.110**(02): p. 113-115+101.

图 2-40　删除 Word 文件中引用的文献

然后按键盘上的"Delete"键。就可以将"[1]"删除，同时文献列表中的文献[1]也被删除，其余的文献自动排序。

可见通过这个软件来排列参考文献，可以节省写作过程中因删除参考文献而重新排序所花费的时间。

四、去除 EndNote 链接

按照前面介绍的插入参考文献的方法，将全部文献插入后，选定格式排版。由于投稿时的 Word 文件不需要链接这个 EndNote 文件，因此在投稿之前要去除 EndNote 文件的链接。

在 Word 文件中，点击"EndNote X9"下拉菜单中的"Convert Citations and Bibliography"右侧的三角形，在下拉菜单中选择"Convert to Plain Text"，如图 2-41 所示。点击一下，出现如图 2-42 所示的窗口。

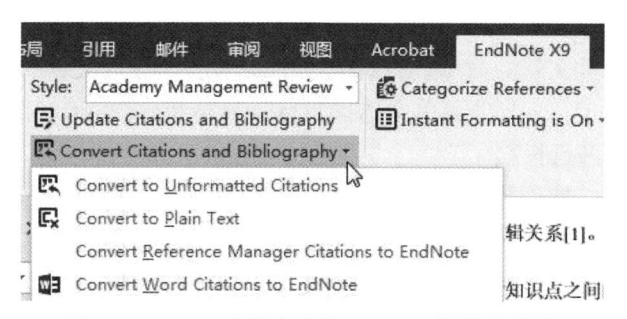

图 2-41　Word 文件中去除 EndNote 链接的菜单

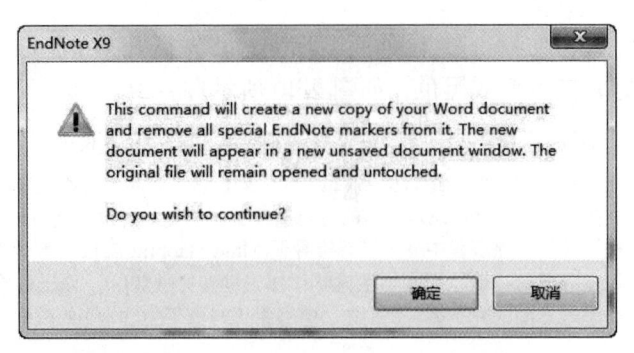

图 2-42　Word 文件中去除 EndNote 链接的活动窗口

在如图 2-42 所示的活动窗口上，选择"确定"按钮，就会自动保存一个 Word 文件，这个文件中参考文献的链接已经除去。然后选择"另存为"，将它存为一个重新命名的文件。此时，重新命名的文件已经没有了链接。去除了 EndNote 链接的 Word 文件如图 2-43 所示。

图 2-43　去除了 EndNote 链接的 Word 文件

在这个文件上，正文中的编号还没有变成上标，可以手工调整一下。调整方法是选择编号，同时按住键盘上的"Ctrl""Shift""+"即可。去除参考文献的链接一般在论文投稿前的最后一稿进行，平时修改时没有必要去除。

上述步骤，简单地说就是使用 EndNote 软件中"Tools"下拉菜单中的插入选定参考文献的命令，插入要引用的参考文献；全部插入后，在"Tools"下拉菜单中选择格式化参考文献的命令，根据刊物的要求选择参考文献的格式，接下来在 Word 文件的"EndNote X9"菜单中选择"Convert to Plain Text"，点击去除 EndNote 链接后，就可以进行投稿了。

采用 EndNote 软件排版的文件，如果退修，可很容易地修改参考文献的格式，避免浪费时间。此外，还可以利用 EndNote 软件提供的英文杂志模板来撰写英文论文，这样可以避免投稿时对格式的反复修改，十分方便。感兴趣的读者可以查阅相关的资料进行自学。

第三章　常用中文数据库的检索

当今国内的文献基本上已实现电子化，出现了一些中文科技文献的数据库。本章主要介绍如何使用中国知网、万方数据、维普资讯等常用中文数据库进行文献的检索和保存，以及对检索结果进行自动分析，为利用文献奠定基础。

本章思维导图：

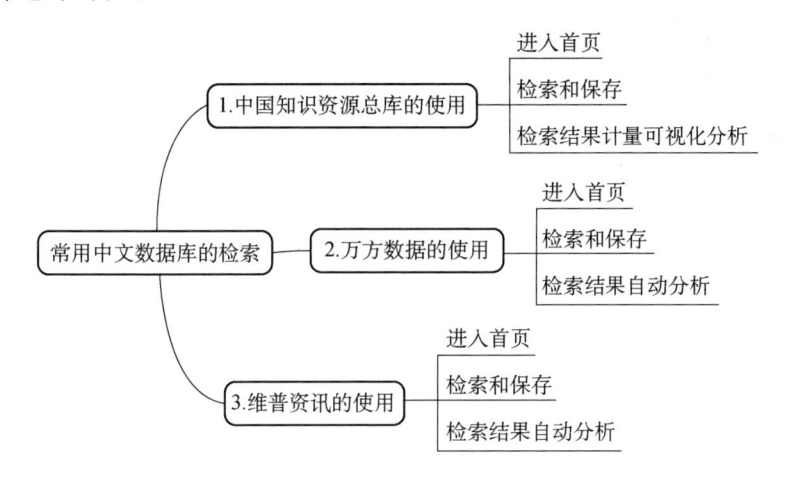

```
                                    ┌─ 进入首页
                 ┌─ 1.中国知识资源总库的使用 ─┼─ 检索和保存
                 │                  └─ 检索结果计量可视化分析
                 │                    ┌─ 进入首页
常用中文数据库的检索 ─┼─ 2.万方数据的使用 ─────┼─ 检索和保存
                 │                    └─ 检索结果自动分析
                 │                    ┌─ 进入首页
                 └─ 3.维普资讯的使用 ─────┼─ 检索和保存
                                      └─ 检索结果自动分析
```

第一节　中国知识资源总库的使用

中国知识资源总库（CNKI），简称中国知网。它的使用主要包含 3 个步骤：进入首页、检索和保存、检索结果计量可视化分析。

一、进入首页

CNKI 首页的进入十分简单，在网址栏中键入"http://www.cnki.net/"就可以。无论在任何地方，只要登录 CNKI 的网站即可检索，但只能看到索引与摘要等数据，无法阅读全文，这是常见访客的浏览方式。

另外，CNKI 首页的进入也可以使用 IP 登录，这种登录方式适合订阅单位使用。一般大学校内的 IP 可以访问学校订阅的 CNKI 资源，并且可以下载全文。

二、检索和保存

CNKI 的检索可以使用标准检索的方式，然后将检索到的文献导入 EndNote 文件中。下面以"荔枝保鲜技术"为例，介绍一下如何将检索到的文献导入 EndNote。首先打开 CNKI 首页，如图 3-1 所示。

图 3-1 CNKI 的首页上方

首页上可以选择检索文献的来源，可以在"学术期刊""博硕""会议"等库中查找。左侧的检索框可以选择检索词出现的地方，右侧的检索框可以输入检索词。点击左侧检索框的向下小三角，出现如图 3-2 所示的下拉菜单。在这个菜单中，列出了检索词出现的地方。选择"作者"，可以查找某一作者的文献；选择"关键词"，可以查找在关键词中出现检索词的文献等。

例如，左侧选择"主题"，在右侧的检索框中输入"荔枝保鲜技术"，点击下方的"学术期刊"，表示在学术期刊库中查找，后点击检索框右侧的放大镜按钮，如图 3-3 所示。

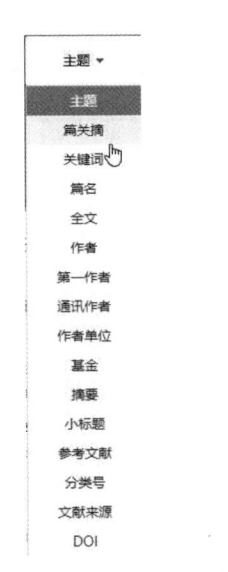

图 3-2 CNKI 检索框的下拉菜单

第三章　常用中文数据库的检索

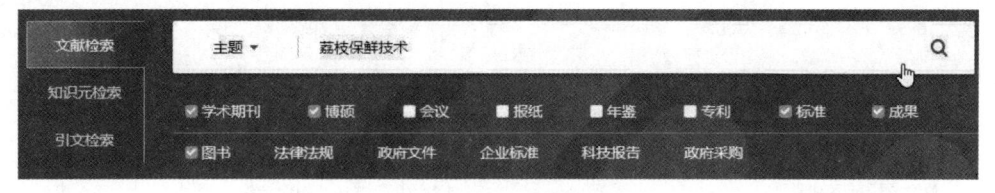

图 3-3　CNKI 的检索页面

点击放大镜按钮后，就出现了如图 3-4 所示的页面。该页面显示有 150 条检索结果。点击"发表时间↑"，检索结果将最早发表的论文排列在前面（图 3-5）。

图 3-4　150 条检索结果

图 3-5　按照发表时间排序的检索结果

在检索结果页面，可以将"显示"右侧的数字选择为"50"，然后点击"全选"左侧的小方框，将这个页面 50 篇文献选中（图 3-6）。

也可以点击每篇文献序号左侧的小方框，当小方框内出现一个对号时，表示选中了所需要的文献。

图 3-6　选择文献

选择所需要的文献后，点击上方的"导出与分析"，选择"导出文献"下面的菜单，选择"EndNote"（图 3-7），弹出如图 3-8 所示的页面，在这个页面上点击"导出"，弹出一个保存文件的窗口，即可将结果输出成一个 TXT 格式的文件，保存这个文件到电脑上选定的位置。

图 3-7　文献导出页面

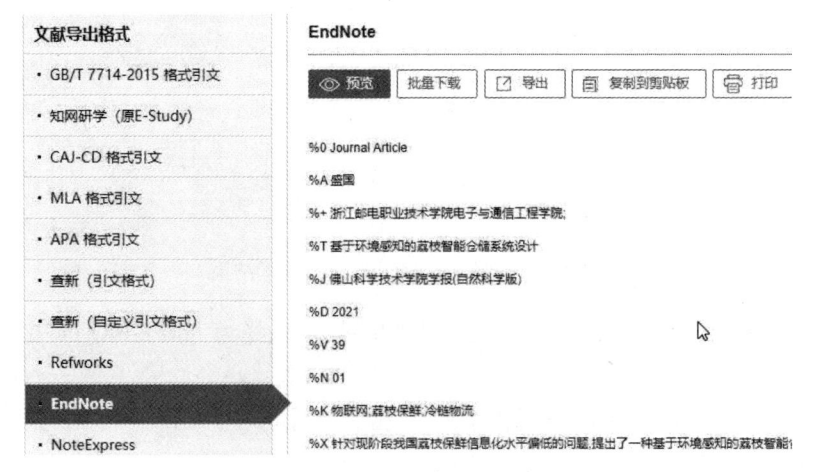

图 3-8　选择 EndNote 来导出文献的页面

如何将下载的 TXT 文件导入 EndNote 中呢？首先新建一个名为"荔枝保鲜"的 EndNote 文件。新建步骤为打开 EndNote 软件，点击"File"菜单中的"New…"（图 3-9），弹出一个对话窗口，选择保存的位置和文件名称。

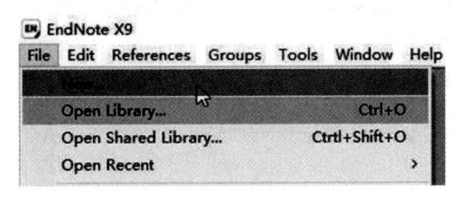

图 3-9　新建 EndNote 文件

当出现如图 3-10 所示的页面后，在"文件名(N)"中输入文件名字，如"荔枝保鲜"，点击"保存(S)"。此时，"荔枝保鲜"EndNote 文件中的文献数量是 0（图 3-11）。

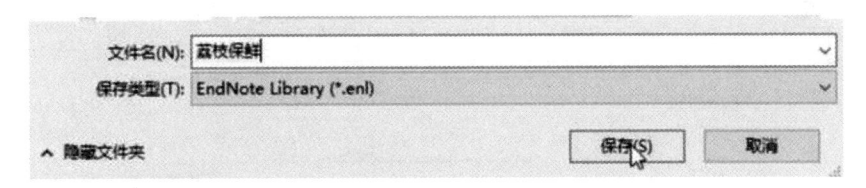

图 3-10　新建 EndNote 文件的命名

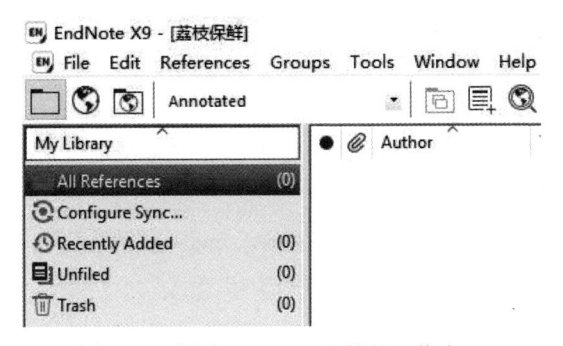

图 3-11　新建 EndNote 文件的工作窗口

打开"荔枝保鲜"EndNote 文件中"File"菜单的下拉菜单，选择子菜单"Import"中的"File…"，如图 3-12 所示。

点击"File…"弹出如图 3-13 所示的窗口。点击该窗口上的"Choose…"按钮，选择刚才保存的 TXT 文件，双击选定这个文件，点击"打开"按钮，在"Import Option"中选择"EndNote generated XML"，在"Text Translation"一栏中选择"Unicode（UTF-8）"，如图 3-14 所示。在这个窗口中，如果选择其他选项，就不能将中文文献导入 EndNote。然后点击"Import"按钮，50 篇文献就自动导入 EndNote 文件中（图 3-15）。

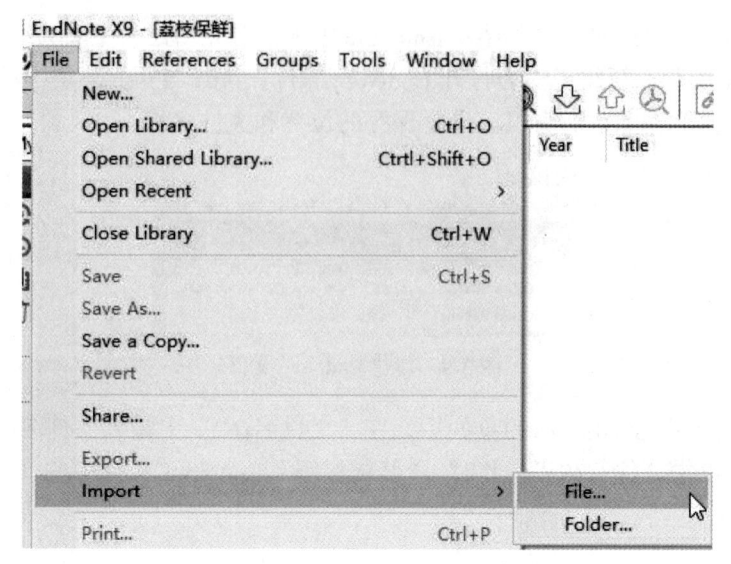

图 3-12　选择 "File…" 菜单

图 3-13　CNKI 检索结果导入 EndNote 的过程之一

图 3-14　CNKI 检索结果导入 EndNote 的过程之二

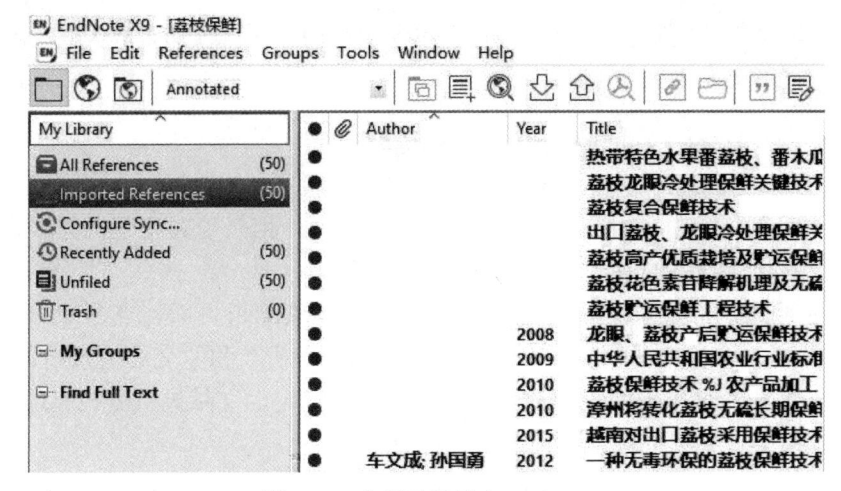

图 3-15 文献已经导入 EndNote

点击图 3-15 中的"Author"按钮后，文献题录就变成如图 3-16 所示的页面。点击"Year"按钮，文献题录就变成如图 3-17 所示的页面。

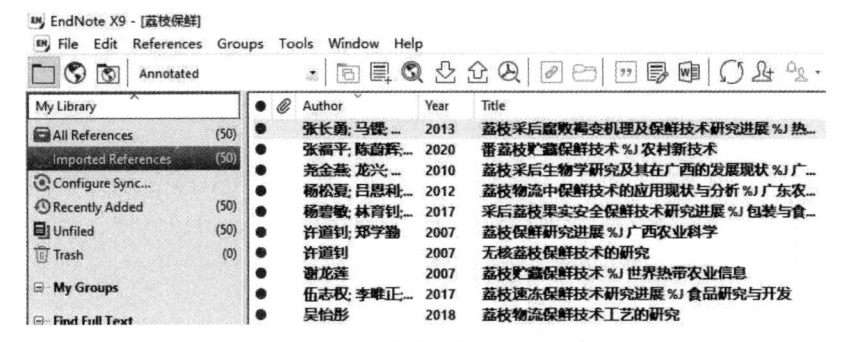

图 3-16 文献按照作者姓名排序

图 3-17 文献按照发表年份进行排序

由于网站不断更新，所以检索和保存的步骤与上文所叙述的也许不完全一样，但基本过程不会发生大的变化。

三、检索结果计量可视化分析

CNKI 还可以对检索结果进行计量可视化分析，相当于有一个机器人在协助阅读，提高阅读分析的速度。具体的分析方法如下。

返回到图 3-4 或图 3-5 的"荔枝保鲜技术"检索结果页面，点击"导出与分析"下拉菜单中的"可视化分析"，有"已选结果分析"和"全部检索结果分析"两种选择（图 3-18）。选择"已选结果分析"可对选定的文献进行分析；选择"全部检索结果分析"则可对全部检索结果进行分析。

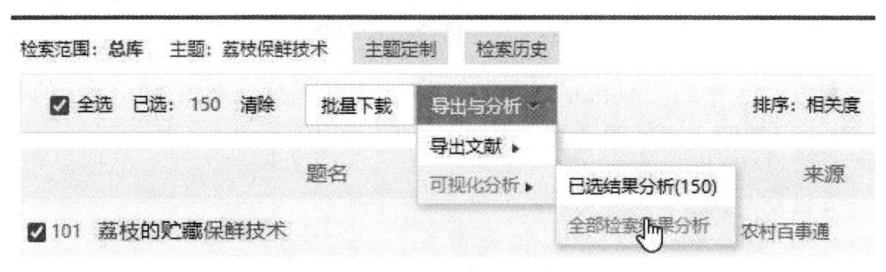

图 3-18　检索结果的计量可视化分析页面

例如，选择下方的"全部检索结果分析"，弹出如图 3-19 所示的页面。总体趋势分析结果显示了文献总数和发表年度趋势图等信息。可以看出，2001~2004 年发表的有关"荔枝保鲜技术"的论文数量最多。

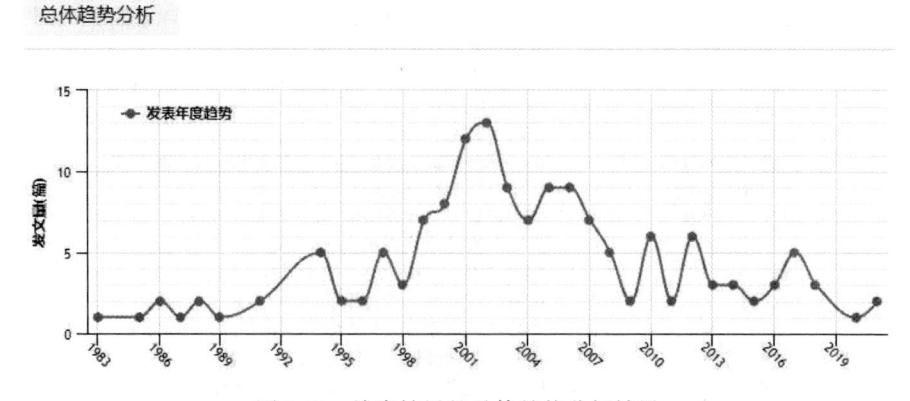

图 3-19　检索结果的总体趋势分析结果

对检索结果的主要主题分布进行分析发现,出现频率高的关键词有"保鲜技术"和"采后生理"等(图 3-20)。

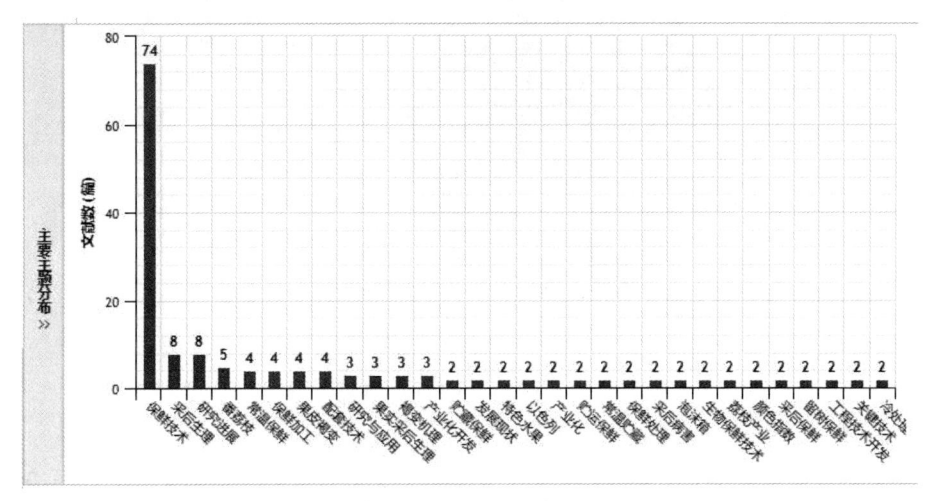

图 3-20 主要主题分布的分析结果

接下来是次要主题分布分析,关于"果皮褐变"的论文有 23 篇(图 3-21)。

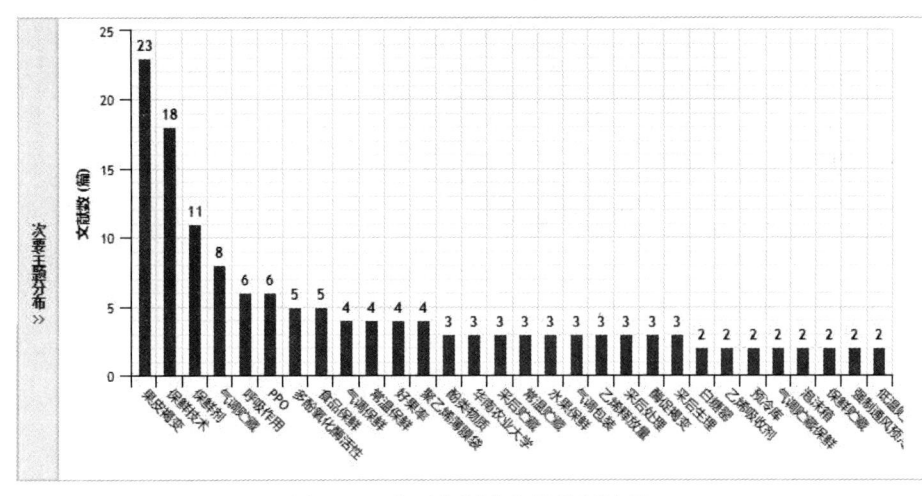

图 3-21 次要主题分布的分析结果

对"荔枝保鲜技术"检索结果的文献来源进行分析发现,发表在《世界热带农业信息》的论文最多(图 3-22)。

对"荔枝保鲜技术"检索结果的学科分布进行分析发现,研究"荔枝保鲜技术"的学科属于园艺、轻工业手工业等(图 3-23)。

对"荔枝保鲜技术"检索结果的中国作者分布进行分析发现,发表论文最多的作者为"郭尚璜",共发表了 4 篇(图 3-24)。

图 3-22　文献来源分布的分析结果

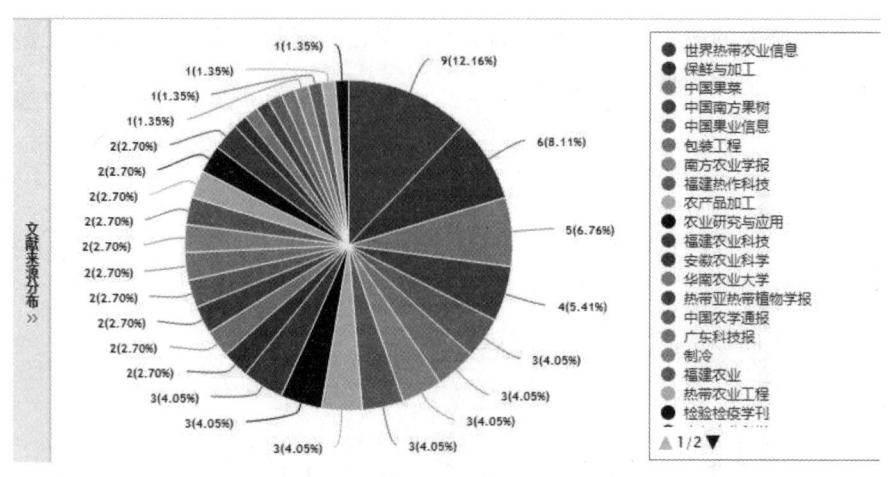

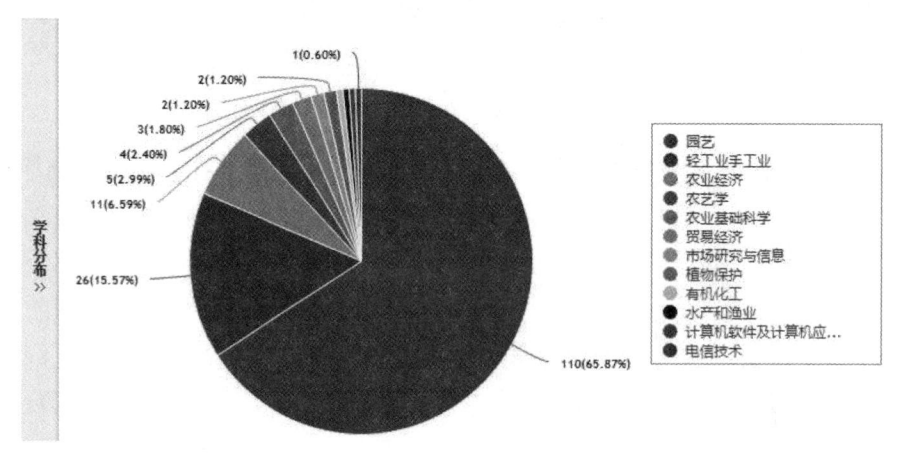

图 3-23　学科分布的分析结果

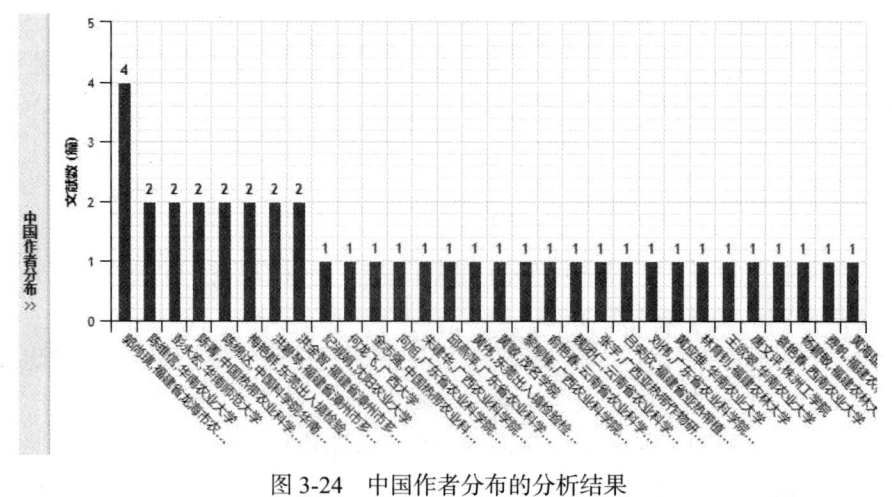

图 3-24　中国作者分布的分析结果

对"荔枝保鲜技术"检索结果的机构分布进行分析发现，发表论文最多的机构是华南农业大学（图3-25）。

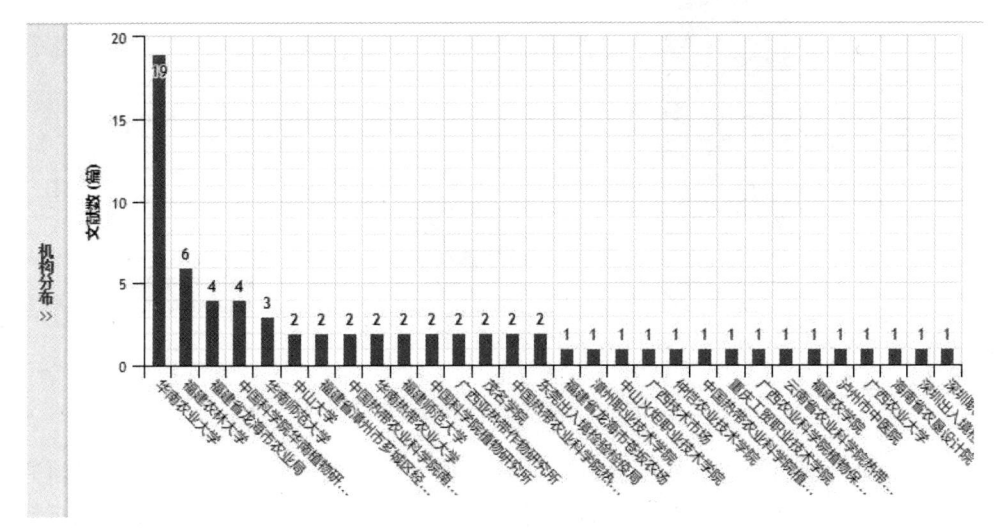

图 3-25　机构分布的分析结果

对"荔枝保鲜技术"检索结果的基金分布进行分析发现，这些论文中有5篇受到国家自然科学基金支持（图3-26）。其余发表的文献得到了国家高技术研究发展计划、广东省软科学研究计划和福建省科技计划项目等的资助。

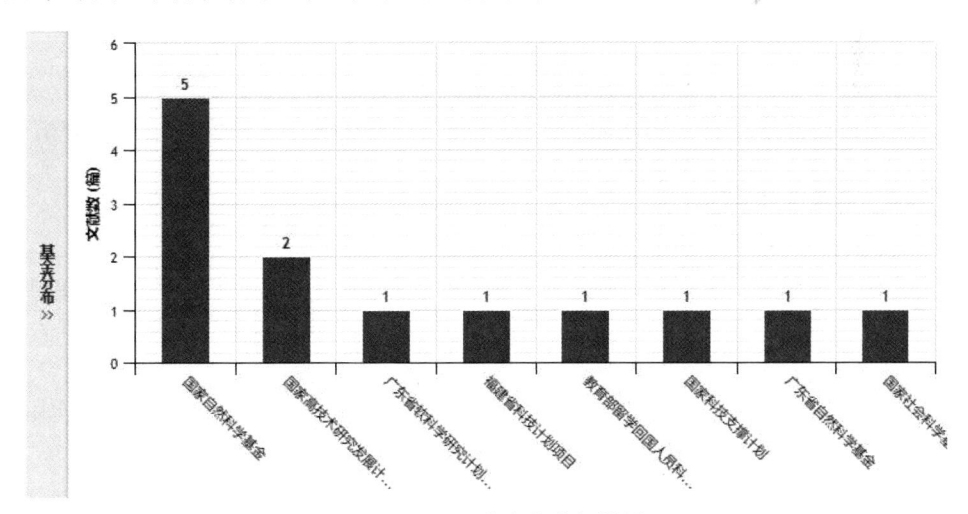

图 3-26　基金分布的分析结果

对"荔枝保鲜技术"检索结果的文献类型分布进行分析发现，"荔枝保鲜技术"相关论文多是研究论文（图3-27）。

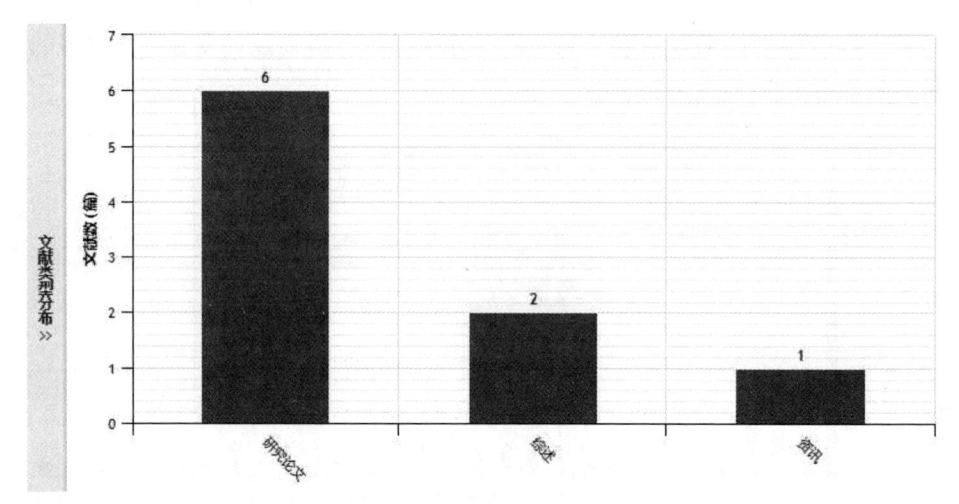

图 3-27　文献类型分布的分析结果

通过对检索结果进行主要主题、次要主题等可视化分析，可以快速找出研究最多的机构和论文作者等信息。这对计划攻读研究生的考生选择报考单位和指导老师具有重要的参考价值；对科研工作者了解同行研究情况、基金申请、课题选题、论文写作及投稿也具有重要的指导意义和启发作用。

第二节　万方数据的使用

万方数据的使用有 3 个步骤：进入首页、检索和保存、检索结果自动分析。

一、进入首页

万方数据首页的进入十分简单，在网址栏中键入"http://www.wanfangdata.com.cn/"就可以，登录后即可进行检索，但只能看到索引与摘要等数据，无法阅读全文。

万方数据首页的进入也可以使用 IP 登录。这种登录方式适合订阅单位使用。一般大学校内的 IP 可以访问学校订阅的万方数据。

二、检索和保存

检索可以使用标准检索的方式。检索到的文件同样可以导入 EndNote 软件中。下面以"荔枝保鲜技术"为例，介绍将检索到的文献导入 EndNote 的过程。

打开万方数据首页，如图 3-28 所示，在这个页面可以选择查找的范围，可以

第三章 常用中文数据库的检索

在学术论文中检索，也可以在期刊、会议等数据库中检索。

图 3-28 万方数据的首页上方

例如，在选择"期刊"的情况下，在检索框内输入"荔枝保鲜技术"，如图 3-29 所示。点击"搜论文"按钮后，就会出现如图 3-30 所示的页面。这个页面显示检索到的文献有 133 条。

图 3-29 选择"期刊"的情况下在检索框内输入检索词

图 3-30 检索结果

在如图 3-30 所示的页面上，自动显示 20 篇文献，此时有 7 个页面。点击"显示 20 条"右侧的"⌄"符号（点击后该符号变成"⌃"），选择"显示 50 条"（图 3-31），可以看到检索结果变成 3 个页面（图 3-32）。

每一篇文献下面都有一个"导出"链接。通过点击"导出"按钮可以选择需要导出的文献。例如，在"批量选择"左侧的方框内点击，就可以选择这个页面上的 50 篇文献，再点击右侧的"导出"按钮（图 3-33），弹出一个如图 3-34 所示的页面。再选择左侧的"EndNote",点击上方的"导出"按钮(图 3-35),弹出一个保存文件的窗口,按步骤保存文件,保存的文件是 TXT 文件,保存文件完成后,可以关闭导出窗口,回到检索结果页面。

图 3-31　选择 50 条文献

图 3-32　显示有 3 个页面的检索结果

图 3-33　检索结果导出选择页面

图 3-34　检索结果已导出的页面

图 3-35　检索结果导出文献列表选择页面

如何将 TXT 文件导入 EndNote 中呢？可以新建一个 EndNote 文件，也可以打开已经建立的 EndNote 文件。例如，打开上一次建立的"荔枝保鲜"EndNote 文件（图 3-36），此时有 50 篇文献。

图 3-36　打开一个 EndNote 文件

点击"File"菜单中的"Import",选择子菜单"Import"中的"File…",如图 3-37 所示。

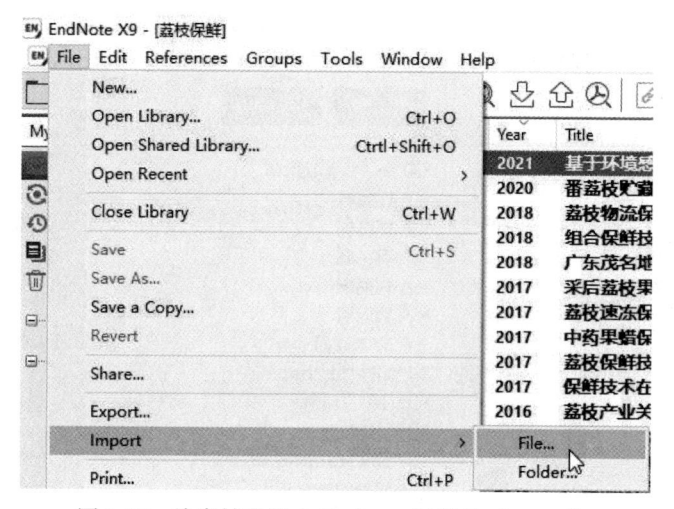

图 3-37　检索结果导入 EndNote 过程的"File…"

点击"File…"弹出如图 3-38 的窗口。点击该窗口上的"Choose…"按钮。

图 3-38　导入 EndNote 窗口

选择保存的 TXT 文件，在"Import Option"中选择"EndNote generated XML"，在"Text Translation"一栏中选择"Unicode（UTF-8）"，此时，如图 3-39 所示。然后点击"Import"按钮，即可将从万方数据中检索保存的文献导入 EndNote 中。万方数据导出的 TXT 文件成功导入 EndNote 后的窗口如图 3-40 所示，显示有 100 篇文献。

图 3-39　导入 EndNote 窗口的选项

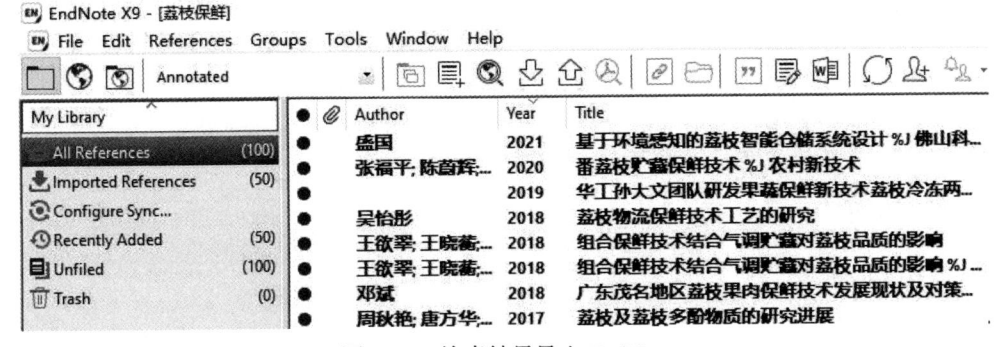

图 3-40　检索结果导入 EndNote

三、检索结果自动分析

万方数据检索结果的自动分析结果栏呈现在检索结果页面的左侧。自动分析的项目主要有年份、学科分类、核心、语种、来源数据库、刊名、出版状态和作者等信息。

例如，点击"年份"右侧的"∨"符号，可以看到每一年发表的论文数量（图 3-41）。点击"学科分类"右侧的"∨"符号，可以看到各个学科发表论文的数量（图 3-42）。

点击"来源数据库"右侧的"∨"符号，可看到文献来源于哪些数据库（图 3-43）。

点击"刊名"右侧的"∨"符号，可以看到，《中国果业信息》是发表有关"荔枝保鲜技术"方面的论文最多的期刊（图3-44）。

年份	∧
2019	(1)
2018	(1)
2017	(8)
2011	(1)
2010	(5)
2009	(2)
2008	(6)
2007	(6)
2006	(11)
2005	(9)
2004	(8)
2003	(7)

图 3-41　检索结果的年份分析

学科分类	∧
＋农业科学	(94)
＋工业技术	(57)
＋经济	(25)
＋文化、科学、…	(6)
＋医药、卫生	(5)
＋数理科学和化学	(4)
＋历史、地理	(3)
＋生物科学	(3)
更多…	

图 3-42　检索结果的学科分析

来源数据库	∧
万方	(77)
ISTIC	(10)
NSSD	(4)
其他	(41)

图 3-43　检索结果的来源数据库

刊名	∧
中国果业信息	(8)
保鲜与加工	(5)
世界热带农业信息	(4)
中国南方果树	(4)
安徽农业科学	(4)
福建果树	(4)
中国果菜	(3)
南方论刊	(3)
更多…	

图 3-44　检索结果的刊名分析

点击"作者"右侧的"∨"符号，可以看到每一位作者发表论文的数量，其中陈维信发表论文数量最多（图3-45）。点击"作者单位"右侧的"∨"符号，可以看到华南农业大学发表论文数量最多（图3-46）。

图 3-45 检索结果的作者分析

图 3-46 检索结果的作者单位分析

第三节 维普资讯的使用

维普资讯的首页上方如图3-47所示。在这个首页上可以检索文献，但是下载的文献题录无法导入EndNote中。维普资讯的首页下方如图3-48所示，显示提供的产品和服务。其中有"中文期刊服务平台"，在这个平台上下载的文献题录可以导入EndNote中。

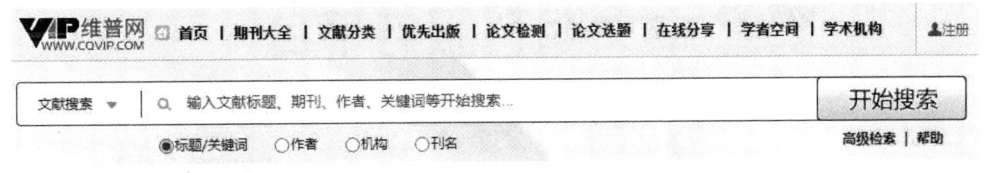

图 3-47 维普资讯的首页上方

主要产品及服务

论文检测系统	中文期刊服务平台	机构智库	智立方知识资源系统
维普论文检测系统，毕业生研究生、职称论文抄袭检测	国内唯一的期刊大数据服务平台	基于机构产出的科技信息基础设施服务	知识资源的大数据整合与分析平台
VPCS.CQVIP.COM	QIKAN.CQVIP.COM	WWW.IRTREE.COM	ZLF.CQVIP.COM

期刊大全	优先出版平台	维普考试服务平台	公共文化服务平台
期刊信息查询、期刊收录加急上网服务办理	优质期刊在线优先出版数字化服务平台	题库、考试、app等于一体的教育学习平台	集大众阅读、职业技能训练等于一体的市民文化平台
WWW.CQVIP.COM/JOURNAL	EPUB.CQVIP.COM	VERS.CQVIP.COM	GT.CQVIP.COM

论文选题	更多
在线智能论文选题辅助参考文献下载	点击查看更多维普资讯公司旗下的产品与服务
XUANTI.CQVIP.COM	

图 3-48　维普资讯的首页下方

维普资讯中文期刊服务平台的使用主要包含 3 个步骤：进入首页、检索和保存、检索结果自动分析。

一、进入首页

维普资讯中文期刊服务平台的登录方式十分简单，在浏览器地址栏中键入"http://qikan.cqvip.com/"就可以进入维普资讯中文期刊服务平台（图 3-49）。也可以在浏览器地址中键入"http://www.cqvip.com/"，然后点击"中文期刊服务平台"进入，浏览方式主要分为以下两种。①IP 登录：订阅单位适用，一般大学校内的 IP 可以访问学校订阅的维普资讯的数据库资源。②访客浏览：无论在任何地方，只要登录维普资讯的网站即可检索，但只能看到索引与摘要等数据，无法阅读全文。

图 3-49　维普资讯中文期刊服务平台

二、检索和保存

进入维普中文期刊服务平台首页,如图3-49所示。在左侧的"任意字段"检索框可以选择检索字段(图3-50),如选择"题名或关键词"等。在右侧的检索框内输入关键词"荔枝保鲜技术",如图3-51所示。

图3-50　维普资讯中文期刊服务平台的检索字段

图3-51　维普资讯中文期刊服务平台的检索

点击检索框右侧的"检索"按钮后,就会出现如图3-52所示的页面。这个页面显示检索到的文献有46篇。在右上角"每页显示"右侧选择"50",然后在"已选择0条"左侧的方框内点击打钩,选择46条文献(图3-53)。

点击"导出题录",进入如图3-54所示的页面。在这个页面选择"EndNote"按钮,弹出如图3-55所示的页面,继续点击"导出",会自动保存一个TXT文件,将这个TXT文件保存到电脑合适的位置。

新建一个空白的EndNote文件,或者打开原来的"荔枝保鲜"EndNote文件,此时,文件中有100篇文献(图3-56)。然后,在这个文件的"File"菜单中选择"Import"中的"File…",如图3-57所示,弹出如图3-58所示的窗口。

图 3-52　维普资讯中文期刊服务平台检索结果的选定

图 3-53　选择 46 篇文献

导出题录

[1]李华彬,李运雄,李海珍,赖年花,严翠芬.荔枝保鲜技术研究[J].中国果菜,2017,37(7):4-6.
[2]车文成,孙国勇.一种无毒环保的荔枝保鲜技术[J].中国南方果树,2012,41(6):70-71.
[3]胡鑫鑫,周如金,黄敬,陈芳艳.荔枝保鲜技术研究与应用现状[J].茂名学院学报,2009,19(1):27-31+39.
[4]梅艳群,王少彬,温健昌.荔枝保鲜技术的最新研究进展[J].检验检疫科学,2006,16(5):75-78.
[5]樊刚伦.荔枝保鲜技术的现状及其发展方向[J].科技资讯,2006(28):254-255.
[6]屈红震,孙谷畴.荔枝保鲜技术[J].中国果菜,1999(4):17-18.
[7]林鉴钊,魏con娘,何龙飞,苏登兴.荔枝保鲜技术研究的进展[J].广西农学报,1997(1):36-40.
[8]庄虚之.论我国古代荔枝保鲜技术的发展[J].四川果树,1995,23(1):34-36.

图 3-54　导出题录页面（一）

导出题录

文献导出格式： 参考文献　文本　查新格式　XML　NoteExpress　Refworks　**EndNote**　Note

[复制]　[导出]

```
%0 Journal Article
%A 李华彬
%+ 惠州市惠阳区镇隆山顶村荔枝专业合作社,广东惠州516227
%@ 1008-1020
%T 荔枝保鲜技术研究
%J 中国果菜
%D 2017
%N 7
%V 37
%K 荔枝 保鲜技术 研究
%X 荔枝营养丰富、味道鲜美,深受消费者喜爱,具有较高的经济价值。荔枝果皮较薄、结构比较特殊,在采后贮存销售时,极易失去水分,为
对荔枝准贮藏的机理进行了探讨,介绍了目前荔枝保鲜技术,如低温保鲜、气调保鲜、臭氧保鲜、化学保鲜等,为荔枝的保鲜提供理论支持。
%U http://qikan.cqvip.com/Qikan/Article/Detail?id=7000261185
```

图 3-55　导出题录页面（二）

图 3-56　打开一个 EndNote 文件

图 3-57　打开 EndNote 的"Import"

在图 3-58 所示的活动窗口上，点击"Choose…"按钮，选择刚才所保存的 TXT 文件。继续在"Import Option"中选择"EndNote generated XML"，在"Text Translation"一栏中选择"Unicode（UTF-8）"，此时如图 3-59 所示。

图 3-58 "Import File"窗口

图 3-59 导入 EndNote 窗口的选项

然后点击"Import"按钮，即可将维普资讯中文期刊服务平台数据库中的文献导入 EndNote 文件中。导出文献后的 EndNote 文件如图 3-60 所示，在这个"荔枝保鲜"EndNote 文件中现在有 146 篇文献的题录。

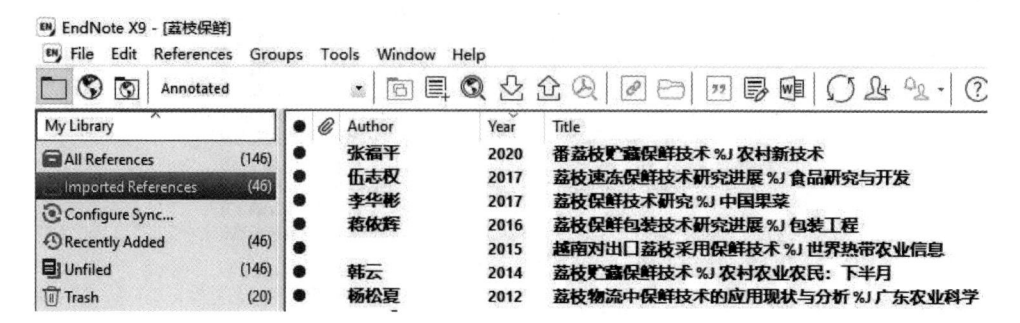

图 3-60 维普资讯中文期刊服务平台的检索结果导入 EndNote 中

维普资讯中文期刊服务平台数据库检索结果的二次检索结果栏呈现在检索结果页面的左侧。二次检索的项目主要有年份、学科、期刊收录等信息。在"年份"下方，可以看到不同年份发表的论文数量。例如，2020年有1篇文献（图3-61）。

在"学科"下方，可以看到不同学科的论文数量，显示农业科学相关的论文有38篇（图3-62）。

在"期刊收录"下方，可以看到不同数据库中的论文数量，如中国科技核心期刊有7篇（图3-63）。

在"主题"下方，可以看到不同主题的论文数量，其中"保鲜"和"荔枝"方面的论文较多（图3-64）。

在"期刊"下方，可以看到不同期刊上发表论文的数量，《世界热带农业信息》发表"荔枝保鲜技术"相关的论文最多（图3-65）。

二次检索	
题名 ▼ 请输入检索词	
在结果中检索	在结果中去除

年份

2020	1
2017	2
2016	1
2015	1
2014	1

图3-61　年份的二次检索

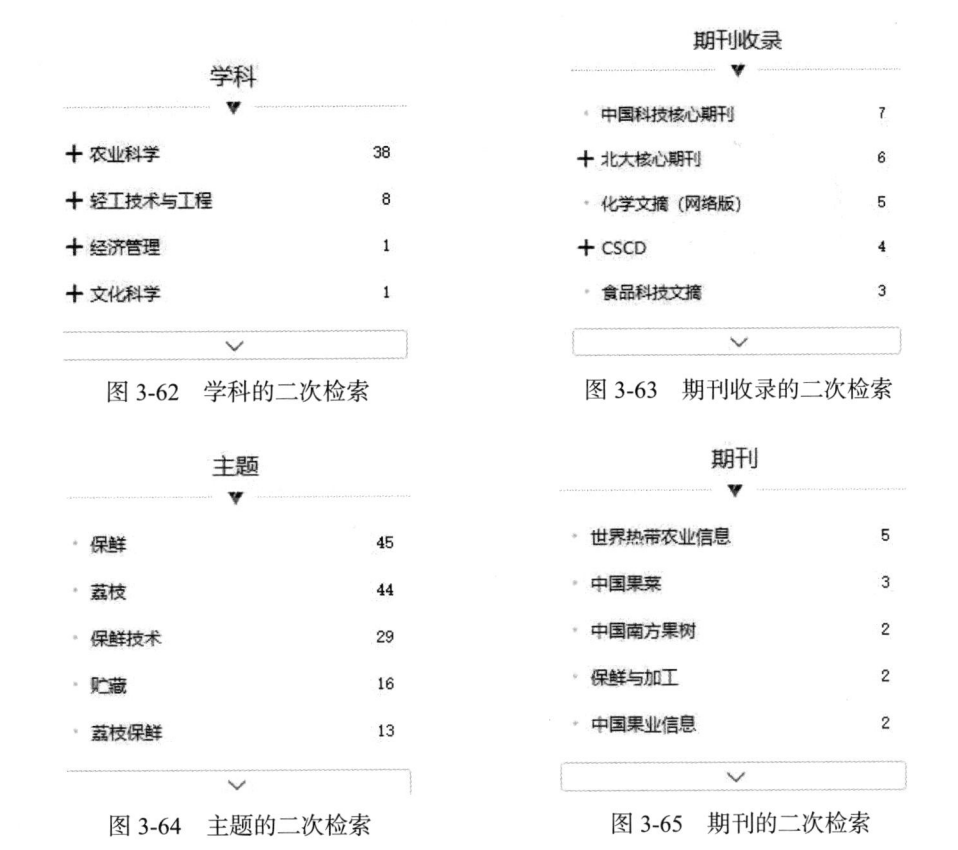

学科

农业科学	38
轻工技术与工程	8
经济管理	1
文化科学	1

图3-62　学科的二次检索

期刊收录

中国科技核心期刊	7
北大核心期刊	6
化学文摘（网络版）	5
CSCD	4
食品科技文摘	3

图3-63　期刊收录的二次检索

主题

保鲜	45
荔枝	44
保鲜技术	29
贮藏	16
荔枝保鲜	13

图3-64　主题的二次检索

期刊

世界热带农业信息	5
中国果菜	3
中国南方果树	2
保鲜与加工	2
中国果业信息	2

图3-65　期刊的二次检索

在"作者"下方，可以看到发表论文作者的排序（图3-66）。

在"机构"下方，可以看到不同机构发表论文的数量（图3-67）。

作者		机构	
曾峰	2	广东省农业科学院	2
周文化	2	华南热带农业大学	2
何龙飞	1	中国科学院	2
吕恩利	1	福建农林大学	1
邓义才	1	广西大学	1

图3-66　作者的二次检索　　　　　图3-67　机构的二次检索

可见，二次检索为检索者提供了非常直观和重要的信息，节约了分析和总结所用的时间。

对于查找到的文献题录，没有必要每一篇都去找全文。首先进行文献的阅读和筛选，发现感兴趣的文献后，再继续在这些中文数据库中查找它的全文，然后下载原文的PDF文件，并粘贴到EndNote文件对应的文献题录后，就可以随时阅读了。

三、检索结果自动分析

维普检索结果自动分析的链接，在检索结果的页面上（图3-68）。

图3-68　检索结果

1. 引用分析

点击"引用分析"下面的"参考文献"，弹出如图3-69所示的页面，显示有

113篇参考文献。

图 3-69　检索结果的参考文献分析

点击"引用分析"下面的"引证文献",弹出如图 3-70 所示的页面,显示有 72 篇引证文献。

图 3-70　检索结果的引证文献分析

2. 统计分析

在检索结果的页面上,点击页面"统计分析"下面的"检索结果"(图 3-71),弹出如图 3-72 所示的页面,显示检索条件及学术成果产出分析等。

图 3-71　检索结果页面

发文量、被引次数的年际变化趋势图见图 3-73,显示发表文章最多的年份引用的次数也多。

1、概述

检索条件：题名或关键词=荔枝保鲜技术

检索结果：46 条

2、学术成果产出分析

序号	2012	2013	2014	2015	2016	2017	2018	2019	2020	2021
发文量	2	0	1	1	1	2	0	0	1	0
被引量	9	0	0	0	6	11	0	0	0	0

图表1 近10年学术成果产出统计表

图 3-72　学术成果产出分析

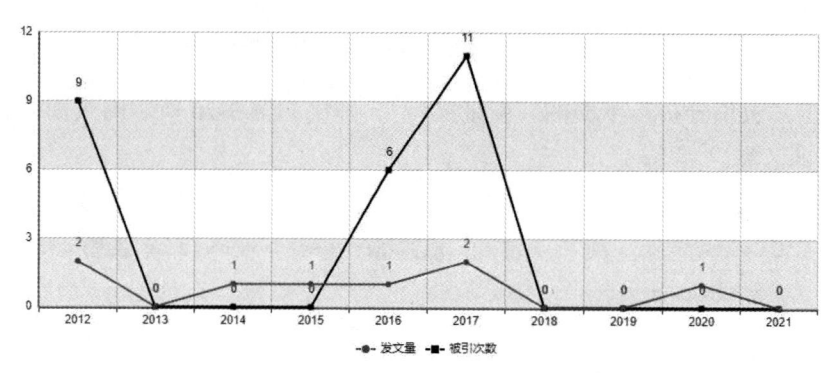

图 3-73　发文量、被引次数的年际变化趋势图

主要发文人物分析见图 3-74，显示曾峰和周文化的发文量为 2，排名在前。

3、主要发文人物分析

序号	人物名称	发文量	主要研究主题
1	曾峰	2	反季节瓜菜 激励机制 热带 热带资源 保鲜技术
2	周文化	2	鲜湿面 槟榔 发酵 保鲜 葡萄
3	何龙飞	1	甘蔗 粗肋迫 花生 山药 植物
4	吕恩利	1	荔枝 气调 果蔬 保鲜运输 温度
5	邓义才	1	荔枝 蔬菜 农药残留 种子纯度 水果
6	张福平	1	植物生长调节剂 采后 耐藏性 种子发芽 贮藏期间
7	王家保	1	荔枝 荔枝果皮 荔枝品种 杧果 芒果

图 3-74　主要发文人物分析

主要发文机构统计分析见图 3-75，显示广东省农业科学院、华南热带农业大学和中国科学院发表论文比较多。

文章涉及主要学科统计见图 3-76，显示农业科学方面的文章最多。

4、主要发文机构统计分析

序号	机构名称	发文量	主要研究主题
1	广东省农业科学院	2	水稻 选育 荔枝 香蕉 花生
2	华南热带农业大学	2	天然橡胶 芒果 香蕉 高校 橡胶树
3	中国科学院	2	土壤 催化剂 遥感 青藏高原 数值模拟
4	福建农林大学	1	水稻 杉木 高校 影响因素 甘蔗
5	广西大学	1	甘蔗 高校 大学生 水牛 管理研究
6	华南农业大学	1	水稻 高校 荔枝 大学生 香蕉
7	茂名学院	1	高校 大学生 图书馆 教学改革 教学

图 3-75　主要发文机构统计分析

5、文章涉及主要学科统计

序号	领域名称	发文量	主要研究主题
1	农业科学	38	栽培技术 水稻 栽培 玉米 小麦
2	轻工技术与工程	8	食品 食品安全 生产工艺 服装 菜谱
3	经济管理	1	企业 企业管理 经济发展 财务管理 可持续发展
4	文化科学	1	教学 高校 语文学习 大学生 小学生

图 3-76　文章涉及主要学科统计

主要期刊统计分析见图 3-77，显示《世界热带农业信息》发表的文章最多。

6、主要期刊统计分析

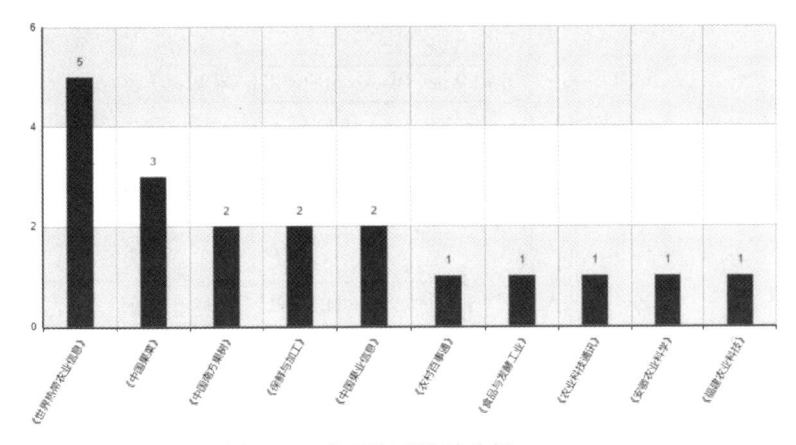

图 3-77　主要期刊统计分析

第四章　常用英文数据库的检索

由于英语是国际化的语言，国外文献的电子化早一些，而且不同国家有不同的数据库，因此数据库很多都是英文的。本章主要介绍常用英文数据库的类型，以及如何使用这些英文数据库进行文献检索和保存，并对检索结果进行分析，为利用英文文献奠定基础。

目前国内常用的英文数据库一般都整合在大学图书馆的电子资源中，主要有 ISI Web of Knowledge、Wiley Blackwell、Elsevier ScienceDirect、SpringerLink、PubMed 等，其中 ISI Web of Knowledge、PubMed 是摘要型数据库（少数文献提供全文）。Wiley Blackwell、Elsevier ScienceDirect、SpringerLink 是全文型数据库。

本章思维导图：

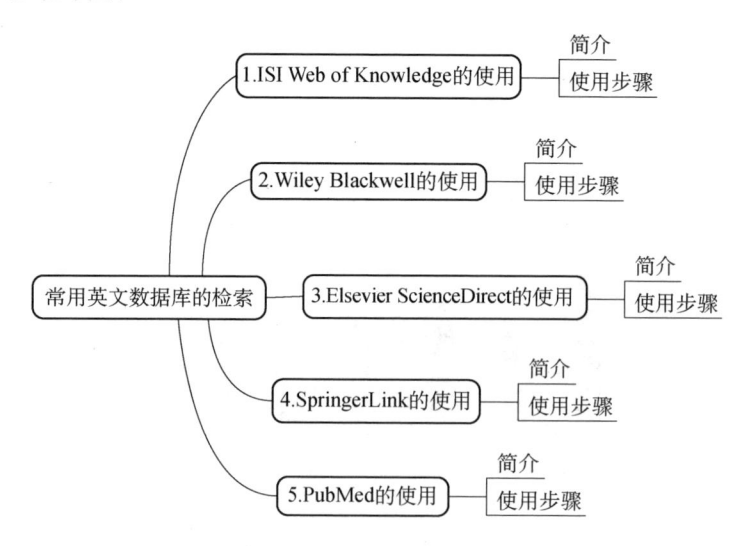

```
                          ┌─ 1.ISI Web of Knowledge的使用 ─┬─ 简介
                          │                                └─ 使用步骤
                          │
                          ├─ 2.Wiley Blackwell的使用 ─┬─ 简介
                          │                          └─ 使用步骤
                          │
  常用英文数据库的检索 ───┼─ 3.Elsevier ScienceDirect的使用 ─┬─ 简介
                          │                                  └─ 使用步骤
                          │
                          ├─ 4.SpringerLink的使用 ─┬─ 简介
                          │                        └─ 使用步骤
                          │
                          └─ 5.PubMed的使用 ─┬─ 简介
                                             └─ 使用步骤
```

第一节 ISI Web of Knowledge 的使用

一、简介

在 ISI Web of Knowledge（WoK）平台上，Web of Science 影响最大，使用最多。Web of Science 是含有引文检索的文摘数据库的集合，文献记录来源于 11 000 多种学术期刊及会议录等。目前，国内外一致把 Web of Science 收录的期刊看作核心期刊，认定其收录的论文具有一定学术水平。Web of Science 含有以下 6 个子库。

（1）科学引文索引扩展版（Science Citation Index Expanded，SCI-Expanded，SCI-E）　　收录期刊 8000 多种，其中包括我国科技期刊 100 多种，来源文献最早可以回溯到 1899 年。学科有农学、天文学、地球科学、生物化学、生物学、生物技术、化学、计算机科学、材料学、数学、医学、精神病学、肿瘤学、药理学、物理学、植物学、外科学、兽医学和动物学等。

（2）社会科学引文索引（Social Sciences Citation Index，SSCI）　　收录 2600 多种社会科学期刊，选择性收录科技期刊 3300 种，其中包括我国科技期刊近 10 种，来源文献从 1898 年至今。涵盖的学科有人类学、历史、工业关系、情报学和图书馆学、法学、语言学、哲学、心理学、政治学、公共卫生、社会问题、社会工作、社会学、药物滥用、城市研究和妇女研究等。

（3）艺术与人文科学引文索引（Art & Humanities Citation Index，A & HCI）收录 1400 多种艺术与人文科学期刊，选择性收录科技和社会科学期刊 6800 种，来源文献从 1975 年至今。涵盖的学科有考古学、建筑学、艺术、亚洲研究、古典作品、舞蹈、民间传说、历史、语言学、文学评论、文学、音乐、哲学、诗歌、广播影视、宗教和戏剧等。

（4）科学会议录引文索引（Conference Proceedings Citation Index-Science，CPCI-S）　　收录 1990 年以来的自然科学方面的会议文献。

（5）社会科学与人文科学会议录引文索引（Conference Proceedings Citation Index-Social Science & Humanities，CPCI-SSH）　　收录 1990 年以来的社会科学与人文科学方面的会议文献。

（6）BIOSIS Previews　　简称 BP，是著名的生命科学文章数据库。收录期刊 5000 多种，包括植物学、动物学、微生物学、生物医学、农学、药理学、生态学、临床医学、生物化学、生物物理学、生物工程、生物技术等领域的文献。文献类型有期刊论文、综述、会议文献、报告、图书、美国专利等。BP 的内容来自 Biological Abstracts（BA）和 Biological Abstracts/RRM（Reports Reviews Meetings）两种检索工具，收录自 1926 年以来的文摘，数据每周更新。

二、使用步骤

ISI Web of Knowledge 的使用主要包含 3 个步骤：进入首页、检索和保存、检索结果自动分析。因为保存文献的题录需要有一个 EndNote 文件，所以要先建立一个 EndNote 文件。也可以使用上一章已经新建成的"荔枝保鲜"的 EndNote 文件。当然这个文件可以根据自己检索的主题来任意命名。

1. 进入首页

ISI Web of Knowledge 首页的进入一般使用 IP 登录，链接一般都在大学图书馆的首页上。大学校内的 IP 一般都可以访问该学校订阅的 ISI Web of Knowledge 资源，而且可以下载全文。例如，使用校内 IP 地址，在暨南大学图书馆首页上找到常用数据库链接，如图 4-1 所示，点击"Web of Science EI"就可以进入这个网站首页的链接页面。

图 4-1　暨南大学图书馆首页上的常用数据库

如果 IP 地址是在校外，在暨南大学图书馆首页上，点击"Web of Science EI"平台就会进入如图 4-2 所示的页面，点击"Shibboleth 校外访问"，会进入如图 4-3 所示的页面。在这个页面上选择"暨南大学（Jinan University）"，点击"登录"，进入如图 4-4 所示的登录页面，输入账号和密码后，点击"登录"，就可以进入如图 4-5 所示的页面。

图 4-2　暨南大学图书馆资源的校外入口

第四章　常用英文数据库的检索

图 4-3　暨南大学图书馆远程访问系统

图 4-4　登录入口

图 4-5　Web of Science 首页

Web of Science 的首页如图 4-5 所示。点击"所有数据库"右侧的朝下小三角，即可看到此数据库可以使用的外文资源和中文资源（图 4-6），选择"Web of Science 核心合集"，在检索框内输入检索词，点击就可以进行检索。

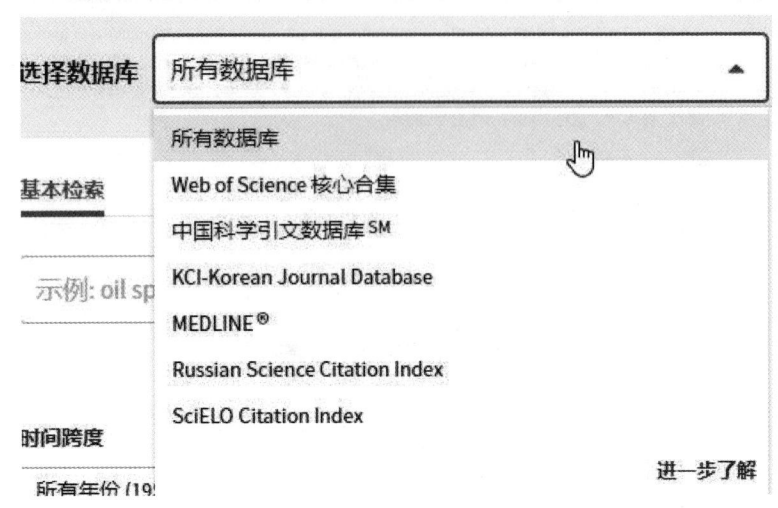

图 4-6 "所有数据库"的下拉菜单

2. 检索和保存

ISI Web of Knowledge 平台的检索可以使用标准检索方式，然后把检索到的文献导入 EndNote 软件中。下面以 "litchi post-harvest" 为例，介绍检索文献并导出到 EndNote 的全部过程。在检索前，首先打开一个 EndNote 文件，如之前的"荔枝保鲜"文件，显示有 146 篇文献（图 4-7）。

图 4-7 EndNote 显示有 146 篇文献

在 Web of Science 的首页基本检索下面的检索框内输入 "litchi post-harvest"，如图 4-8 所示，点击"检索"，进入如图 4-9 所示的检索结果页面，显示有 46 篇文献。点击此页面上的"分析检索结果"链接，可以对文献进行分析。

第四章　常用英文数据库的检索

图 4-8　输入检索词

图 4-9　检索结果

在图 4-9 所示的页面上,点击"导出",下方弹出菜单(图 4-10),选择"EndNote Desktop",弹出一个窗口(图 4-11),选择"记录来源 1 至 46"。打开记录内容的下拉菜单(图 4-12),选择"全记录",继续点击"导出"按钮。

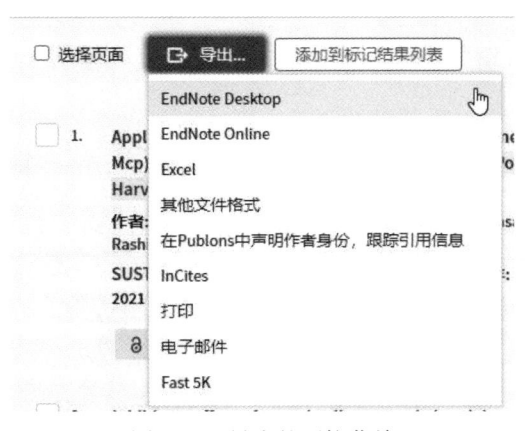

图 4-10　导出的下拉菜单

图 4-11　导出窗口

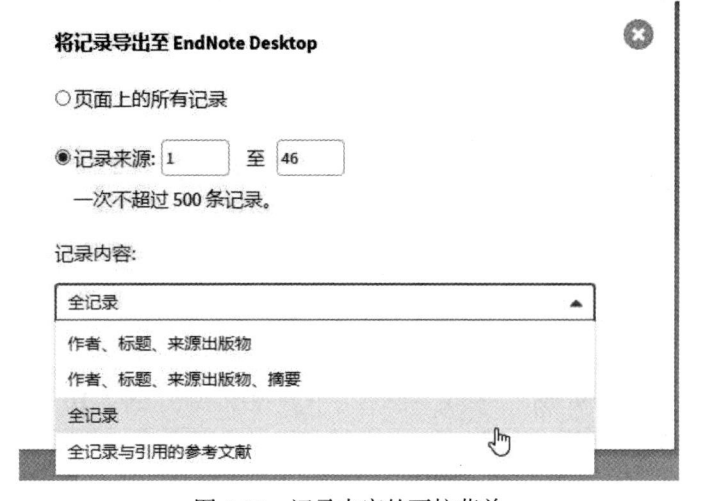

图 4-12　记录内容的下拉菜单

稍等一会儿，46 篇文献就自动导入 EndNote 中，显示有 192 篇文献（图 4-13）。

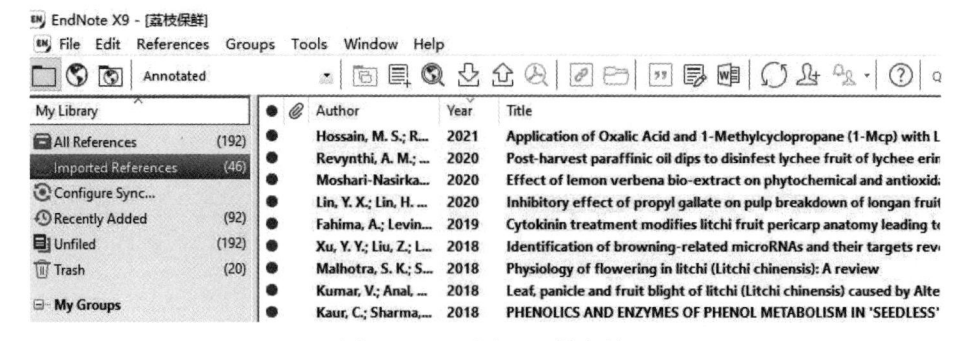

图 4-13　显示有 192 篇文献

输入检索词进行检索后，如果文献数量太多，如超过一千篇，可以继续在如图 4-9 所示页面"精炼检索结果"下方的检索框内输入其他关键词来限定检索范围和主题，继续进行检索。也可以在检索词的两侧加上双引号，来减少检索结果的数量。如果文献不多，就不用进行精炼检索。

3. 检索结果自动分析

Web of Science 数据库可以对检索结果进行自动分析。在如图 4-9 所示的检索结果中，点击右侧"分析检索结果"，弹出如图 4-14 所示的页面，左侧的导航栏显示文献类型、出版年等的分析结果。"Web of Science 类别"分析结果的柱状图上方是一些具体数字，如属于"HORTICULTURE"有 22 篇，属于"PLANT SCIENCES"有 7 篇（图 4-14）。

图 4-14　检索结果分析

分析结果以"可视化图像树状图"显示。点击"可视化图像树状图"右侧的三角形，选择"可视化图像柱状图"，分析结果以柱状图显示（图 4-15）。

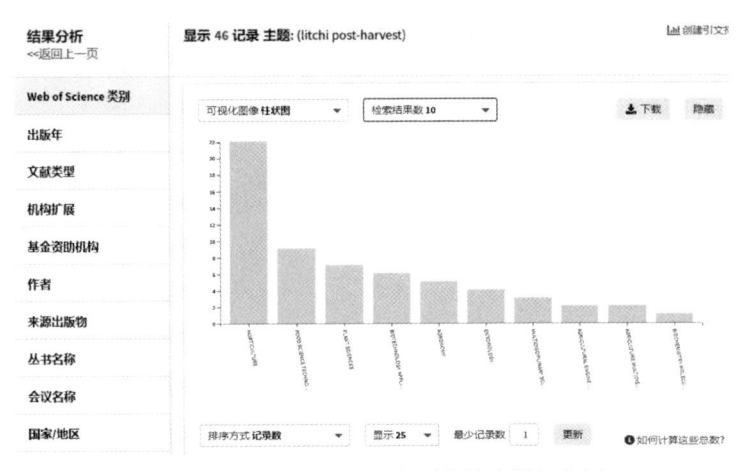

图 4-15　Web of Science 类别的检索结果分析

在如图 4-15 所示的页面的柱形图下面则是各学科的详细记录数（图 4-16）。

选择	字段: Web of Science 类别	记录数	%/46	柱状图
☐	HORTICULTURE	22	47.826 %	
☐	FOOD SCIENCE TECHNOLOGY	9	19.565 %	
☐	PLANT SCIENCES	7	15.217 %	
☐	BIOTECHNOLOGY APPLIED MICROBIOLOGY	6	13.043 %	
☐	AGRONOMY	5	10.870 %	
☐	ENTOMOLOGY	4	8.696 %	
☐	MULTIDISCIPLINARY SCIENCES	3	6.522 %	

图 4-16　Web of Science 类别检索结果分析

点击左侧的"出版年"，出现如图 4-17 所示的页面，在柱状图的下方是具体每一年发表的论文数量，如 2018 年的论文数量最多（图 4-18）。

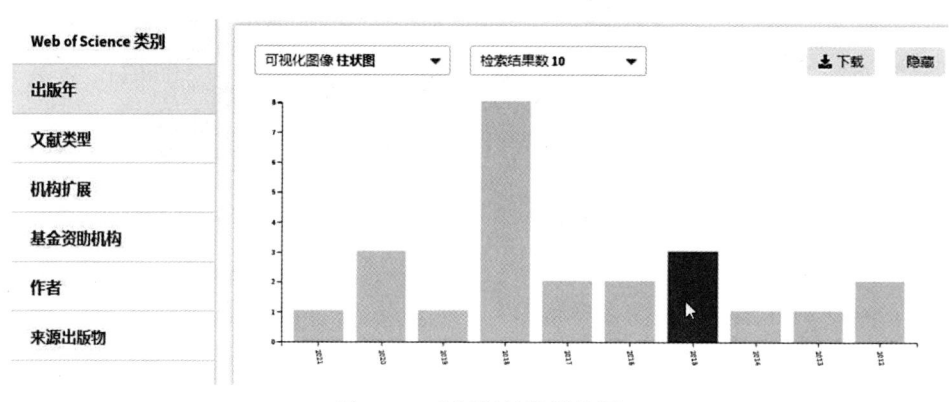

图 4-17　出版年的结果分析

选择	字段: 出版年	记录数	%/46	柱状图
☐	2021	1	2.174 %	
☐	2020	3	6.522 %	
☐	2019	1	2.174 %	
☐	2018	8	17.391 %	
☐	2017	2	4.348 %	
☐	2016	2	4.348 %	

图 4-18　出版年的记录数

第四章　常用英文数据库的检索

点击左侧的"文献类型",出现如图 4-19 所示的页面,在柱状图的下方是某一文献类型的论文数量,如"ARTICLE"有 29 篇(图 4-20)。

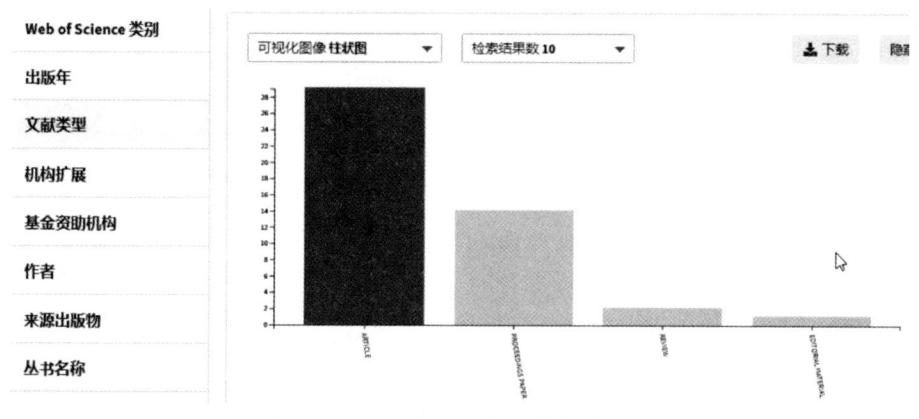

图 4-19　文献类型的结果分析(一)

选择	字段: 文献类型	记录数	%/46	柱状图
☐	ARTICLE	29	63.043 %	
☐	PROCEEDINGS PAPER	14	30.435 %	
☐	REVIEW	2	4.348 %	
☐	EDITORIAL MATERIAL	1	2.174 %	

图 4-20　文献类型的结果分析(二)

点击左侧的"机构扩展",出现如图 4-21 所示的页面,在柱状图的下方是每个机构发表论文的具体数量(图 4-21)。

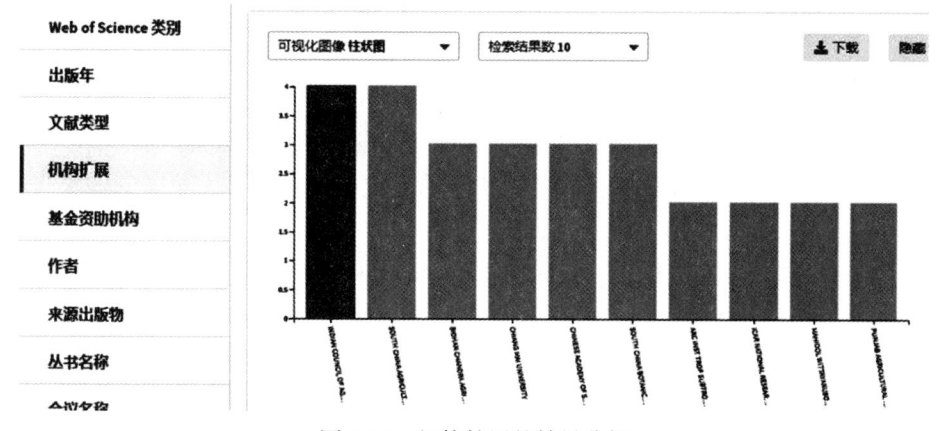

图 4-21　机构扩展的结果分析

点击左侧的"作者",出现如图 4-22 所示的页面,在柱状图的下方是作者发表论文的数量,如 JIANG YM 发表论文的数量最多(图 4-23)。

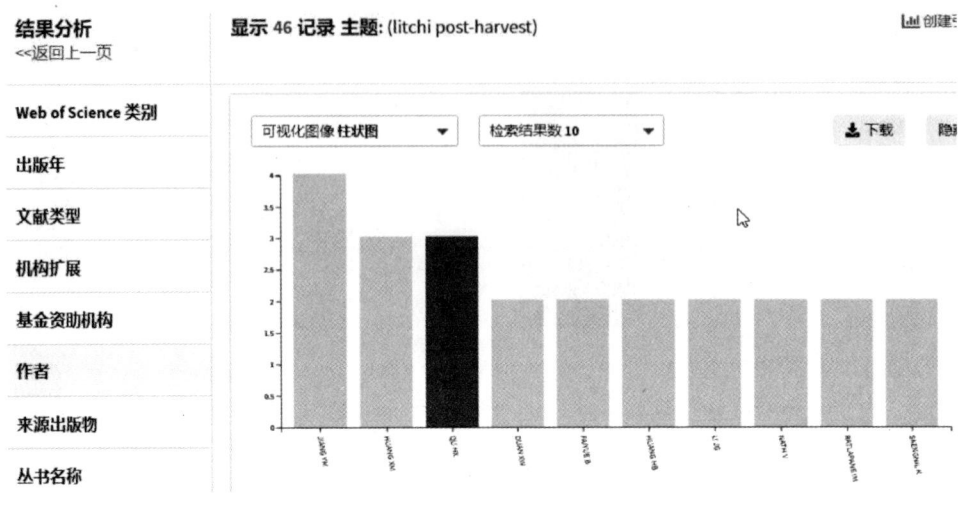

图 4-22 作者的分析结果

选择	字段: 作者	记录数	%/46	柱状图
☐	JIANG YM	4	8.696 %	■
☐	HUANG XM	3	6.522 %	■
☐	QU HX	3	6.522 %	■
☐	DUAN XW	2	4.348 %	■
☐	FAIYUE B	2	4.348 %	■
☐	HUANG HB	2	4.348 %	■

图 4-23 作者的具体记录

点击左侧的"来源出版物",右侧柱状图的下方是具体的出版物名称及记录数(图 4-24),可以看到在杂志 *Acta Horticulturae* 上发表的论文数量最多。

点击左侧的"国家/地区",右侧柱状图的下方可以看到发表论文的国家/地区(图 4-25),显示印度发表论文最多。

点击左侧的"语种",右侧柱状图的下方可以看到发表论文使用的语言(图 4-26),显示用英语发表的论文最多。

第四章 常用英文数据库的检索

选择	字段:来源出版物	记录数	%/46	柱状图
☐	ACTA HORTICULTURAE	13	28.261%	
☐	JOURNAL OF FOOD SCIENCE AND TECHNOLOGY MYSORE	6	13.043%	
☐	INDIAN JOURNAL OF HORTICULTURE	3	6.522%	
☐	PROCEEDINGS OF THE FIRST INTERNATIONAL SYMPOSIUM ON LITCHI AND LONGAN	3	6.522%	
☐	V INTERNATIONAL SYMPOSIUM ON LYCHEE LONGAN AND OTHER SAPINDACEAE FRUITS	3	6.522%	
☐	III INTERNATIONAL SYMPOSIUM ON LONGAN LYCHEE AND OTHER FRUIT TREES IN SAPINDACEAE FAMILY	2	4.348%	
☐	JOURNAL OF HORTICULTURAL SCIENCE BIOTECHNOLOGY	2	4.348%	

图 4-24　来源出版物的分析结果

选择	字段:国家/地区	记录数	%/46	柱状图
☐	INDIA	16	34.783%	
☐	PEOPLES R CHINA	12	26.087%	
☐	BRAZIL	4	8.696%	
☐	AUSTRALIA	3	6.522%	
☐	SOUTH AFRICA	3	6.522%	
☐	THAILAND	3	6.522%	

图 4-25　国家/地区的分析结果

选择	字段:语种	记录数	%/46	柱状图
☐	ENGLISH	43	93.478%	
☐	PORTUGUESE	3	6.522%	

图 4-26　语种的分析结果

点击左侧的"研究方向",右侧柱状图的下方可以看到各种研究方向,显示属于农业("AGRICULTURE")的研究方向最多(图 4-27)。

点击左侧的"机构",右侧柱状图的下方可以看到发表论文的研究机构(图 4-28)。

选择	字段：研究方向	记录数	%/46	柱状图
☐	AGRICULTURE	25	54.348 %	
☐	FOOD SCIENCE TECHNOLOGY	9	19.565 %	
☐	PLANT SCIENCES	7	15.217 %	
☐	BIOTECHNOLOGY APPLIED MICROBIOLOGY	6	13.043 %	
☐	ENTOMOLOGY	4	8.696 %	
☐	SCIENCE TECHNOLOGY OTHER TOPICS	4	8.696 %	
☐	ENGINEERING	2	4.348 %	

图 4-27 研究方向的分析结果

选择	字段：机构	记录数	%/46	柱状图
☐	BIDHAN CHANDRA KRISHI VISWAVIDYALAYA	3	6.522 %	
☐	CHIANG MAI UNIV	3	6.522 %	
☐	CHINESE ACAD SCI	3	6.522 %	
☐	S CHINA AGR UNIV	3	6.522 %	
☐	ARC INST TROP SUBTROP CROPS	2	4.348 %	
☐	MAHIDOL WITTAYANUSORN SCH	2	4.348 %	

图 4-28 机构的分析结果

第二节 Wiley Blackwell 的使用

一、简介

John Wiley & Sons Inc.是一家业务涵盖学术出版、高等教育出版及大众图书出版领域并处于领先地位的出版商。Wiley Blackwell 由 John Wiley & Sons Inc.的科学、技术及医学业务部门与 Blackwell 出版社合并而成。

Wiley Blackwell 的文库范围非常广，包括化学、物理、工程、农业、兽医学、食品科学、医学、护理、口腔、生命科学、心理、商业、社会科学、艺术、人类学等多个学科的 1400 多种期刊，以及很多其他重要的跨学科领域出版的期刊。

Wiley Blackwell 数据库中的资源主要放在 Wiley 网上图书馆（Wiley Online Library），这个数据库的检索主要是通过 Wiley 网上图书馆的网站进行。

二、使用步骤

Wiley Blackwell 的使用主要包含 3 个步骤：进入首页、检索和保存、检索结果自动分析。同样在保存文献题录前，需要先建立一个 EndNote 文件，并且打开这个文件。下面仍然以 "litchi post-harvest" 为例，介绍如何在 Wiley Blackwell 数据库中检索文献，并将文献导出到 EndNote。

1. 进入首页

Wiley Blackwell 数据库的链接一般都在大学图书馆的首页上。大学校内的 IP 一般都可以访问该学校订阅的 Wiley Blackwell 资源，而且可以下载全文。在地址栏中输入 "http://onlinelibrary.wiley.com/"，也可以进入这个网站的首页，但此时仅可以查找开放存取的文献，大多数文献看不到全文。暨南大学图书馆首页上 Wiley Blackwell 网站的链接如图 4-29 所示，点击 "Wiley Blackwell" 就可以进入如图 4-30 所示的页面，根据计算机的 IP 选择入口，进入如图 1-9 所示的 Wiley Online Library 的首页，在首页页面中央有检索框。

图 4-29　暨南大学图书馆首页上 Wiley Blackwell 网站的链接入口

图 4-30　Wiley 的访问入口

2. 检索和保存

在 Wiley Online Library 的首页上输入检索词"litchi post-harvest",点击右侧的放大镜符号(图 4-31),会出现如图 4-32 所示的检索结果页面,页面显示有 438 篇文献,这个数量太多了,可以在检索词两侧加上双引号,减少文献的数量,也可以继续进行高级检索(点击图 4-32 所示页面上的"Refine Search",进入图 4-33 所示的页面),缩小检索范围。

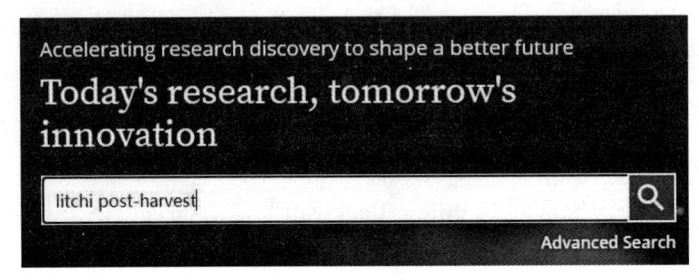

图 4-31 输入"litchi post-harvest"

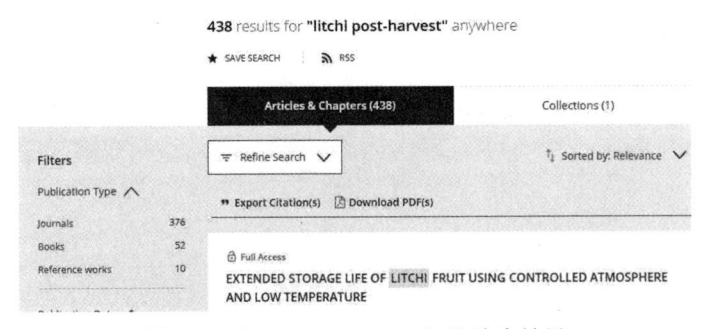

图 4-32 "litchi post-harvest"的检索结果

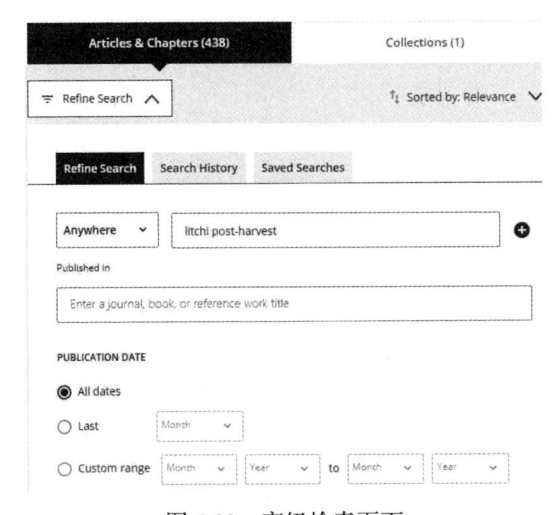

图 4-33 高级检索页面

第四章 常用英文数据库的检索

在图 4-33 所示页面上的日期选择中，选择"Custom range"，选择 2017 年 1 月至 2022 年 1 月，点击"Search"（图 4-34），会出现如图 4-35 所示的页面，显示 2017 年 1 月至 2022 年 1 月在全文中出现"litchi post-harvest"的文献有 92 篇。

图 4-34　选择日期进行高级检索

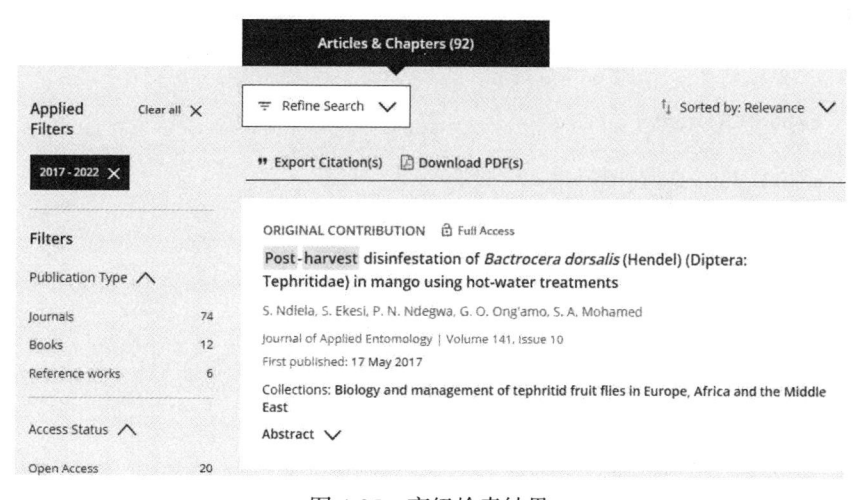

图 4-35　高级检索结果

在图 4-35 所示的检索结果每一条文献下方的"Abstract"上点击，就可以弹出摘要的详细内容。在图 4-35 所示的页面上，点击"Download PDF(s)"，弹出一个 PDF 全文的窗口，保存这个 PDF 文件在电脑的合适位置就可以了。

在图 4-35 所示的页面，点击"Export Citation(s)"，在弹出窗口的每篇文献左侧的方框打钩（图 4-36）。点击"Next"按钮，弹出如图 4-37 所示的窗口。在这个窗口上，选择"EndNote"和"Citation file or direct import"，然后点击"Export"按钮（图 4-38），就会自动保存一个文件，打开这个文件，就可以自动导入一个已经打开的 EndNote 文件中。

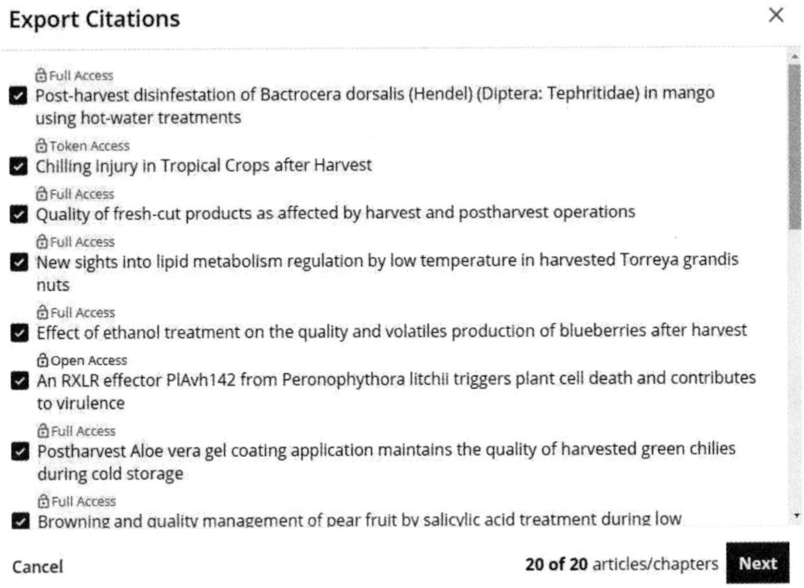

图 4-36 Wiley Blackwell 网站的导出窗口（一）

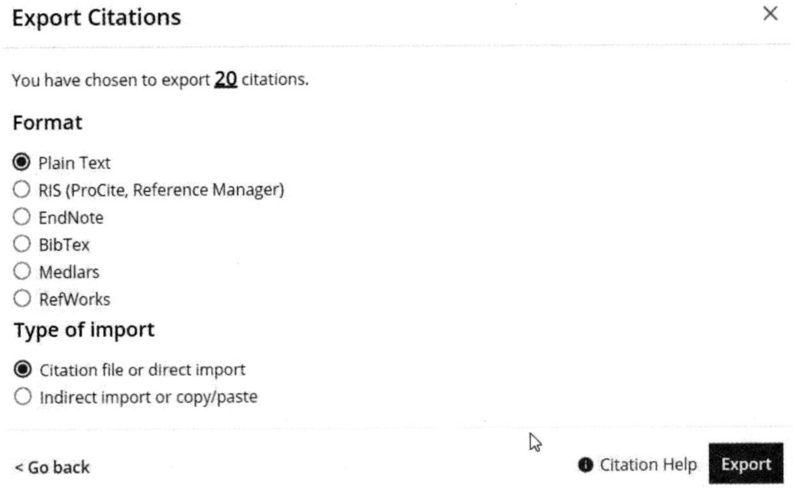

图 4-37 Wiley Blackwell 网站的导出窗口（二）

图 4-38　Wiley Blackwell 网站的导出窗口（三）

在自动导出之前，"荔枝保鲜"文件具有 192 篇文献，如图 4-39 所示，等自动导入 20 篇文献后，"荔枝保鲜"文件具有 212 篇文献，如图 4-40 所示。一次只能导出一个页面上的 20 篇文献。当文献的数量超过 20 时，需要多次重复，才可以将文献导入 EndNote 中。

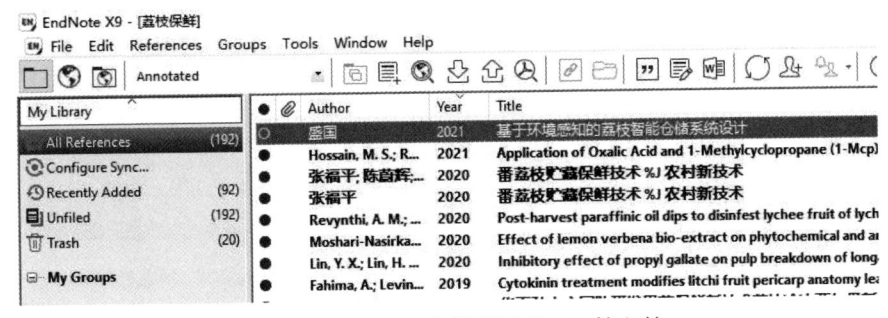

图 4-39　EndNote 文件显示有 192 篇文献

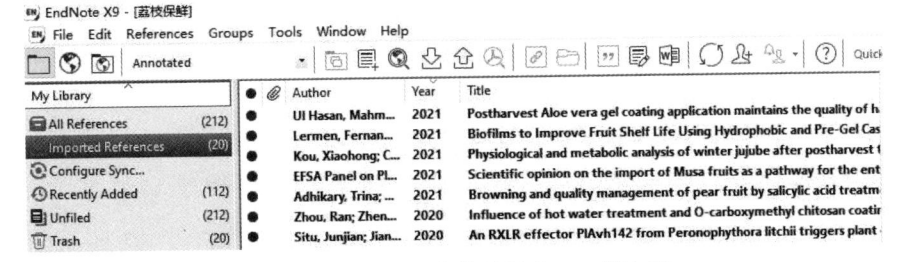

图 4-40　EndNote 文件显示有 212 篇文献

因为不同的数据库可以有相同的文献，自动导入 EndNote 后，EndNote 文件中会有重复文献。如何处理这些重复文献呢？EndNote 软件还具有删除重复文献的功能。删除过程如下：在"References"菜单的下拉菜单中，选择"Find Duplicates"，如图 4-41 所示。

点击后，出现如图 4-42 所示的活动窗口。在这个活动窗口中，显示有 2 篇重复的文献，点击图 4-42 左侧的"Keep This Record"按钮，就可以保留这篇文献，而右侧的文献会自动删除；如果点击右侧的"Keep This Record"按钮，就可以保留右侧的文献，而左侧的文献会自动删除。将所有重复的文献删除后，就进入 EndNote 文件的窗口中。删除全部重复文献后，显示有 208 条文献（图 4-43）。

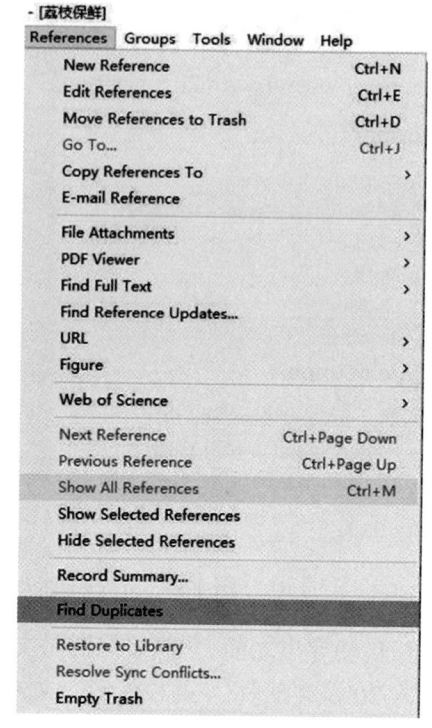

图 4-41　EndNote 文件中"References"菜单的下拉菜单

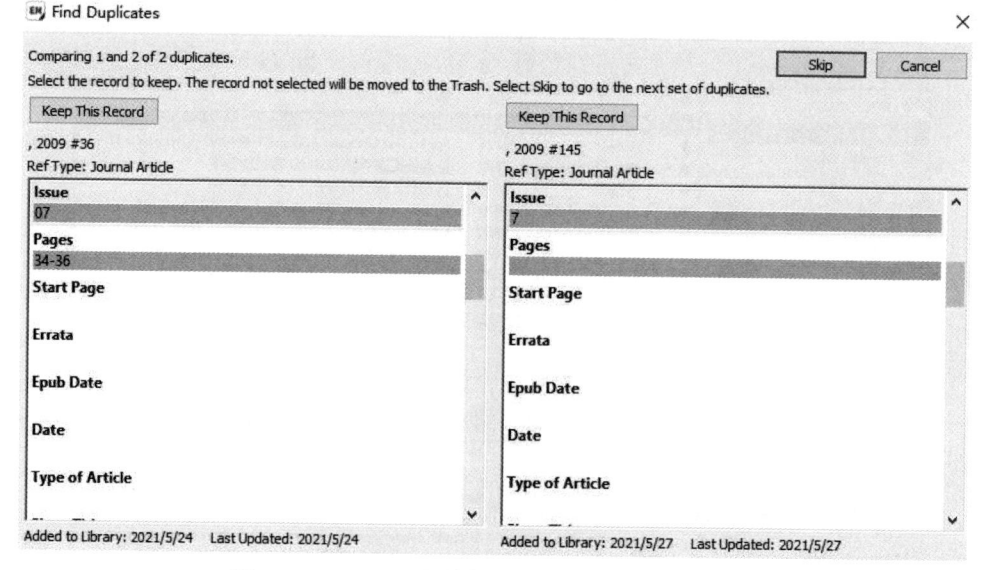

图 4-42　EndNote 文件中寻找重复文献的活动窗口

图 4-43　删除重复文献后的 EndNote 文件

可见，向同一个 EndNote 文件中导入不同数据库的文献题录时，可以通过在"References"菜单中选择"Find Duplicates"的命令删除重复的文献。这样可以避免同一篇文献在 EndNote 文件中多次出现。

3. 检索结果自动分析

Wiley 数据库可以对检索结果进行自动分析。在检索结果的左侧，显示有结果分析。首先可以看到出版类型（"Publication Type"）的分析，在期刊上发表的文献有 74 篇、书籍有 12 部（图 4-44）。

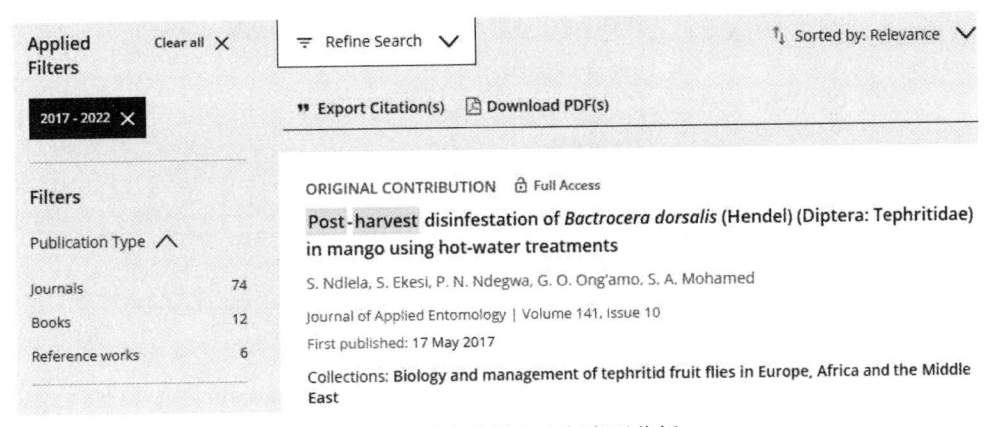

图 4-44　检索结果的出版类型分析

在学科（"Subjects"）的分析结果中，可以看到农业（"AGRICULTURE"）方面最多，有 28 篇文献（图 4-45）。

在发表刊物的分析结果中可以看到，在 EFSA Journal 上发表文献最多，有 15 篇（图 4-46）。

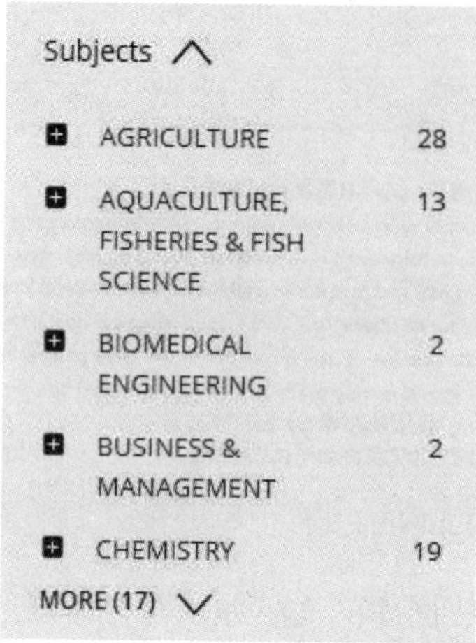

图 4-45　检索结果的学科分析 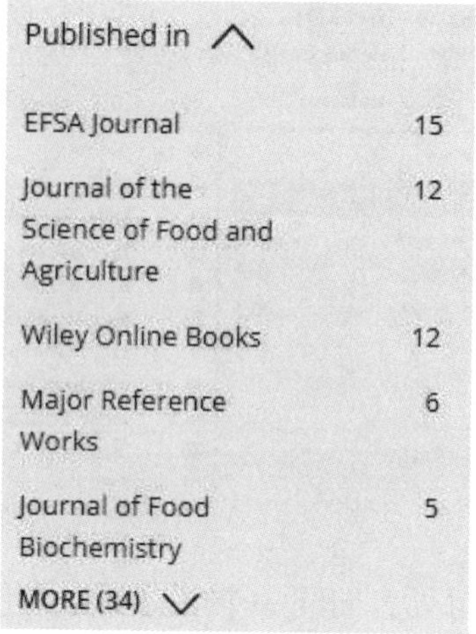　　　　　图 4-46　检索结果的发表刊物分析

在作者的分析结果中，可以看到，European Food Safety Authority EFSA 发表文献最多，有 9 篇（图 4-47）。

图 4-47　检索结果的作者分析

第三节　Elsevier ScienceDirect 的使用

一、简介

Elsevier 是荷兰的学术出版商，有 100 多年的历史，出版内容涉及自然科学、工程学、医学、生命科学、社会科学及人文等多个学科。它提供 2200 多种期刊和

数千种图书的全文文献。

二、使用步骤

Elsevier ScienceDirect 的使用主要包含 3 个步骤：进入首页、检索和保存，检索结果自动分析。

1. 进入首页

Elsevier ScienceDirect 首页的链接一般都在大学图书馆的首页上。大学校内的 IP 一般都可以访问该学校订阅的 Elsevier ScienceDirect 资源，而且可以下载全文。

在暨南大学图书馆首页的常用数据库上点击"校外访问"（图 4-48），进入如图 4-49 所示页面，显示各种数据库的链接。继续点击第 6 个"Elsevier"的访问地址"https://www.sciencedirect.com/"，进入如图 1-10 所示的 Elsevier ScienceDirect 首页。

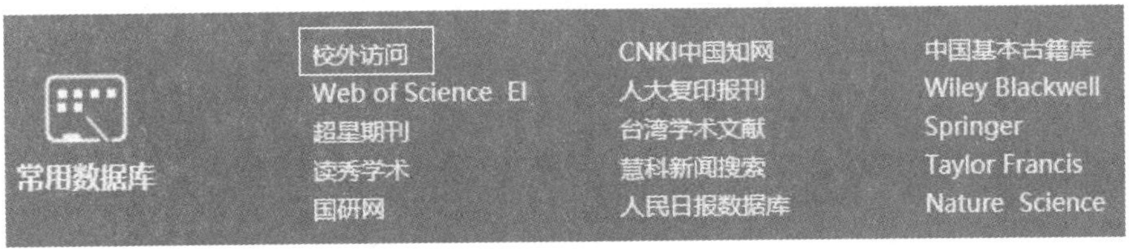

图 4-48　点击暨南大学图书馆首页常用数据库中的"校外访问"

目前CARSI网站上公布的我馆已购买中外文数据库，均已申请配置，现已对接好的数据库如下：

序号	数据库名称	访问地址
1	Springerlink	https://link.springer.com/
2	Nature	https://www.nature.com/
3	EBSCO	https://search.ebscohost.com/
4	IEEE	https://ieeexplore.ieee.org/
5	科睿唯安公司产品（Web Of Science、ESI、InCites、JCR）	https://webofknowledge.com
6	Elsevier	https://www.sciencedirect.com/
7	EI	http://www.engineeringvillage.com

图 4-49　Elsevier ScienceDirect 网站的链接入口（序号 6）

此外，无论是否为 Elsevier 期刊的订阅用户，只要在浏览器中输入 Elsevier ScienceDirect 的网址"http://www.sciencedirect.com"就可以进入其首页。非订阅用户可以查看文献题录、摘要及免费全文；订阅用户可以查看、下载免费全文和订阅的全文。

2. 检索和保存

Elsevier ScienceDirect 平台提供了检索的功能。它的检索可以使用简单检索的方式，也可以采用高级检索的方式。

例如，在 Elsevier ScienceDirect 网站首页的检索框内输入"litchi post-harvest"，点击检索按钮" 🔍 "，如图 4-50 所示。弹出如图 4-51 所示的页面，显示找到了 560 篇文献。

图 4-50　Elsevier ScienceDirect 的检索页面

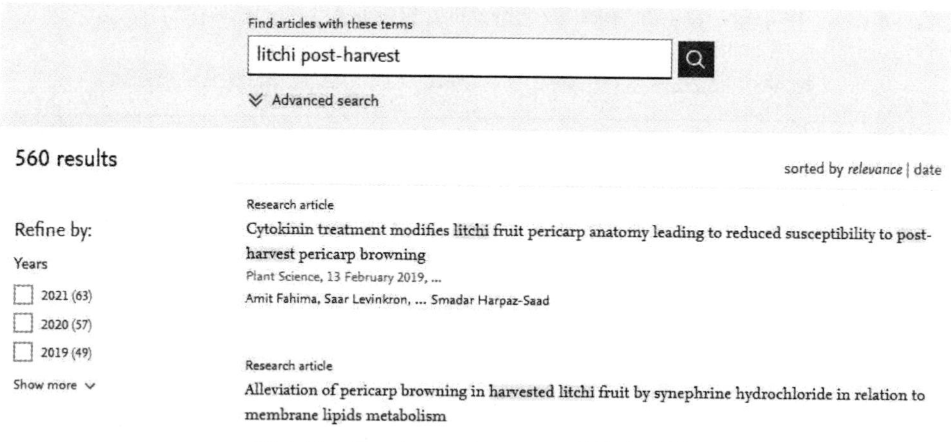

图 4-51　Elsevier ScienceDirect 的检索结果

由于数量太多，可以通过仅查阅近五年的文献来减少文献的数量。点击检索框下面的"Advanced search"，打开高级检索页面（图 4-52），在右侧"Year(s)"下面的检索框，输入"2017-2021"，点击"Search"按钮，进入检索结果页面，显示有 246 条文献（图 4-53）。数量还是太多，需要继续减少文献数量。

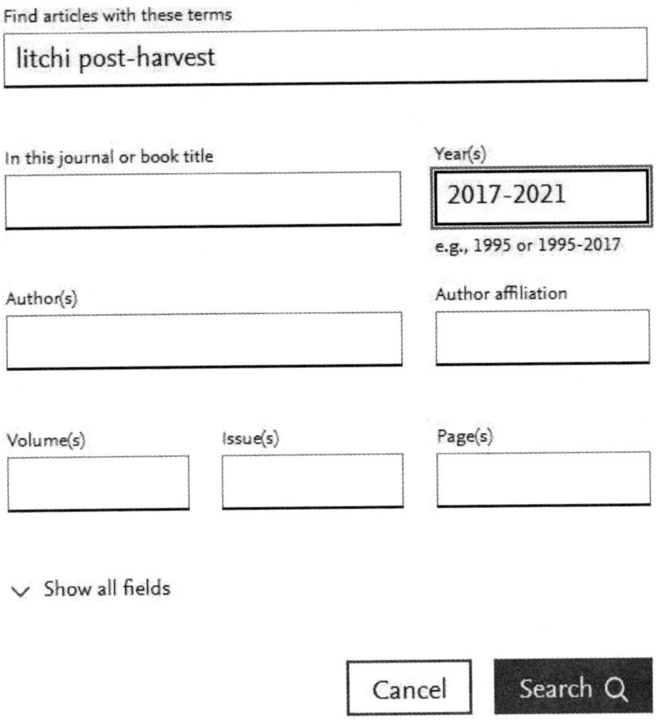

第四章　常用英文数据库的检索

图 4-52　Elsevier ScienceDirect 的高级检索页面

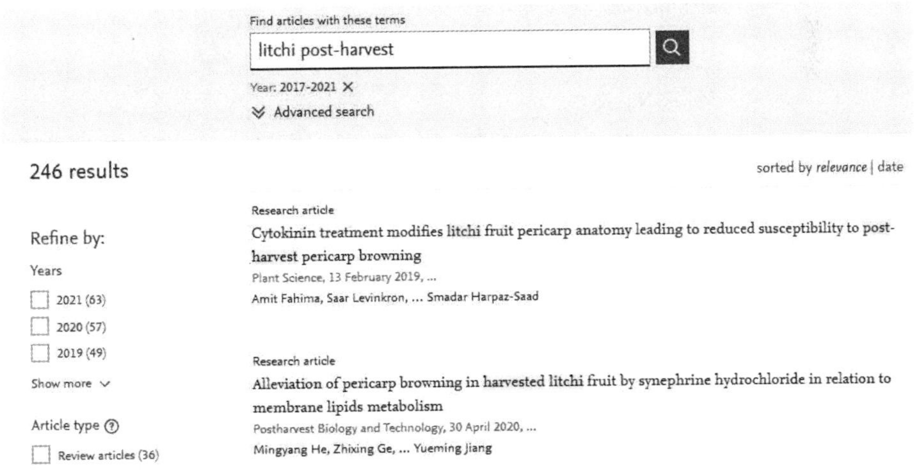

图 4-53　Elsevier ScienceDirect 的检索结果导出窗口

继续点击检索框下面的"Advanced search",打开详细的检索框页面,在"Title,abstract or author-specified keywords"下面的检索框输入"preservation"(图 4-54),然后点击"Search"按钮,进入检索结果页面,显示有 12 条文献(图 4-55)。

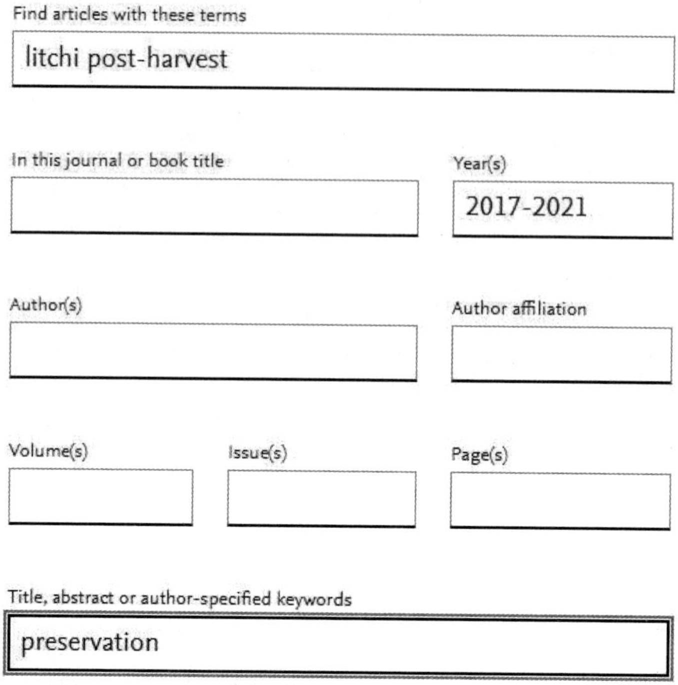

图 4-54 高级检索的页面

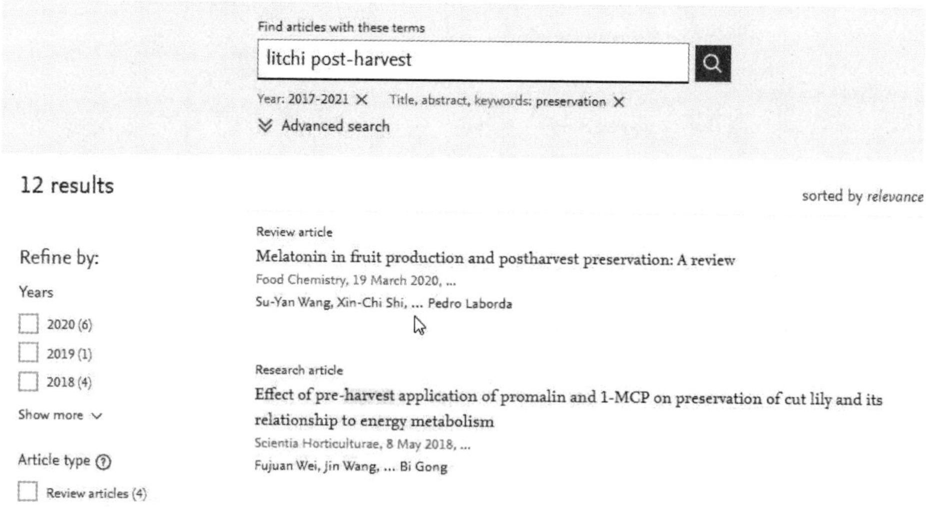

图 4-55 检索结果页面（一）

在检索结果页面中，有的文献上方有"Open access"的字样，下方有"Download PDF"（图 4-56），说明这篇文献可以下载全文。点击"Download PDF"，就可以保存 PDF 文件。

图 4-56　检索结果页面（二）

在如图 4-55 所示检索结果页面上，点击第一篇文献的标题，进入详细检索结果（图 4-57），在作者名下方有一排链接，点击最右侧的"Cite"，就可以下载文献题录。在图 4-57 所示的页面上，可以看到这篇论文的右侧有 3 篇文献的 PDF 全文，需要购买才可以下载。

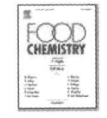

图 4-57　详细结果页面

如果要将用 Elsevier ScienceDirect 中检索到的文献导入 EndNote，则回到图 4-55 所示页面，点击最右侧的"Cite"，打开一个下拉菜单（图 4-58），选择"Export citation to RIS"，弹出一个保存文献窗口，按照步骤保存文件，回到 EndNote 文件，就可以发现，文献已经导入 EndNote 文件中，显示有 209 篇文献（图 4-59）。这个数据库的文献，只能一篇一篇地导入 EndNote 文件，不能一次导入多篇文献（图 4-60）。

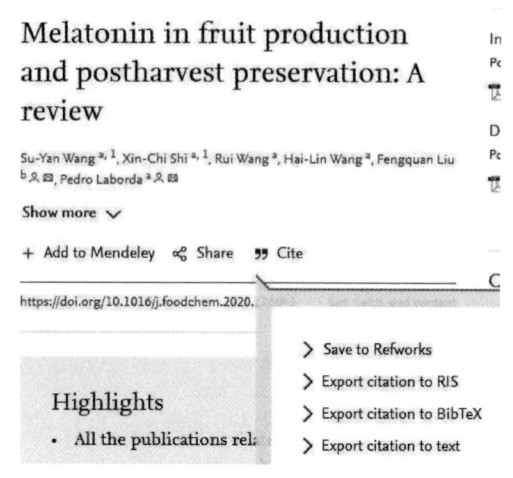

图 4-58 "Cite"的下拉菜单

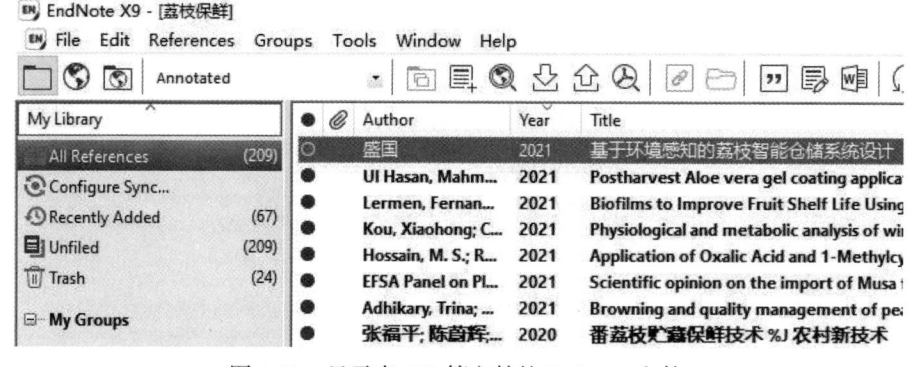

图 4-59 显示有 209 篇文献的 EndNote 文件

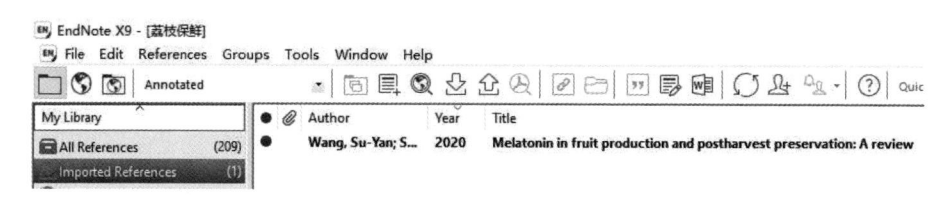

图 4-60 显示导入了一篇文献的 EndNote 文件

3. 检索结果自动分析

Elsevier 数据库可对检索结果自动分析。在检索结果页面左侧，首先显示有年份的结果分析（图 4-61），可看到各个年份论文的数量，如 2020 年有 6 篇文献。在论文类型的结果分析中（图 4-62）可看到综述（"Review articles"）有 4 篇文献，研究论文（"Research articles"）有 6 篇文献。在刊物的结果分析中，*Food Chemistry*、*Food Research International* 和 *Scientia Horticulturae* 各有 2 篇文献（图 4-62）。

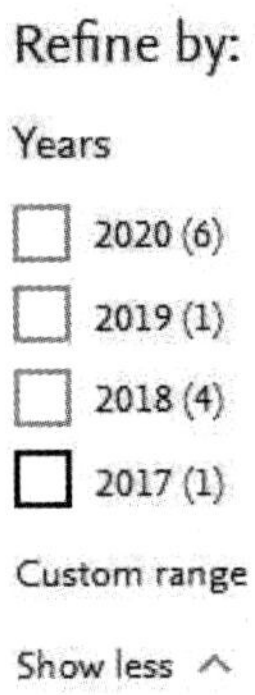

图 4-61 年份的结果分析 　　　图 4-62 论文类型和刊物的结果分析

学科的结果分析见图 4-63，显示 Agricultural and Biological Sciences（农业和生物科学）有 9 篇文献，Biochemistry, Genetics and Molecular Biology（生化和分子生物学）有 4 篇文献。此外，Elsevier ScienceDirect 还可以用来查找全文。查找全文时最好从校内 IP 进入，这样可以下载的全文更多。

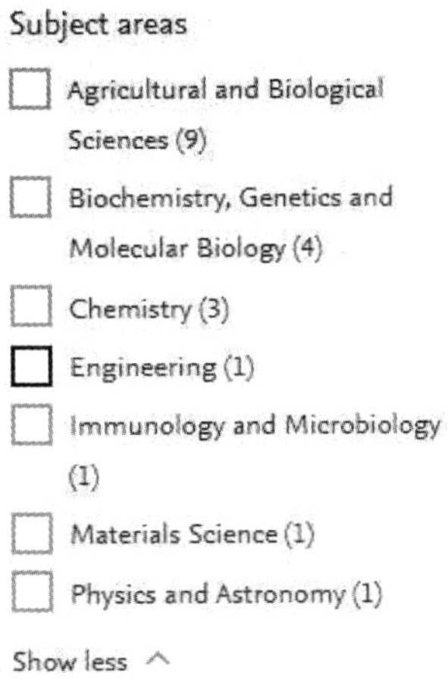

图 4-63　学科的结果分析

第四节　SpringerLink 的使用

一、简介

SpringerLink 是全球第一个电子期刊全文数据库，其收藏的大多数全文电子期刊是国际重要期刊，其中 SCI 源刊的比例达到 72%，它是科研人员的重要信息源。

二、使用步骤

SpringerLink 是全文数据库，我们可以在发现感兴趣的文献时利用它查找全文。它的使用主要包含 3 个步骤：进入首页、检索和保存、检索结果自动分析。

1. 进入首页

SpringerLink 首页的链接一般都在大学图书馆的首页上，大学校内的 IP 一般都可以访问该学校订阅的 SpringerLink 资源，而且可以下载全文。例如，点击暨南大学图书馆的首页上"常用数据库"右侧的"Springer"（图 4-64），进入如图 4-65 所示的链接入口。如果是校外 IP，需要点击校外访问入口，点击"WebVPN 校外访问"，按步骤注册进入。校内 IP，直接可以进入，或者在浏览器网址中输入"http://link.springer.com/"，也可以进入如图 4-66 所示的网站首页。但此时仅仅可以查找开放存取的文献，大多数文献看不到全文。

图 4-64　暨南大学图书馆首页上 SpringerLink 的链接入口

图 4-65　校内访问入口

SpringerLink 的首页如图 1-8 所示。在搜索框内输入检索词后点击检索按钮"🔍"（图 4-66），就可以获得检索结果。

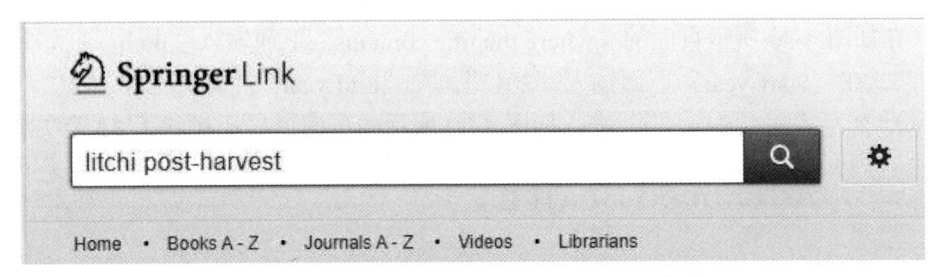

图 4-66　输入检索词后的 SpringerLink 首页

2. 检索和保存

SpringerLink 提供了简单检索、高级检索和期刊浏览的功能。可以使用简单检索的方式，直接将论文的题目输入检索框内，点击检索就可以获得检索结果。也可以输入关键词进行检索，如输入"litchi post-harvest"，点击检索按钮"🔍"进行检索，会弹出一个如图 4-67 所示的页面。在这个页面上，显示有 236 个结果。

图 4-67　SpringerLink 的简单检索

如果感觉文献太多，可以点击"🔍"右侧的"⚙"，打开下拉菜单（图 4-68），选择"Advanced Search"，进入如图 4-69 所示的页面。

图 4-68　高级检索入口

在如图 4-70 所示页面的 "where the title contains" 下面输入 "litchi"（大小写均可），在 "Start year" 下面输入 "2017"，在 "End year" 下面输入 "2021"（图 4-71），然后点击 "Search"，进入如图 4-72 所示的页面，显示找到了 81 篇文献。

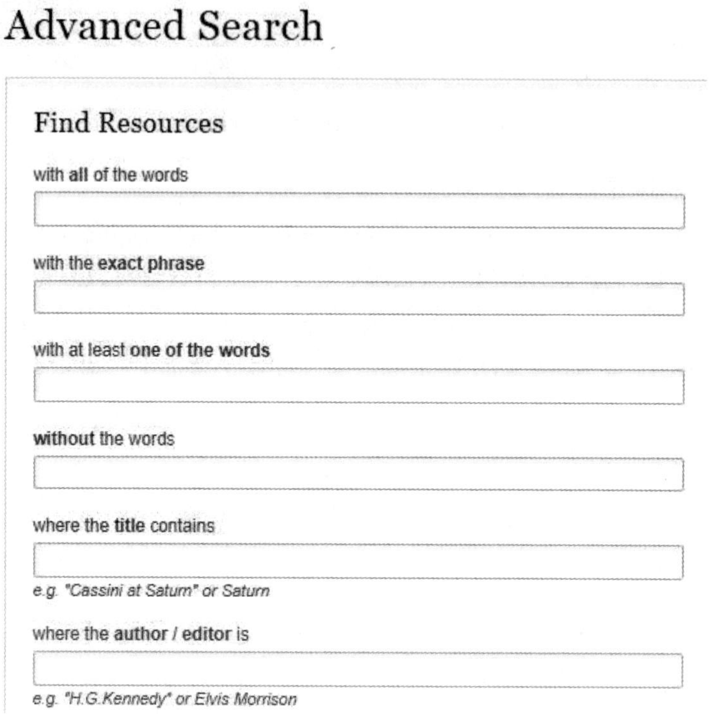

图 4-69　高级检索页面（一）

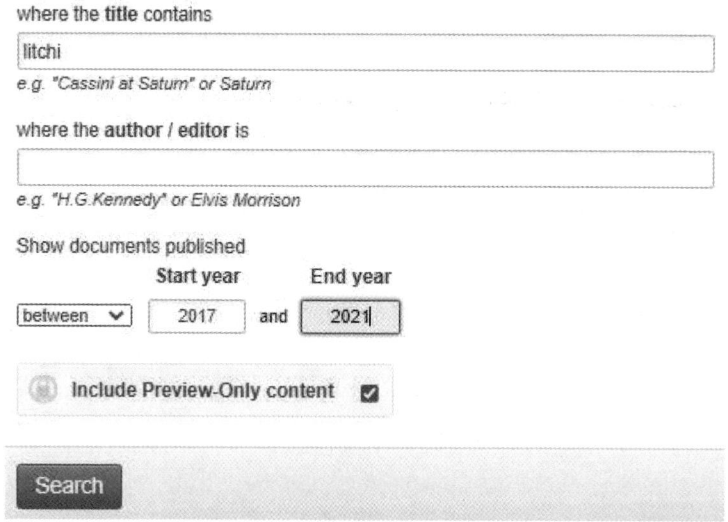

图 4-70　高级检索页面（二）

第四章　常用英文数据库的检索

图 4-71　高级检索的检索结果页面

SpringerLink 没有提供批量下载 PDF 文件的功能，如果对某一篇文献有兴趣，可以点击文献下方的"Download PDF"（图 4-71），进入下载页面。点击 PDF 文件上方的下载图标"⬇"，就可以下载 PDF 格式的文件（图 4-72），并保存在电脑上。这个数据库大多数文献可以下载全文。

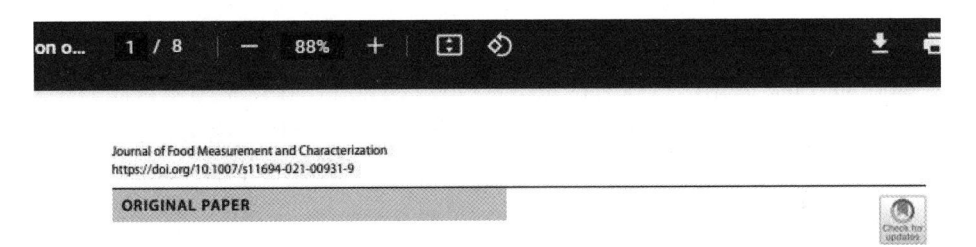

图 4-72　PDF 文件窗口

在检索结果的右上方有一个"⬇"，点击这个符号（图 4-73），可以一次性将文献题录下载成一个 Excel 文件。

图 4-73 检索结果页面

3. 检索结果自动分析

SpringerLink 数据库可以对检索结果进行自动分析。在检索结果页面的左侧显示结果分析（图 4-74）。首先可以看到论文类型的结果分析，论文有 51 篇，30 篇属于书中的章。论文学科的结果分析显示，Life Sciences（生命科学）有 54 篇文献，Chemistry（化学）有 14 篇文献。

对分支学科的分析，显示 Plant Genetics and Genomics（植物遗传学和基因组学）有 35 篇文献，Agriculture（农业）有 28 篇文献。对语言的分析，显示 81 篇文献都是用英文写成的（图 4-75）。

图 4-74 论文类型和学科的结果分析　　　图 4-75 分支学科和语言分析

总而言之，SpringerLink 是全文数据库，主要用来查找全文，对于文献的题录没有必要用这个数据库来查找。使用这个数据库的一般原则是，先发现非常感兴趣的文献，然后利用这个数据库来找全文。

第五节　PubMed 的使用

一、简介

PubMed 是生物医学领域的数据库，它由美国国立医学图书馆的生物技术信息中心开发研制。其数据每周更新，免费访问，使用方便，具有检索质量高、检索功能强大、外部链接丰富、服务个性化等优点，是生物医学领域科研人员和临床医务人员不可缺少的文献信息源。

PubMed 收录 1948 年以来世界上 80 多个国家和地区医学、生命科学方面的 5400 多种期刊和电子图书，最早回溯到 1865 年。

二、使用步骤

PubMed 可通过在浏览器中输入网址"https://www.ncbi.nlm.nih.gov/pmc/"登录进入，也可从暨南大学图书馆首页进入。PubMed 的首页见图 1-11。PubMed 的检索可以使用标准检索方式，然后将检索到的文献导入 EndNote 软件中。也可以直接利用 EndNote 软件中的网上检索功能直接检索（详见第二章的内容）。直接用 EndNote 软件来检索更方便、快速，一般就不从 PubMed 的首页上进行检索了。

介绍了这么多的数据库，使用时是不是需要在每个数据库中都全部查找一遍呢？从全面的角度来说，可以每个数据库都查找；但从节省时间的角度来说，并不需要所有的数据库都去查找，仅需要查找 1 或 2 个数据库即可。例如，中文文献通过 CNKI 来查找，英文文献通过 Web of Science 来查找。然后进行文献的阅读，根据摘要的内容进行筛选，认为十分重要的、需要进一步阅读的文献可以通过后面的全文数据库来查找全文，否则没有必要对所有的文献都去查找全文。通过这样的方法可以大大节省时间。

第五章　常用 APP 和微信公众号的使用

本章彩图

随着移动互联网的发展，手机客户端的使用率有高于电脑客户端的趋势。手机应用软件（application，简称 APP）已成为获取资讯的重要途径。例如，CNKI 为读者提供了手机端文献服务平台 APP——"全球学术快报"；PubMed 也有其对应的 APP 等。本章主要以"全球学术快报"和"PubMed"等为例来介绍 APP 的使用方法，并推荐一些科技方面的微信公众号，以便帮助读者更快、更好地获取科技方面的一些资讯。

但需要注意的是，信息快速送达是手机 APP 的特色，但这些信息常片段化，可信度也有待验证，所以手机端得到的信息需要在确认后才能使用。

本章思维导图：

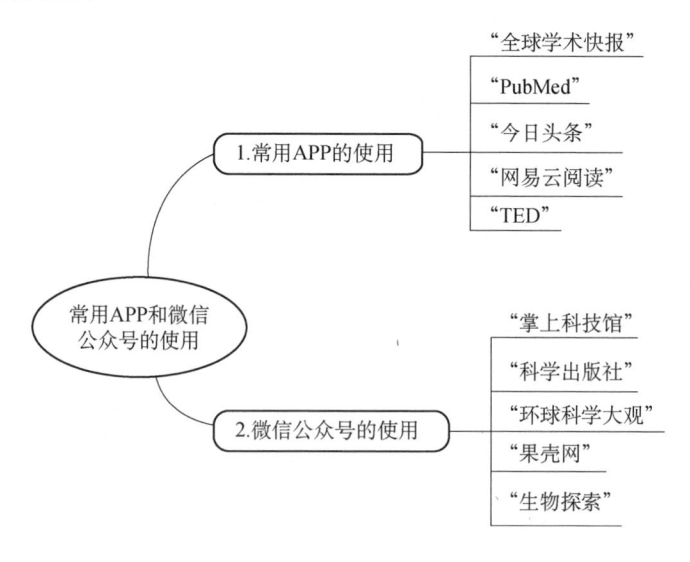

```
                                    ┌─ "全球学术快报"
                                    ├─ "PubMed"
                    ┌─ 1.常用APP的使用 ┼─ "今日头条"
                    │               ├─ "网易云阅读"
                    │               └─ "TED"
常用APP和微信
公众号的使用 ──────┤
                    │               ┌─ "掌上科技馆"
                    │               ├─ "科学出版社"
                    └─ 2.微信公众号的使用 ┼─ "环球科学大观"
                                    ├─ "果壳网"
                                    └─ "生物探索"
```

第一节　常用 APP 的使用

手机 APP 的使用方法一般十分简单。首先在手机应用商店搜索这些 APP，然后进入下载地址，下载完成后，按照步骤进行安装。安装完成之后，就会在手机的桌面上出现相应的图标，如"全球学术快报""PubMed""今日头条""网易云阅读""TED"等。由于版本不同，界面可能会有所不同，但方法大同小异。本节主要介绍这些 APP 的使用。

一、"全球学术快报"

"全球学术快报"是中国知网为读者打造的手机端文献服务平台。该平台整合了全球文献，为用户提供个性化的快报推送服务，实现实时了解最新学术科技前沿动态的目的。该 APP 操作简单方便，读者可通过手机进行文献的在线阅读和下载，并提供文献标注信息、阅读记录等内容云同步，跨越移动端和桌面系统的限制。同时读者可以通过学术文献与作者进行交流和沟通。

该 APP 的使用方法如下：打开手机，在手机应用商店搜索框内输入"CNKI"（大小写均可），在下面弹出的链接中，点击"全球学术快报"（图 5-1），按照步骤下载并安装。安装完成后，手机上会出现一个如图 5-2 所示的图标。

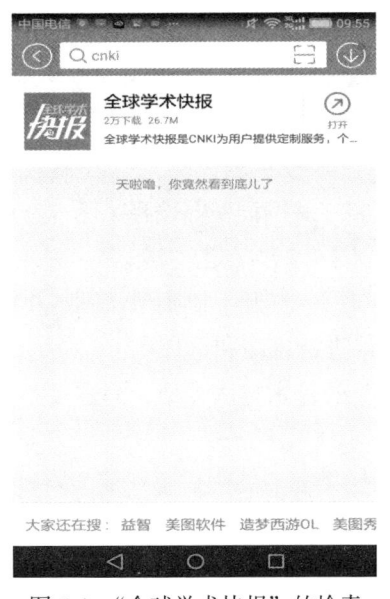

图 5-1　"全球学术快报"的检索　　　　图 5-2　"全球学术快报"的图标

使用时，点击图 5-2 所示图标就可以进入"全球学术快报"的登录页面（图 5-3）。在登录页面，可以使用申请的账户登录，也可以点击"先看看"进入首页（图 5-4）。点击最上方的"点击检索文献"，进入如图 5-5 所示的页面。

图 5-3 "全球学术快报"的登录页面　　　图 5-4 "全球学术快报"的首页

打开"主题"的下拉菜单，可以看到"篇名""关键词"等选择（图 5-6）。例如，点击"作者"，在检索框内输入"马三梅"（图 5-7），点击"搜索"，进入如图 5-8 所示的检索结果页面。在这个页面选择"主题"，打开下拉菜单（图 5-9），可以选择"发表时间"等选项，继续对查到的结果进行排序和选择。

"关键词""篇名"等的检索方法与"作者"的检索方法类似，只需要按照步骤操作就可以检索出结果。

"全球学术快报"APP 的主要功能是检索。如果要下载则需要注册。一般情况下，要使用下载和引用的功能最好还是利用电脑端的 CNKI。

第五章　常用 APP 和微信公众号的使用

图 5-5　"全球学术快报"的检索页面

图 5-6　"全球学术快报"的文献的下拉菜单

图 5-7　"全球学术快报"的作者检索窗口

图 5-8　"全球学术快报"的作者检索结果

图 5-9 "全球学术快报"的检索结果

二、"PubMed"

打开手机应用商店,在搜索框内输入"PubMed"(大小写均可),在下面弹出的链接中,点击"Pubmed"(图 5-10),按照步骤进行下载并安装。安装完成后,手机上会出现一个如图 5-11 所示的图标。使用时点击这个图标就可以进入它的首页(图 5-12)。

例如,在搜索框内输入"transgenic corn",点击检索按钮符号" 🔍 ",就可以显示检索结果,关于"transgenic corn"显示有 1755 个结果(图 5-13)。继续在论文题目上点击,就可以进入详细页面。

从上面的介绍中可以看出,使用手机 APP 检索文献和使用电脑检索的差异并不大。但手机检索需要流量,读者可在有 Wi-Fi 的情况下使用。手机的屏幕一般较小,并且屏幕辐射强度较大,不适合长时间看文献。所以手机 APP 检索可以作为在没有电脑情况下的替代或作为移动终端来使用。

第五章　常用 APP 和微信公众号的使用

图 5-10　"PubMed" APP 的查找

图 5-11　"PubMed" 的图标

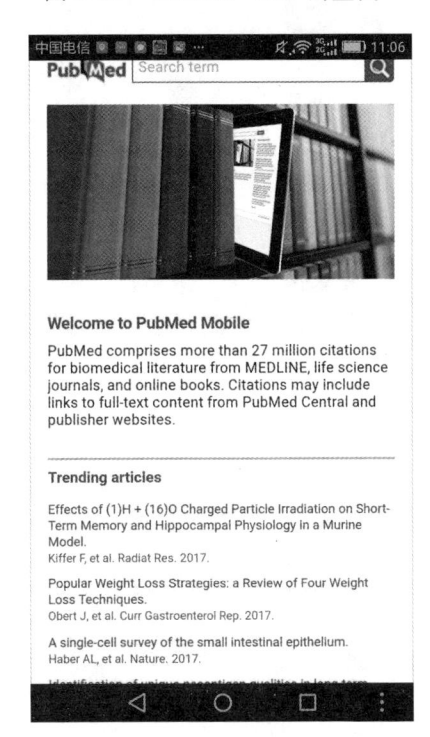

图 5-12　"PubMed" APP 的首页

图 5-13　"PubMed" 的检索结果

三、"今日头条"

"今日头条"是一款新闻资讯APP，可搜索并订阅内容，并能自动分析用户的兴趣爱好，为用户推荐感兴趣的内容。

"今日头条"的使用方法如下：通过手机应用商店搜索"今日头条"，按照步骤下载并安装到手机上，然后手机屏幕上会出现一个如图 5-14 所示的图标。点击图标就可以打开 APP 来阅读相关资讯，也可以选择订阅相应的资讯，选择"订阅"后，出现如图 5-15 所示的页面。

点击"添加订阅"，出现如图 5-16 所示的页面，然后可以选择订阅感兴趣的内容。例如，在"今日头条"的科技频道可以看到最新科技信息。

图 5-14 "今日头条"的图标

图 5-15 "今日头条"的订阅页面

图 5-16 "今日头条"的科技频道

四、"网易云阅读"

"网易云阅读"是国内移动应用中的一个在线书库 APP，为用户提供优秀且富有乐趣的阅读作品，被用户誉为"手机必备阅读 APP"。

"网易云阅读"的使用方法如下：打开手机应用商店，在搜索框内输入"网易云阅读"，在下面弹出的链接中，点击"网易云阅读"，按照步骤进行下载并安装。安装完成后，手机上出现一个如图 5-17 所示的图标。使用时点击图标就可以进入它的首页（图 5-18）。在首页上方的菜单栏可以选择各个链接，进入详细页面。点击搜索符号"🔍"可以进入搜索页面。

图 5-17 "网易云阅读"的图标

图 5-18 "网易云阅读"的首页

五、"TED"

"TED"由"technology"（科技）、"entertainment"（娱乐）及"design"（设计）三个英文单词的首字母组成，是美国的一家私有机构。该机构以其组织的 TED 大会著称，这个会议的宗旨是"传播一切值得传播的创意"。TED 大会每年举行一次，大会演讲被做成视频放在互联网上，供全球观众免费分享。

"TED"APP 的具体使用方法如下：打开手机应用商店，在搜索框内输入"TED"，在下面弹出的链接中，点击

图 5-19 "TED"的图标

"TED",按照步骤进行下载并安装。安装完成后,手机上会出现一个如图 5-19 所示的图标。使用时点击这个图标就可以进入它的首页(图 5-20)。在首页上点击"观看最多",就可以看到观看次数最多的视频(图 5-21),每个视频左下角是演讲者的姓名和演讲的题目,右下角是视频的持续时间,点击就可以观看视频。

图 5-20 "TED"首页 　　　　　图 5-21 "TED"中观看最多的视频

第二节　微信公众号的使用

现在使用微信的人越来越多,因此可以通过关注微信公众号来获取一些科技和人文类的最新资讯与观点。本节主要介绍一些有关科技方面的公众号。

一、"掌上科技馆"

点击微信右上方的"⊕",之后依次点击"添加朋友"和"公众号",在搜索输入栏输入"掌上科技馆",按照步骤,点击"关注"即可。"掌上科技馆"主要介绍"最新、最炫的科学知识,最冷、最酷的科学原理"(图5-22)。如果有兴趣,读者也可以写稿并进行投稿。

二、"科学出版社"

点击微信右上方的"⊕",之后依次点击"添加朋友"和"公众号",在搜索输入栏输入"科学出版社",点击搜索,搜索到"科学出版社"之后点击"关注",就完成了订阅。"科学出版社"公众号主要的目的是"传播科学,创造未来",和读者"分享科学新知,体验科学的精彩世界"(图5-23)。这个公众号主要介绍一些最新的科学资讯和科学出版社出版的最新书籍,读者可以通过公众号购买喜欢的书籍。

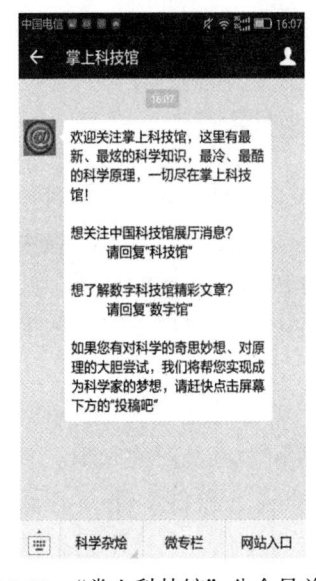

图 5-22 "掌上科技馆"公众号首页 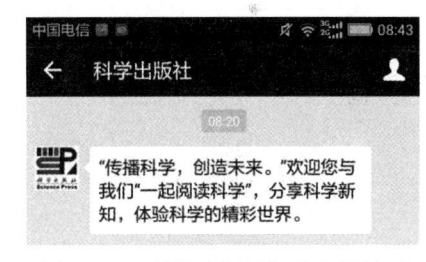　　图 5-23 "科学出版社"公众号首页

三、"环球科学大观"

采用同样的方法可以订阅"环球科学大观"微信公众号。"环球科学大观"主要介绍科学方面的进展,目的在于"用科学的眼光观世界,用富有的思维察明理"(图 5-24)。

四、"果壳网"

"果壳网"是北京果壳互动科技传媒有限公司创办的公众号(图 5-25)。它是一个开放、多元的泛科技兴趣社区,主要致力于科普宣传。

图 5-24 "环球科学大观"公众号首页

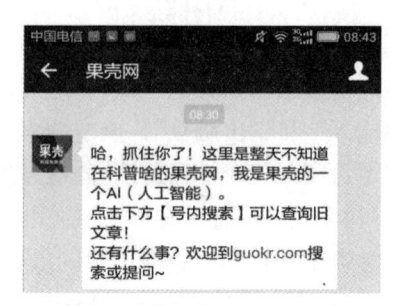

图 5-25 "果壳网"公众号首页

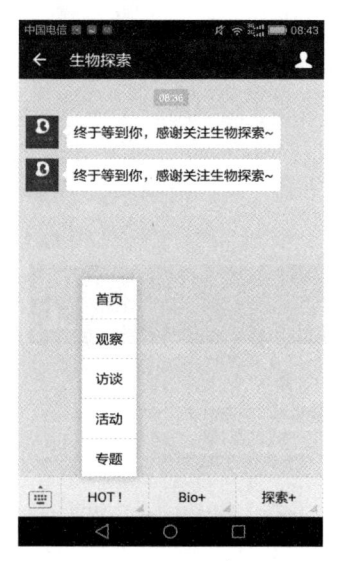

图 5-26 "生物探索"公众号首页

五、"生物探索"

"生物探索"公众号是探索生物科技价值的新媒体（图 5-26）。在其"专题"栏目中有一些科普常识及本年度诺贝尔奖的介绍。此外，点击"HOT!"，在专题中可以看到一些最新的科学进展等资讯。

这些公众号都非常实用，可以根据自己的需求订阅，了解和学习最新的知识。但读者对公众号中文章的观点和科学性一定要进行独立思考，不能盲目全信。在这个信息过量的社会，独立思考是对一个人的基本要求，否则，人们很容易被错误的观点欺骗而不自知。

第六章 硕士论文和博士论文及专利的检索

  硕士论文和博士论文是高等院校、科研单位的研究生为申请学位而撰写的，是具有考核和评审作用的学术性研究论文。硕士论文和博士论文一般涉足前人尚未研究过或尚未研究成熟的学科前沿课题，因此它是了解国内外科研发展动态的重要信息媒介，对相关研究具有重要的参考价值。目前国内的硕士论文和博士论文可以通过 CNKI 和万方数据等数据库进行检索，国外的硕士论文和博士论文可以通过 ProQuest Dissertations & Theses 等数据库来检索。

  专利从字面上是指专有的权利和利益，一般是指一项发明创造的首创者所拥有的受保护的独享权益，是由政府机关或者代表若干国家的区域性组织根据申请而颁发的一种文件。专利文献作为技术信息有效的载体，囊括了全球最新的技术情报，相比一般刊物所提供的信息早 5~6 年，而且大部分发明创造只通过专利文献公开，并不见于其他的科技文献，相对于其他文献形式，专利具有更新颖、更实用的特征。可见，专利文献是世界上最大的技术信息源。专利检索就是根据一项或数项特征，从大量的专利文献或专利数据库中挑选符合某一特定要求的文献或信息的过程，对科技工作者具有重要的意义。

  本章思维导图：

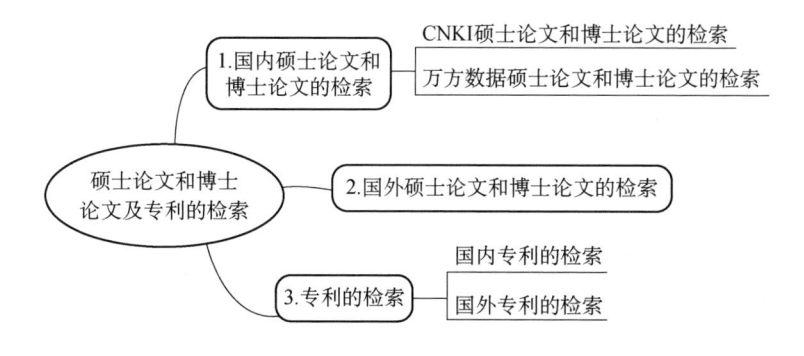

- 硕士论文和博士论文及专利的检索
  - 1. 国内硕士论文和博士论文的检索
    - CNKI硕士论文和博士论文的检索
    - 万方数据硕士论文和博士论文的检索
  - 2. 国外硕士论文和博士论文的检索
  - 3. 专利的检索
    - 国内专利的检索
    - 国外专利的检索

第一节 国内硕士论文和博士论文的检索

一、CNKI 硕士论文和博士论文的检索

在暨南大学的图书馆首页，找到常用数据库中的 CNKI，逐步点击，进入 CNKI 的首页（图 1-4）。将"荔枝保鲜技术"输入检索框（图 6-1），点击搜索按钮。

图 6-1 检索词输入页面

在图 6-1 所示的页面上，仅在"博硕"左侧的小方框内打钩，继续点击"🔍"按钮后，出现了如图 6-2 所示的页面，该页面显示了按照主题排序的检索结果，有 28 条。在这个页面上，点击"出版时间"，检索结果就会按照发表时间进行相应顺序排列，如图 6-3 所示。可以选择任意一篇论文进入详细页面，点击如图 6-2 所示页面上的第一篇文献，就会出现如图 6-4 所示的页面。

图 6-2 硕士论文和博士论文的检索结果

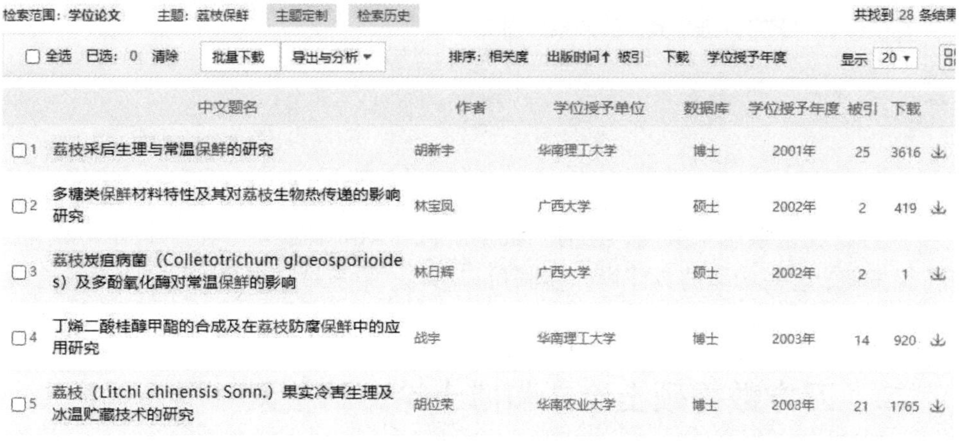

检索范围：学位论文　主题：荔枝保鲜　主题定制　检索历史　共找到 28 条结果

全选　已选：0　清除　批量下载　导出与分析　排序：相关度　出版时间　被引　下载　学位授予年度　显示 20

	中文题名	作者	学位授予单位	数据库	学位授予年度	被引	下载
1	荔枝采后生理与常温保鲜的研究	胡新宇	华南理工大学	博士	2001年	25	3616
2	多糖类保鲜材料特性及其对荔枝生物热传递的影响研究	林宝凤	广西大学	硕士	2002年	2	419
3	荔枝炭疽病菌（Colletotrichum gloeosporioides）及多酚氧化酶对常温保鲜的影响	林日辉	广西大学	硕士	2002年	2	1
4	丁烯二酸桂醇甲酯的合成及在荔枝防腐保鲜中的应用研究	战宇	华南理工大学	博士	2003年	14	920
5	荔枝（Litchi chinensis Sonn.）果实冷害生理及冰温贮藏技术的研究	胡位荣	华南农业大学	博士	2003年	21	1765

图 6-3　硕士论文和博士论文按照发表时间排序的检索结果

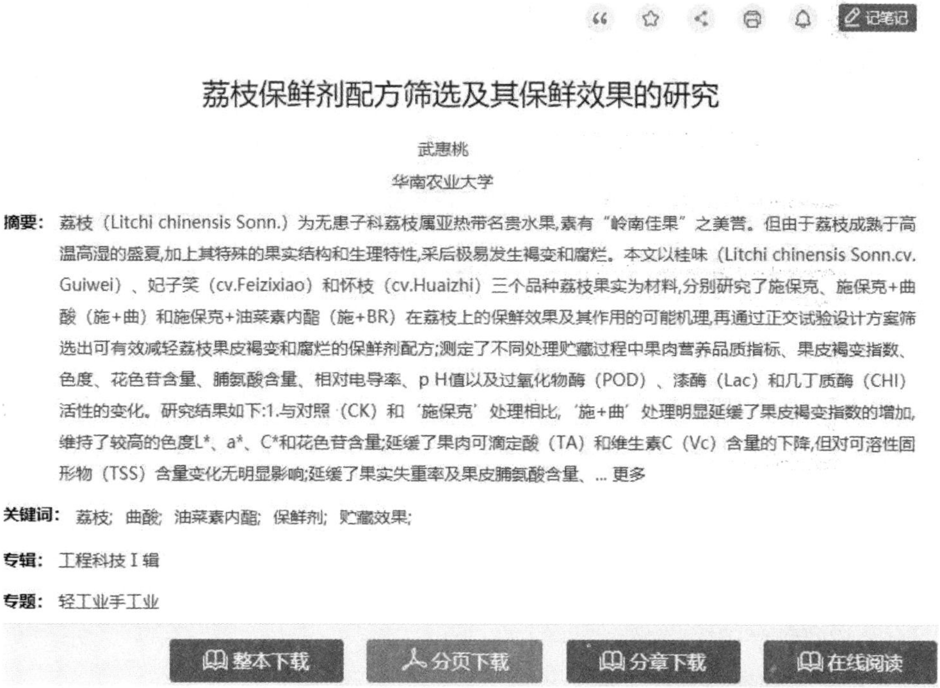

记笔记

荔枝保鲜剂配方筛选及其保鲜效果的研究

武惠桃

华南农业大学

摘要：荔枝（Litchi chinensis Sonn.）为无患子科荔枝属亚热带名贵水果,素有“岭南佳果”之美誉。但由于荔枝成熟于高温高湿的盛夏,加上其特殊的果实结构和生理特性,采后极易发生褐变和腐烂。本文以桂味（Litchi chinensis Sonn.cv. Guiwei）、妃子笑（cv.Feizixiao）和怀枝（cv.Huaizhi）三个品种荔枝果实为材料,分别研究了施保克、施保克+曲酸（施+曲）和施保克+油菜素内酯（施+BR）在荔枝上的保鲜效果及其作用的可能机理,再通过正交试验设计方案筛选出可有效减轻荔枝果皮褐变和腐烂的保鲜剂配方;测定了不同处理贮藏过程中果肉营养品质指标、果皮褐变指数、色度、花色苷含量、脯氨酸含量、相对电导率、p H值以及过氧化物酶（POD）、漆酶（Lac）和几丁质酶（CHI）活性的变化。研究结果如下:1.与对照（CK）和‘施保克’处理相比,‘施+曲’处理明显延缓了果皮褐变指数的增加,维持了较高的色度L*、a*、C*和花色苷含量;延缓了果肉可滴定酸（TA）和维生素C（Vc）含量的下降,但对可溶性固形物（TSS）含量变化无明显影响;延缓了果实失重率及果皮脯氨酸含量、... 更多

关键词：荔枝；曲酸；油菜素内酯；保鲜剂；贮藏效果；

专辑：工程科技Ⅰ辑

专题：轻工业手工业

整本下载　分页下载　分章下载　在线阅读

图 6-4　一篇硕士论文或博士论文的详细信息页面

在如图 6-4 所示的页面显示了论文的作者、摘要和毕业学校等信息。页面下方有“整本下载”“分页下载”“分章下载”和“在线阅读”等链接。点击“整本下载”，会自动下载一个 CAJ 格式的文件。CAJ 格式的文件需要在电脑上安装 CAJViewer 软件才可打开进行阅读。也可以点击“分页下载”，弹出如图 6-5 所示的页面，选择页码范围就可以下载对应部分的论文。

荔枝保鲜剂配方筛选及其保鲜效果的研究

1-5	6-10	11-15	16-20	21-25
26-30	31-35	36-40	41-45	46-50
51-55	56-60	61-62		

图 6-5　下载对话框页面

此外，在检索结果页面，也有"批量下载""导出/参考文献""计量可视化分析"等按钮，这些功能的具体操作步骤可以参考"第三章　常用中文数据库的检索"中的"第一节　中国知识资源总库的使用"。

二、万方数据硕士论文和博士论文的检索

在暨南大学图书馆首页，找到常用数据库中的万方数据，逐步点击，进入万方数据的首页（图 1-5）。点击"学位"链接，在搜索框内输入"荔枝保鲜技术"，点击"检索"按钮（图 6-6）。

图 6-6　选择"学位"的情况下在检索框内输入检索词

检索结果如图 6-7 所示，显示有 57 条检索结果。在"相关度↓"右侧点击"学位授予时间"，继续选择"显示 50 条"，可以看到如图 6-8 所示的页面。点击论文的标题就可以进入论文详细信息的页面（图 6-9），在这个页面可以下载该论文（非订购用户则需付费后才可下载，如图 6-10 所示）。

图 6-7　万方数据的检索结果

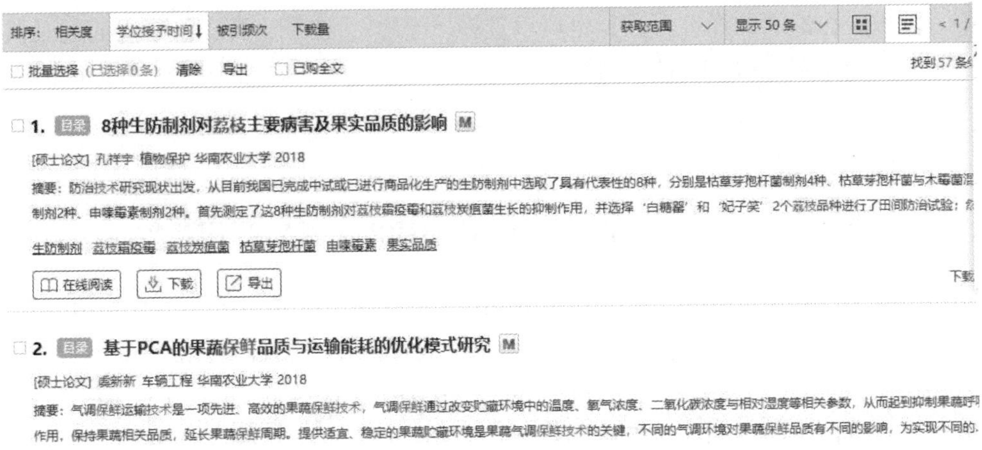

第六章 硕士论文和博士论文及专利的检索

图 6-8　万方数据的检索结果按照学位授予时间排序

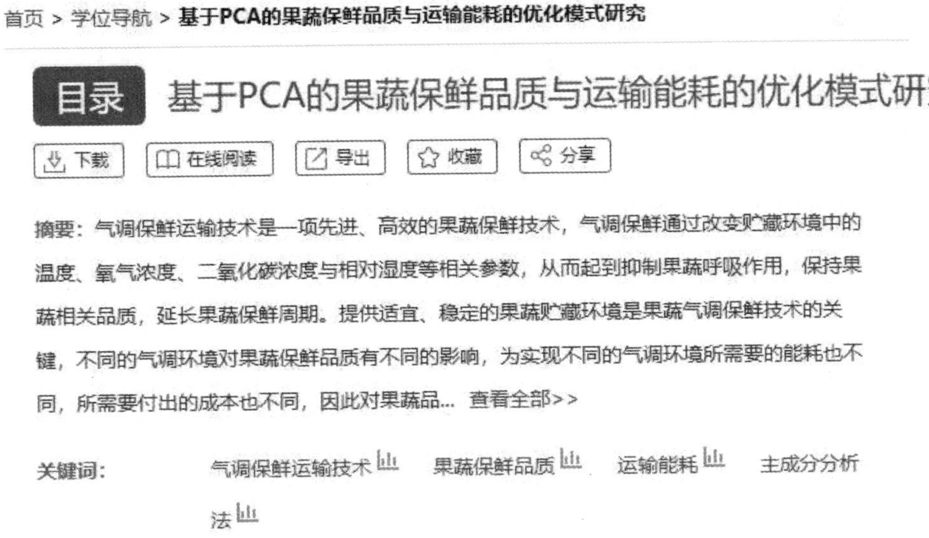

图 6-9　一篇硕士论文或博士论文的详细信息的页面

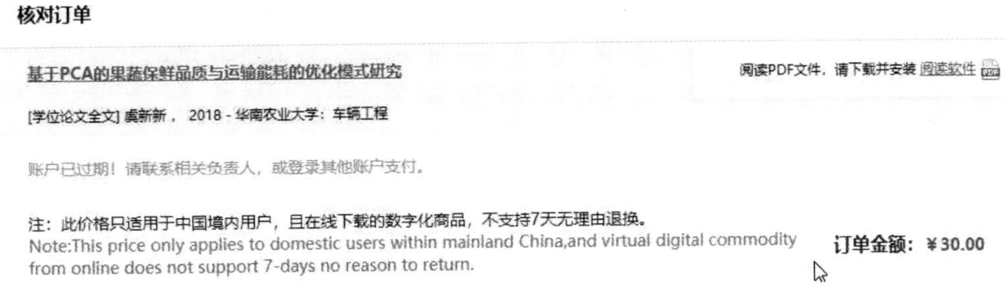

图 6-10　下载付费的对话框

此外，在论文的详细页面，也可以选择"导出"，按照步骤，将论文的题录信息导入 EndNote 文件中，具体的操作步骤可以参考"第三章 常用中文数据库的检索"的"第二节 万方数据的使用"。

第二节　国外硕士论文和博士论文的检索

国外的硕士论文和博士论文可以通过 ProQuest Dissertations & Theses、Networked Digital Library of Theses and Dissertations、Australian Digital Theses Program、Theses Canada 等数据库进行检索和查找。此外，国外一些著名大学的网站也会免费提供一些硕士论文和博士论文。

目前，国内许多高校购买了 ProQuest Dissertations & Theses 数据库，本节我们主要介绍 ProQuest Dissertations & Theses 数据库的检索方法。该数据库是美国 ProQuest 公司储备的硕士论文和博士论文数据库，收录了美国、加拿大和欧洲等国家和地区的 1000 多所大学和科研机构自 1637 年以来的硕士论文和博士论文。1997 年以来的论文可以免费看到论文的前 24 页。90%以上的论文可以通过图书馆的订阅获得全文。

在暨南大学图书馆的首页，点击常用数据库右侧的"校外进入"，在弹出的页面中，找到 ProQuest Dissertations & Theses 的链接（图 6-11），点击进入如图 6-12 所示的首页页面（国外学位论文中国集团全文检索平台）。

12	Wiley	https://onlinelibrary.wiley.com/
13	JoVE	https://www.jove.com/
14	ProQuest学位论文全文库	http://www.pqdtcn.com/
15	OSA美国光学学会数据库	https://www.osapublishing.org/
16	中国知网	http://fsso.cnki.net

图 6-11　暨南大学常用数据库的链接页面

国外学位论文中国集团全文检索平台可以使用基本检索，直接输入检索词，点击"检索"，进入检索结果页面。例如，输入"litchi"（图 6-13），点击"检索"按钮，可以获得 93 篇论文（图 6-14）。

第六章 硕士论文和博士论文及专利的检索

图 6-12 国外学位论文中国集团全文检索平台首页

图 6-13 在检索框内输入检索词

图 6-14 检索结果按照相关性排序

在如图 6-14 所示的检索结果页面，显示有 93 条检索结果，检索结果自动按照相关度进行排序。点击"排序"按钮左侧的小箭头，选择"发表年度"，就可以看到按照时间排序的检索结果（图 6-15）。

图 6-15　检索结果按照发表年度排序

国外学位论文中国集团全文检索平台可以使用高级检索，点击"高级检索"，在"标题"中输入检索词"litchi"，"所有字段"中输入"post-harvest"（图 6-16），点击"检索"按钮，进入检索结果页面，显示只有 1 篇论文（图 6-17）。

图 6-16　ProQuest 学位论文的高级检索

图 6-17　检索结果

第六章　硕士论文和博士论文及专利的检索

在图 6-17 所示的页面，显示这篇论文需要购买后才可以下载。点击"引文导出"，会弹出一个窗口（图 6-18）。在这个窗口上，选择"EndNote"，点击"确定"按钮，就会自动下载一个 EndNote 文件。打开一个已有的"荔枝保鲜"EndNote 文件，显示有 209 篇文献（图 6-19）。右键打开刚刚下载的文件，就可以把这个文件导入"荔枝保鲜" EndNote 文件中（图 6-20），此时显示有 210 篇文献（图 6-21）。

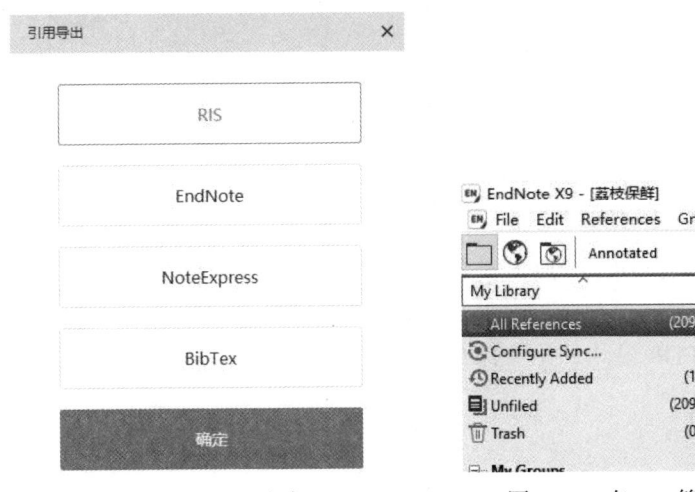

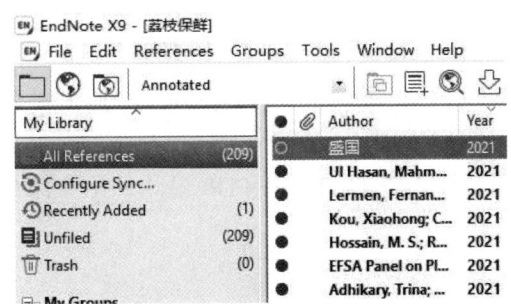

图 6-18　引文导出窗口

图 6-19　有 209 篇文献的 EndNote 文件

图 6-20　导入一篇文献

图 6-21　有 210 篇文献的 EndNote 文件

在检索结果文献出版年的下方有一个"查看 PDF"链接（图 6-22），点击"查看 PDF"。

1 Evaluating the Social and Ecological Drivers of Invasive Plant Species Abundance in Sub-Tropical Community Forests of Nepal

AAI: 28030794, Clark, Michele Diane, (Arizona State University), Dissertations & Theses.
ISBN: 9798664759129
PublishYear: 2020

Q 查看详情　　◎ 查看PDF　　★ 收藏　　圖 引文导出　　量 引文格式

图 6-22　检索结果下方的"查看 PDF"链接

在如图 6-23 所示的页面上，点击"下载 PDF"，打开下拉菜单（图 6-24），下面有 4 个站点，选择任意一个站点都可以进入如图 6-25 所示的页面，点击右侧的下载按钮，就可以将 PDF 格式的论文保存下来。

当前IP所处机构：暨南大学

基本检索　　高级检索　　分类导航

Evaluating the Social and Ecological Drivers of Invasive Plant Species Abundance in Sub-Tropical Community Forests of Nepal

Clark, Michele Diane
Dissertations & Theses

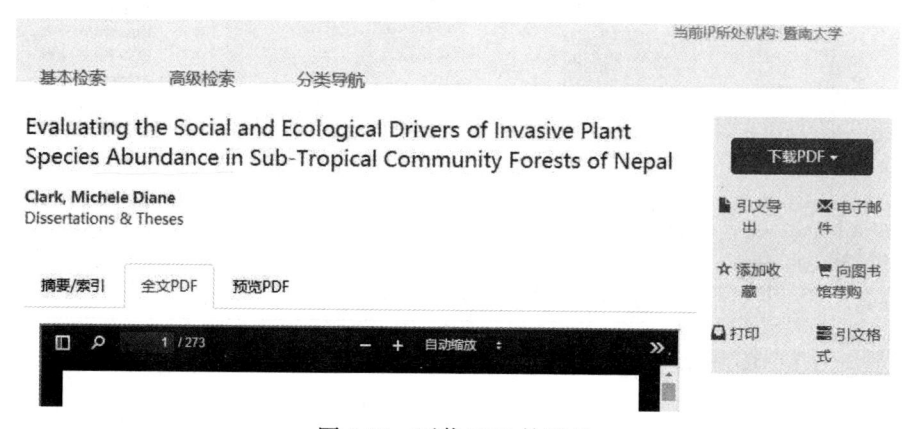

摘要/索引　全文PDF　预览PDF

1 / 273　　自动缩放

下载PDF ▾

- 引文导出
- 电子邮件
- 添加收藏
- 向图书馆荐购
- 打印
- 引文格式

图 6-23　下载 PDF 的页面

下载PDF ▾
- CALIS站点
- 上交大站点
- 中信所站点
- 中科备用站点

图 6-24　下载 PDF 的下拉菜单

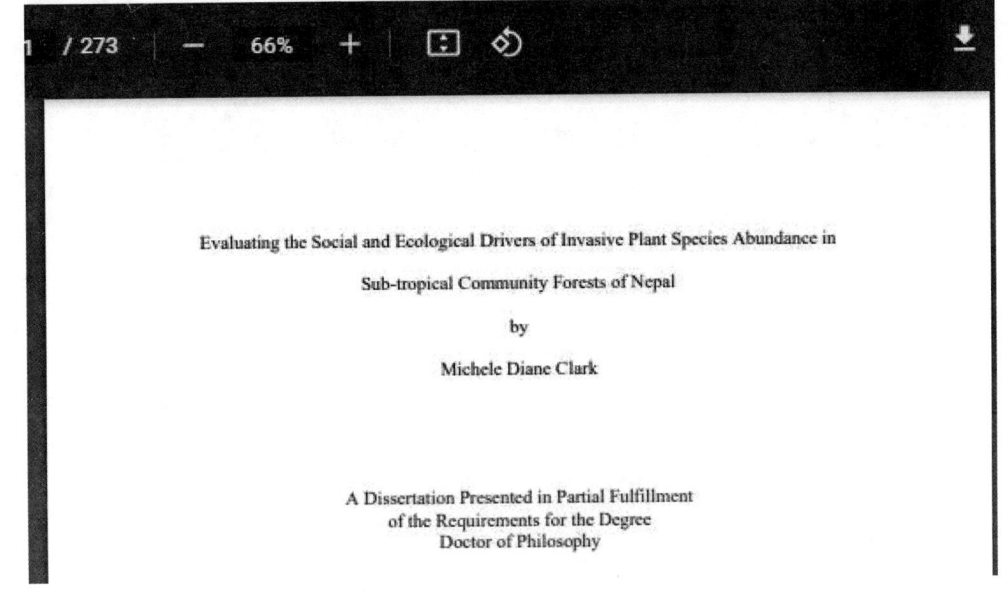

图 6-25　PDF 文件窗口

第三节　专利的检索

一、国内专利的检索

国内的专利可以在 CNKI 数据库中查找。通过暨南大学图书馆进入 CNKI 的首页。在 CNKI 的首页上，只选择"专利"（图 1-4），然后在检索框内输入"石蜡切片技术"（图 6-26），点击" "按钮，可以进入如图 6-27 所示的检索结果页面，显示有 38 条信息。

在图 6-27 所示的页面上，任意点击一个专利名称，就会出现专利的详细页面，在这个页面上，显示专利的申请人和申请日期及摘要等内容（图 6-28 和图 6-29）。

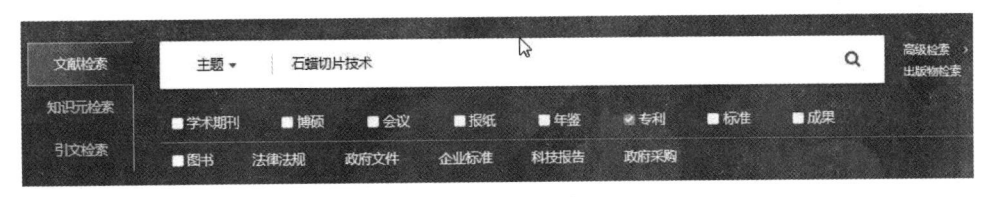

图 6-26　输入检索词

图 6-27　检索结果

一种苹果果实石蜡切片快速制作方法

专利类型： 发明公开

申请（专利）号： CN201811174149.6　　　　　　　**申请日：** 2018-10-09

申请公布号： CN109374373A　　　　　　　　　　**公开公告日：** 2019-02-22

申请人： 黑龙江省农业科学院牡丹江分院

地址： 157041 黑龙江省牡丹江市西安区温春镇江南

发明人： 卜海东; 于文权; 顾广军; 刘畅; 冯章丽; 程显敏; 赵金英; 董雪梅; 邢星; 张太忠

分类号： G01N1/28

主分类号： G01N1/28　　　　　　　　　　　　　　**国省代码：** 23

页数： 9

图 6-28　专利的详细内容

摘要：

本发明提供一种苹果果实石蜡切片快速制作方法，包括样本固定、样本脱水、透明处理、样本包埋、样本切片、摊片处理和组织染色等步骤，通过摊片处理过程，降低石蜡切片中水和石蜡的表面张力，使载玻组织边界处产生一定的水相薄层，突出了细胞组织结构，易于在边界染色，从而简化了现有技术中植物果实石蜡切片的制作方法，使苹果果实石蜡切片制作无需再进行切片后的脱蜡、复水，以及染色后的脱水、透明等操作步骤，使切片制作时间由原来1周左右时间减少至目前不超过2天，显著缩短了制作周期，提高了制作效率，同时还能够充分保证切片质量，降低制备成本，为果树栽培技术领域细胞学和原位杂交基因表达检测等方面的科学研究提供技术支持。

查看法律状态▼

图 6-29　专利的摘要

二、国外专利的检索

国外的专利可以利用 http://essaystar.com/doc/14.htm 进行检索，这个网址收录了包括中国、美国、加拿大、日本等国授权的专利（图6-30）。

图6-30　不同国家专利数据库的链接

例如，点击美国专利数据库，可以进入如图6-31所示的页面（https://patft.uspto.gov/），点击"Quick Search"，进入如图6-32所示的页面。在该页面的"Term 1:"右侧的检索框内输入"litchi"（图6-33），继续点击"Search"，进入检索结果页面，显示有395条信息（图6-34）。

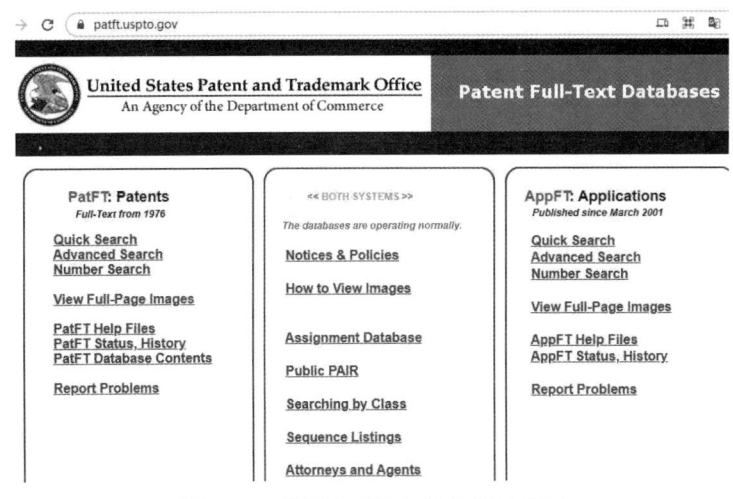

图6-31　美国专利检索及分析的首页

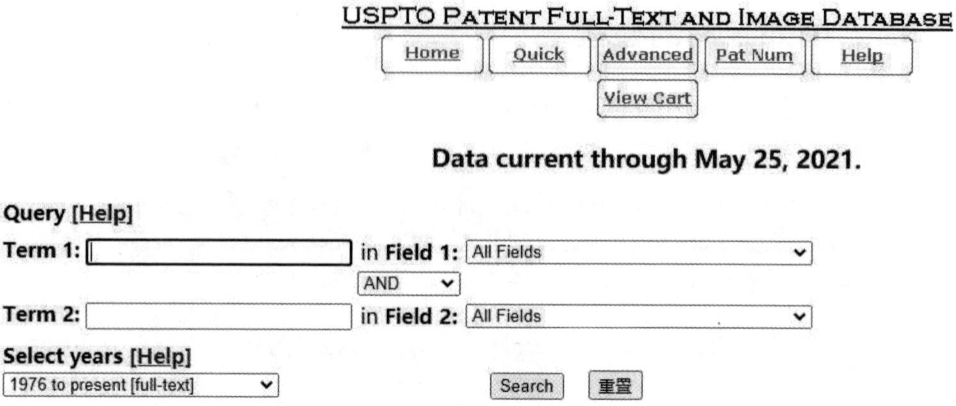

USPTO PATENT FULL-TEXT AND IMAGE DATABASE

[Home] [Quick] [Advanced] [Pat Num] [Help] [View Cart]

Data current through May 25, 2021.

Query [Help]

Term 1: [　　　　　] in Field 1: [All Fields ▾]
　　　　　　　　　　　　　[AND ▾]
Term 2: [　　　　　] in Field 2: [All Fields ▾]

Select years [Help]
[1976 to present [full-text] ▾]　　　[Search] [重置]

图 6-32　快速检索页面

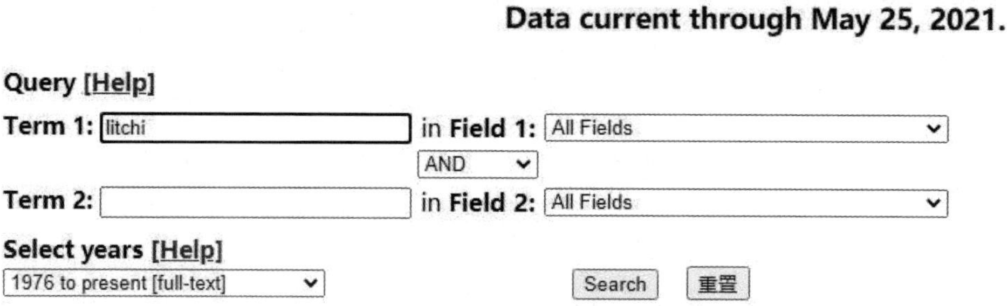

Data current through May 25, 2021.

Query [Help]

Term 1: [litchi　　　] in Field 1: [All Fields ▾]
　　　　　　　　　　　　　[AND ▾]
Term 2: [　　　　　] in Field 2: [All Fields ▾]

Select years [Help]
[1976 to present [full-text] ▾]　　　[Search] [重置]

图 6-33　输入检索词 "litchi"

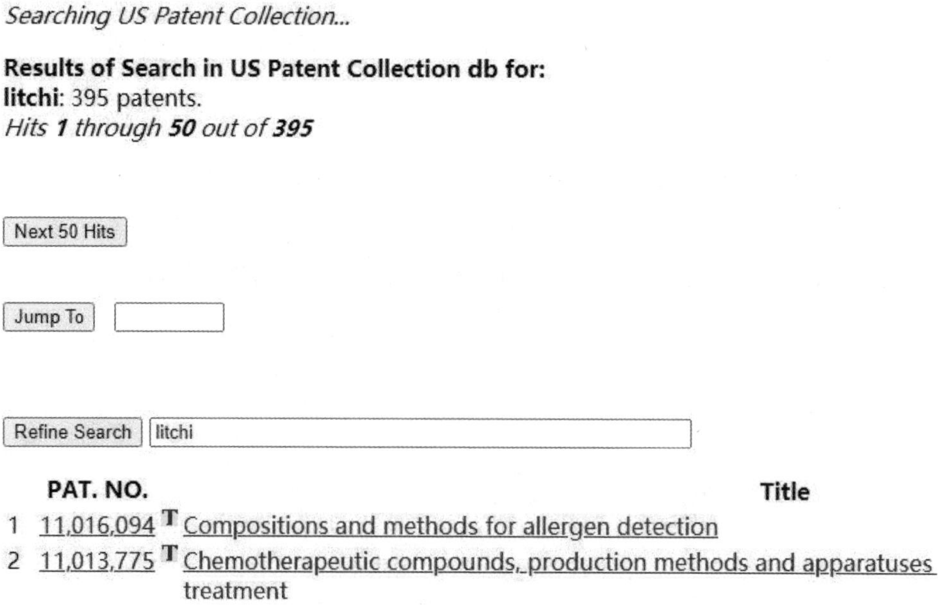

Searching US Patent Collection...

Results of Search in US Patent Collection db for:
litchi: 395 patents.
Hits **1** through **50** out of **395**

[Next 50 Hits]

[Jump To] [　　　]

[Refine Search] [litchi　　　　　　　　　　　　　　]

　　　　PAT. NO.　　　　　　　　　　　　　　　　　　　　Title
1　11,016,094 **T** Compositions and methods for allergen detection
2　11,013,775 **T** Chemotherapeutic compounds, production methods and apparatuses
　　　　　　　　treatment

图 6-34　检索结果

在图 6-34 所示的页面上，任意选择一个专利，可以进入详细页面，显示专利的详细内容（图 6-35）。

United States Patent　　　　　　　　　　　　　　　　　　　　　10,850,921
Conrad，et al.　　　　　　　　　　　　　　　　　　　　　　　December 1, 2020

Storage and retrieval system

Abstract

An automated storage and retrieval system including at least one autonomous transport vehicle, a transfer deck that defines a transport surface for the vehicle, at least one reciprocating lift, a first and second pickface interface station connected to the deck and spaced apart from each other, each station forming a pickface transfer interfacing between the vehicle on the deck and the lift at each station so that a pickface is transferred between the lift and the vehicle at each station, wherein the vehicle is configured to pick a first pickface at the first station, traverse the deck and buffer the first pickface, or at least a portion thereof, at the second station so that the second station has multiple pickfaces buffered on a common support in an order sequence of pickfaces according to a predetermined case out order sequence of mixed case pickfaces.

Inventors: **Conrad; Juergen D.** (York, PA), **Hsiung; Robert** (Cambridge, MA), **Pankratov; Kirill K.** (Acton, MA), **Sullivan; Robert** (Wilmington, MA), **Sweet; Larry M.** (Atlanta, GA)

Applicant:
Name	City	State	Country	Type
Symbotic, LLC	Wilmington	MA		US

Assignee: **Symbotic LLC** (Wilmington, MA)
Family ID: 55315753
Appl. No.: 16/222,283
Filed: December 17, 2018

图 6-35　专利的详细页面

第七章　图　像　检　索

传统的图像检索主要是通过图片的名称等文字信息来实现检索。随着技术的发展，目前的图像检索可以输入一张图片，然后查找具有相同或相似内容的其他图片及相关内容，图像检索的结果越来越精确。

本章主要介绍目前主流的图像检索方法和工具，如利用文字来检索图片，以及百度识图、"花伴侣"APP、"形色"APP等的使用。

本章思维导图：

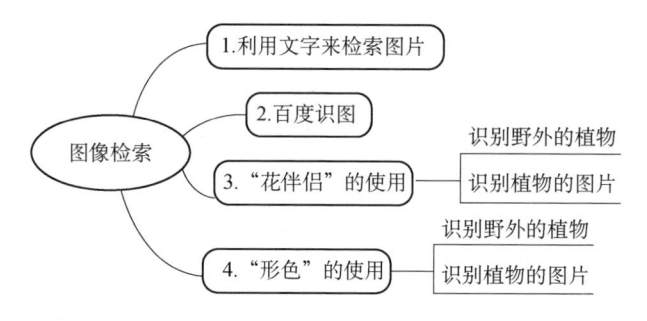

```
           ┌── 1.利用文字来检索图片
           │
           ├── 2.百度识图
           │                    ┌── 识别野外的植物
 图像检索 ──┼── 3."花伴侣"的使用 ──┤
           │                    └── 识别植物的图片
           │                    ┌── 识别野外的植物
           └── 4."形色"的使用 ────┤
                                └── 识别植物的图片
```

第一节　利用文字来检索图片

利用文字来检索图片非常简单，大多数人都会使用。例如，在百度首页（图7-1）的检索框内输入"黄秋葵"，点击"百度一下"（图7-2），进入检索结果页面，在这个页面点击"图片"，就进入图片检索结果页面（图7-3）。在众多的检索结果中，可以找到各种黄秋葵的图片。

图 7-1　百度首页

图 7-2　百度的检索结果

图 7-3　百度图片的检索结果

第二节　百 度 识 图

利用图片检索就是允许用户输入一张图片，检索出图片的简单介绍及具有相同或相似内容的其他图片及其相关内容。如果是植物图片，可以检索出图片的名称与类似的图片及其相关内容。

目前常用的图片检索工具主要有百度识图等。百度识图的网址是 https://graph.baidu.com/pcpage/index?tpl_from=pc，它的首页如图 7-4 所示。点击"识图一下"左侧的照相机符号，弹出如图 7-5 所示的页面。

图 7-4　百度识图的首页

图 7-5　百度识图的图片输入框

在如图 7-5 所示的页面，点击"选择文件"，找到图片的位置，上传图片。例如，我们上传一张"黄秋葵"的照片，等一会就会弹出一个如图 7-6 所示的检索结果页面，显示图片是咖啡黄葵，咖啡黄葵是黄秋葵的另一个俗名，识别结果正确。

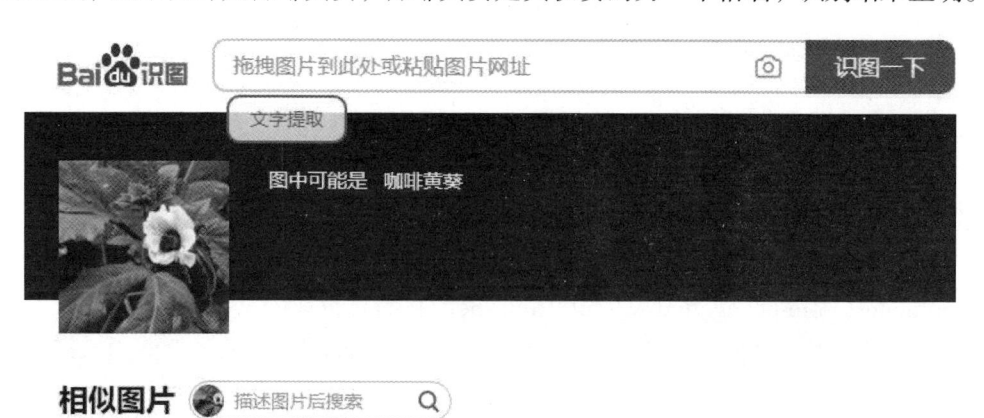

图 7-6　百度识图的图片检索结果

第三节 "花伴侣"的使用

"花伴侣"是中国科学院植物研究所开发的一个能够识别植物的APP。通过手机助手搜索"花伴侣",下载并安装到手机上,会出现一个如图7-7所示的图标。点击这个图标就可以打开"花伴侣"来识别植物。

一、识别野外的植物

图7-7 "花伴侣"APP的图标

打开"花伴侣"后,会出现如图7-8所示的页面,将植物放到取景框内(图7-9),点击下方白色的拍摄按钮,下方会弹出植物所属的科属、中文俗名和拉丁名,并给出可信度的大小(图7-10)。例如,在图7-10中,显示可信度是99%,对玉米的识别是准确的。

图7-8 "花伴侣"的识别页面　　　　图7-9 "花伴侣"的拍摄页面

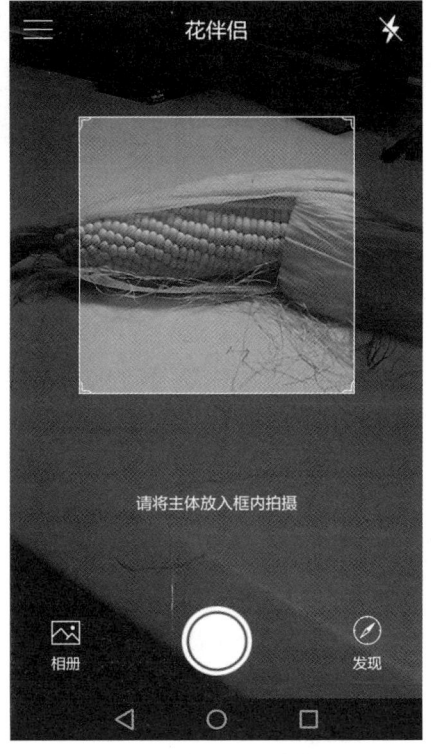

图 7-10 "花伴侣"对玉米的识别结果

二、识别植物的图片

由于"花伴侣"的使用需要联网，因此可以先对野外的植物进行拍摄，将图片保存在手机中，在有 Wi-Fi 的地方再打开花伴侣，对保存的野外植物进行识别。例如，点击"花伴侣"APP 左下侧的相册，从手机相册中选择图片（图 7-11）进行识别，显示这种植物是山牵牛（图 7-12），可信度是 100%。

"花伴侣"主要针对的是北方植物，对于南方的一些植物并不能准确地识别出来。使用"花伴侣"查找植物的名称，可信度在 90% 以上的一般是准确的。如果可信度很低，说明识别是不准确的，还需要进一步查找资料来确认。但有了"花伴侣"的帮助，人们在外出游玩时，可以认识很多种类的野外植物，所以它是一款识别植物较好的 APP。如对该 APP 和识别植物感兴趣，读者可以下载该 APP 并体验一下。

图 7-11　选择图片　　　　　　　图 7-12　"花伴侣"对山牵牛的识别结果

第四节　"形色"的使用

"形色"是由杭州睿琪软件有限公司推出的一款识别花卉、分享附近花卉的 APP。用户可以一秒识别植物，APP 后台也有识花大师帮忙鉴定植物，还能在 APP 内收集、学习植物。

通过手机助手搜索"形色"，下载并安装到手机上，会出现一个如图 7-13 所示的图标。点击这个图标就可以打开"形色"来识别植物。

图 7-13　"形色"APP 的图标

一、识别野外的植物

打开"形色"后，会出现如图 7-14 所示的页面，点击照相机按钮，弹出如图 7-15 所示的拍照页面，将植物放到白色虚线的取景框内，点击下方的圆形拍摄按钮，会弹出识别结果页面（图 7-16），显示植物的中文俗名。继续点击"点击查看详情"，进入图 7-17 所示的页面，该页面显示植物的详细信息。

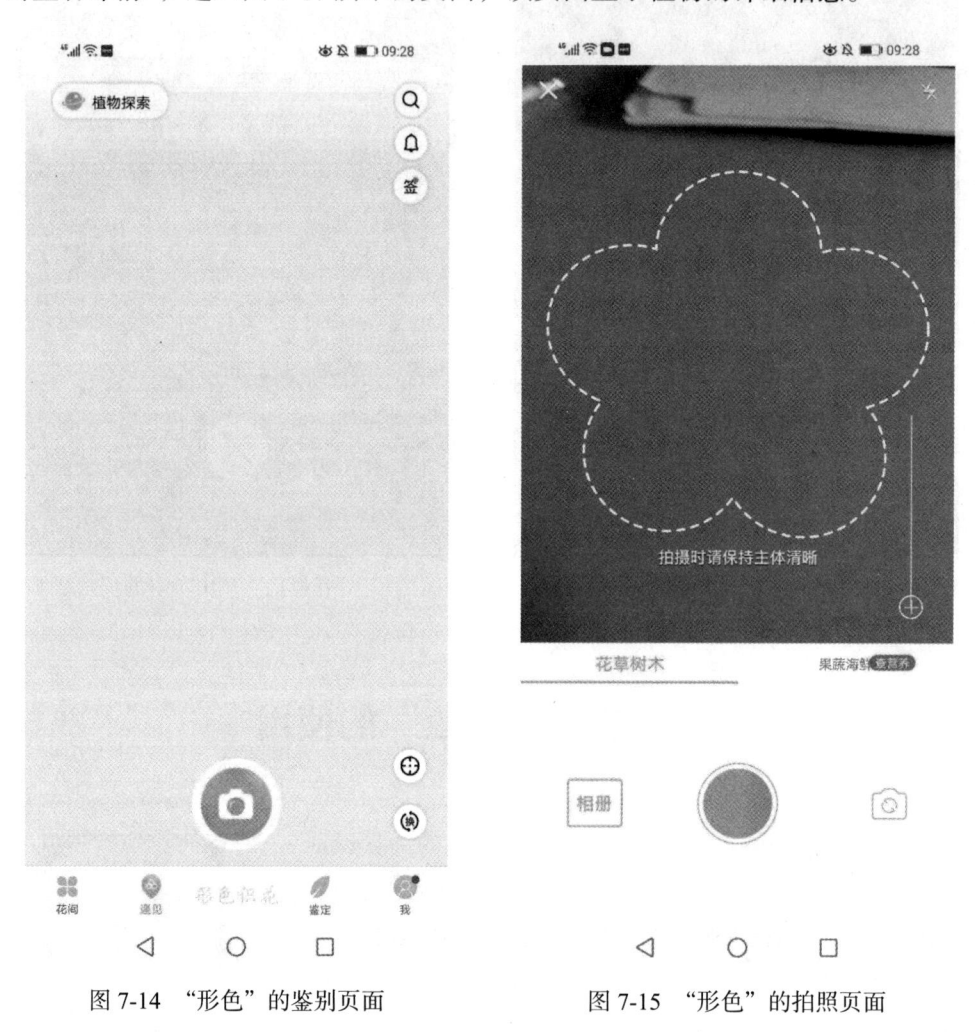

图 7-14 "形色"的鉴别页面　　　　图 7-15 "形色"的拍照页面

图 7-16 "形色"的识别结果　　　　图 7-17 "形色"对韭菜花鉴定结果的详细页面

二、识别植物的图片

由于"形色"的使用需要联网，因此可以先对野外的植物进行拍摄，将图片保存在手机中，在有 Wi-Fi 的地方再打开"形色"，对保存的植物图片进行识别。例如，在图 7-15 所示的页面上点击左下角的"相册"，从手机相册中选择图片，将图片移动到取景框内进行识别，显示这种植物是铁海棠（图 7-18）。继续点击"点击查看详情"，进入详细的页面，该页面显示植物的详细信息（图 7-19）。

图 7-18 "形色"的鉴定结果页面 　　图 7-19 "形色"对铁海棠鉴定结果的详细页面

第八章 如何利用文献

科学研究是在前人的基础上进行的,进行研究离不开参考和引用前人的文献。检索文献和阅读文献是一切科研工作的起点。通过 EndNote X9 等软件可以批量、快速地检索到大量的文献,找到参考文献之后,能不能提取出自己所需要的信息则是一个更为难解的问题。

如果仅仅将文献下载下来,保存在电脑上,然后"束之高阁",就没有达到充分利用文献的目的。所以,下载文献仅仅是文献利用的第一步。接下来如要高效地利用这些文献,就需要花费更长的时间、更多的精力。而且这种从已有的文献中获取信息的能力,或者说从获取的信息中提炼出主题的能力,更是现代人应该具备的能力。

此外,论文结尾的参考文献能方便读者把论文作者的成果与前人的成果区别开来。参考文献还可以起到索引作用,使读者可以继续查找感兴趣的研究。在论文结尾而不是每章后著录参考文献还可以节省论文的篇幅。在学术论文中引用参考文献,可以反映论文作者的科学态度,表明论文的写作具有真实、广泛的科学依据。

本章主要介绍利用文献的原则和技巧,以及参考文献引用的规范等内容,有利于读者达到正确和高效地利用文献的目的。

本章思维导图：

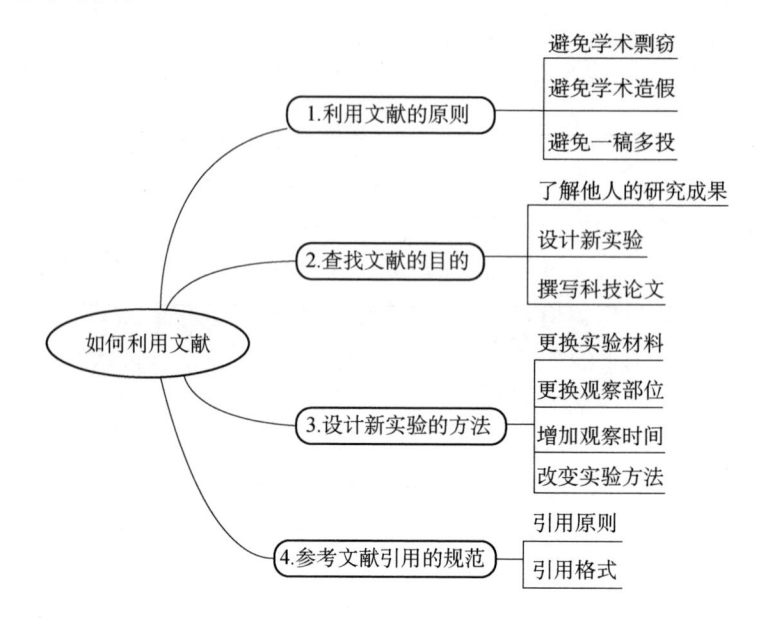

```
如何利用文献
├── 1.利用文献的原则
│   ├── 避免学术剽窃
│   ├── 避免学术造假
│   └── 避免一稿多投
├── 2.查找文献的目的
│   ├── 了解他人的研究成果
│   ├── 设计新实验
│   └── 撰写科技论文
├── 3.设计新实验的方法
│   ├── 更换实验材料
│   ├── 更换观察部位
│   ├── 增加观察时间
│   └── 改变实验方法
└── 4.参考文献引用的规范
    ├── 引用原则
    └── 引用格式
```

第一节　利用文献的原则

引用文献要遵守学术道德规范和法律规范，避免学术不端行为。这就必须明白什么是学术不端行为。学术不端行为包括学术剽窃、学术造假、一稿多投等。

一、避免学术剽窃

学术剽窃是指使用他人的思想见解或语言表述，而没有注明来源。剽窃可以分为恶性剽窃与偶发性剽窃。恶性剽窃是几乎整篇抄袭；偶发性剽窃是指文章由自己构思写作，只是掺杂程度较轻的抄袭。

常见的剽窃行为有以下几种：论文的构思、框架抄袭他人；直接从他人论著中寻章摘句，整段、整页抄袭。有的剽窃者为了隐蔽自己的剽窃，在剽窃的同时，也照搬原著中的引文和注释，或者在通篇抄录他人文字的情况下，只将极少数的文字作引用标注等。

在进行学术论文创作时，为避免剽窃，应在记笔记时清晰地记下作者和资料来源；熟悉学术论文写作的引用方法；仅引用对论点至关重要的段落；选择性地引用，不要过多引用。

二、避免学术造假

学术造假一方面是指作者为了证明自己的观点，篡改实验数据，然后写成文章发表的做法。因为科学研究的成果一旦发表，就被同行知道。有的同行会进行重复实验，如果是新技术的话，同行还会来学习这些技术。如果实验造假，同行势必不能重复出来，同时自己实验室的所谓新技术也不敢让同行来学习，这就会使造假暴露出来。所以学术是认真的事情，最需要实事求是，来不得半点虚假。学术造假不容易被发现，但是一旦被发现，后果肯定是身败名裂。

学术造假另一方面是指论文的署名不真实，或者将没有贡献的作者加上，或者有贡献的作者没有署名等。随着科研人员保护知识产权意识的提高，署名造假很容易招致官司缠身，将宝贵的时间浪费到长时间的诉讼中，从而影响自己的声誉。论文署名的造假一旦被发现，后果同样是身败名裂，所以在写作中一定要避免。

三、避免一稿多投

一稿多投是指作者把自己的作品同时或者先后发给不同的杂志社或其他媒体，即作者多次使用同一作品的行为。一稿多投是科学界严厉谴责的行为，因为它浪费了期刊版面及编辑和审稿人的时间，对相关期刊的声誉也造成不良影响。

一稿多投的行为对作者会造成不利的影响，因为一旦发现某作者一稿多投，相关的期刊会在一定期限内拒绝该作者向该期刊继续投稿；还会刊登关于该作者一稿多投的声明，并列入目次页，以便被检索系统收录，被同行知晓；在某特定专业群体的刊物中对一稿多投的行为进行通报；通知作者所在单位。一稿多投的行为应尽量避免，因为它会影响以后研究工作论文的发表。

了解到上述三种学术不端行为及其危害后，在论文写作中，要避免剽窃和造假，不要一稿多投。在做到这三点的基础上，还要学会正确引用参考文献。

第二节 查找文献的目的

查找文献有三个目的：一是了解他人的研究成果；二是在了解同行的研究基础上设计新实验；三是撰写科研论文。

一、了解他人的研究成果

我们知道，创新必须是在深入了解现有研究成果的基础上，有困惑、有问题地探索。了解他人的研究成果是创新的基础。而检索文献的目的首先是了解他人的研究成果，而不是放在电脑中"束之高阁"。想了解某一领域的研究进展，首先必须查找相关文献，然后对查找到的文献进行认真阅读、消化、吸收，尽可能准确地去理解作者的意思。

如果是中文文献，对大多数学生来说，阅读应该没有大的障碍。如果是英文文献，由于语言障碍，能否正确地理解是最先可能遇到的问题。英文文献的信息量一般较多。因此顺利阅读英文文献已成为专业人士必须培养的一种能力。如果能够将所读的英文文献翻译成通顺的中文就可以加深理解。目前已经有一些在线翻译软件可进行辅助翻译，如 DeepL 翻译等，也可利用 Word 自带的翻译功能。

1. DeepL 翻译的使用

DeepL 翻译的使用十分方便，其既可以对文本进行翻译，也可以对 PDF、DOCX 和 PPTX 格式的文件进行翻译，详细使用方法如下。

在浏览器的地址栏中输入 https://www.deepl.com/translator，进入 DeepL 翻译首页（图 8-1）。例如，选择"翻译文本"，图 8-1 所示页面的左侧是输入框，右侧是输出框。

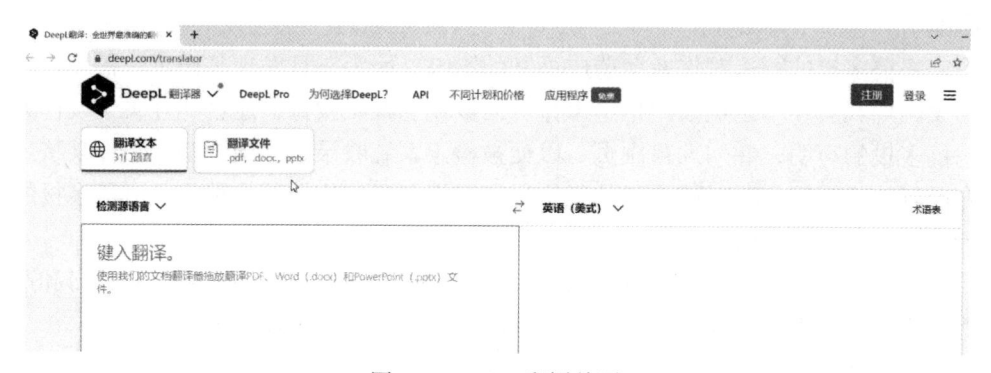

图 8-1　DeepL 翻译首页

DeepL 翻译可实现多种语言的双向互译。当在左侧输入一篇英文文献的相关内容后（图 8-2），右侧即显示该段英文的中文翻译，如图 8-3 所示。在写作论文时，往往还需要把中文翻译成英文，过程与上述类似：首先在 DeepL 翻译的页面上方选择调转两种语言的按钮"⇄"，把翻译模式调转为中文译为英文，然后在输入框中输入一段中文（图 8-4），输出框即显示该段中文所对应的英文翻译结果（图 8-5）。

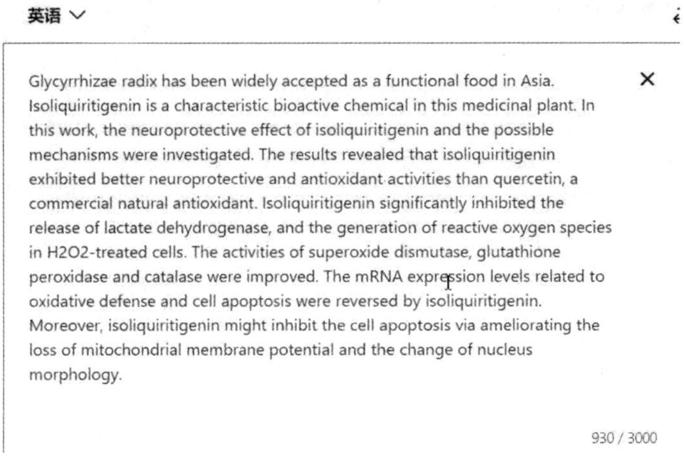

第八章 如何利用文献 143

> 英语 ∨
>
> Glycyrrhizae radix has been widely accepted as a functional food in Asia. Isoliquiritigenin is a characteristic bioactive chemical in this medicinal plant. In this work, the neuroprotective effect of isoliquiritigenin and the possible mechanisms were investigated. The results revealed that isoliquiritigenin exhibited better neuroprotective and antioxidant activities than quercetin, a commercial natural antioxidant. Isoliquiritigenin significantly inhibited the release of lactate dehydrogenase, and the generation of reactive oxygen species in H_2O_2-treated cells. The activities of superoxide dismutase, glutathione peroxidase and catalase were improved. The mRNA expression levels related to oxidative defense and cell apoptosis were reversed by isoliquiritigenin. Moreover, isoliquiritigenin might inhibit the cell apoptosis via ameliorating the loss of mitochondrial membrane potential and the change of nucleus morphology.
>
> 930 / 3000

图 8-2 DeepL 翻译页面左侧的英文输入框

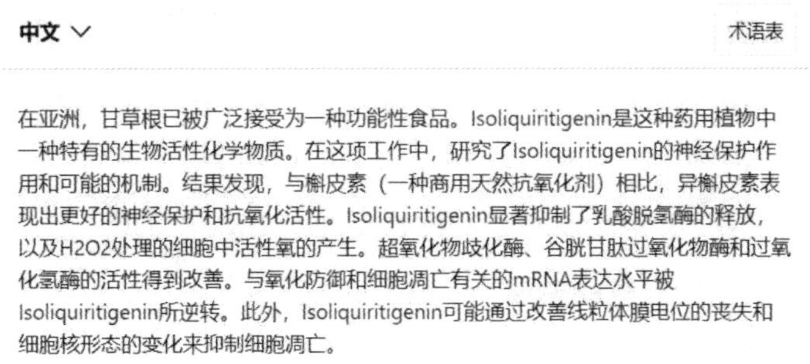

> 中文 ∨　　　　　　　　　　　　　　　　　　　　术语表
>
> 在亚洲，甘草根已被广泛接受为一种功能性食品。Isoliquiritigenin是这种药用植物中一种特有的生物活性化学物质。在这项工作中，研究了Isoliquiritigenin的神经保护作用和可能的机制。结果发现，与槲皮素（一种商用天然抗氧化剂）相比，异槲皮素表现出更好的神经保护和抗氧化活性。Isoliquiritigenin显著抑制了乳酸脱氢酶的释放，以及H_2O_2处理的细胞中活性氧的产生。超氧化物歧化酶、谷胱甘肽过氧化物酶和过氧化氢酶的活性得到改善。与氧化防御和细胞凋亡有关的mRNA表达水平被Isoliquiritigenin所逆转。此外，Isoliquiritigenin可能通过改善线粒体膜电位的丧失和细胞核形态的变化来抑制细胞凋亡。

图 8-3 DeepL 翻译页面右侧的中文输出框

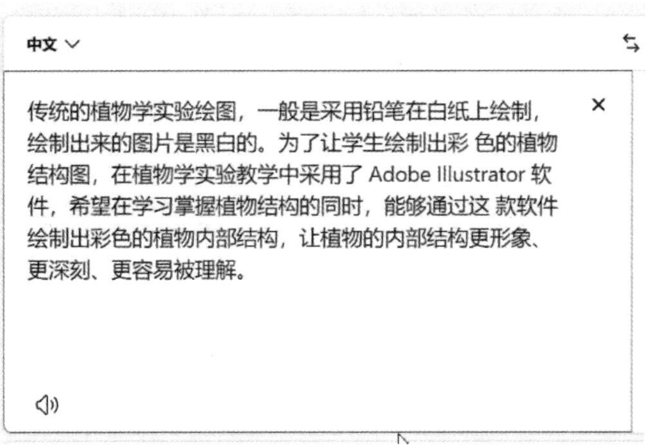

> 中文 ∨
>
> 传统的植物学实验绘图，一般是采用铅笔在白纸上绘制，绘制出来的图片是黑白的。为了让学生绘制出彩色的植物结构图，在植物学实验教学中采用了 Adobe Illustrator 软件，希望在学习掌握植物结构的同时，能够通过这款软件绘制出彩色的植物内部结构，让植物的内部结构更形象、更深刻、更容易被理解。

图 8-4 DeepL 翻译页面左侧的中文输入框

> 英语（美式）　　　　　　　　　　　　　　　　　术语表
>
> Traditionally, botanical laboratory drawings are usually done in pencil on white paper, and the resulting pictures are black and white. In order for students to draw colorful pictures of plant structures, Adobe Illustrator software was used in the botany laboratory, hoping that while learning to master plant structures, they could draw the internal structures of plants in color with this software, making the internal structures of plants more visual, deeper, and easier to understand.

图 8-5　DeepL 翻译页面右侧的英文输出框

"翻译文件"的使用方法与"翻译文本"的方法相似：从电脑上选择要翻译的文件上传之后，选择要翻译成的目标语言种类，在输出框就可打开或下载翻译后的文件。

由于 DeepL 翻译提供的是软件翻译的结果，为了使翻译结果更准确和可读，就需要将翻译的内容拷贝出来，与原文对照逐句阅读、继续修改，直至成为通顺易懂的文字，最终使中文翻译能够符合中国人的思维习惯。

2. Word 自带翻译功能的使用

Word 2016 具有自带的审阅中的翻译功能，可以一次性将一篇文章翻译成英文，具体翻译过程如下。

首先新建一个 Word 文件，然后打开 EndNote 文件，选择想阅读的文献，也可以同时按住"Ctrl"和"A"选择所有的文献，然后在 Word 中，依次点击"EndNote X9"—"Insert Citation"—"Insert Selected Citation(s)"，将所有的文献插入 Word 中，并将"Style"设定为"Annotated"（图 8-6）。文献的格式转变成图 8-7 所示的格式，上方是题录，下方是摘要。

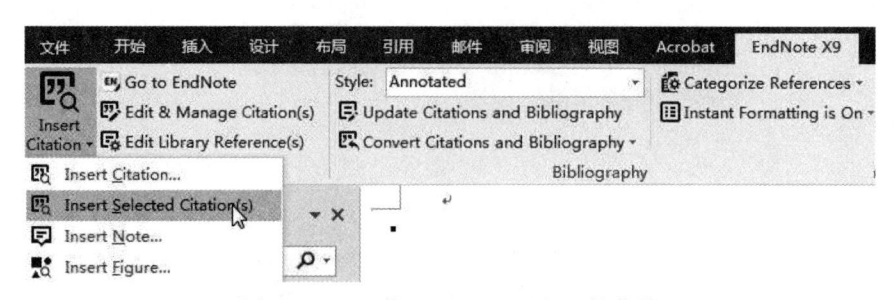

图 8-6　Word 中 EndNote X9 的下拉菜单

Gachechiladze, M., et al. (2021). "LC3A positive "stone like structures" are differentially associated with survival outcomes and CD68 macrophage infiltration in patients with lung adenocarcinoma and squamous cell carcinoma." Lung Cancer.

AIMS: The aim of the study was to analyse the prognostic and predictive value of LC3A positive 'Stone Like Structures" (SLSs) in a large cohort of patients with non-small cell lung carcinoma (NSCLC) and to check its relationship with tumor infiltrating lymphocytes (TILs) and PD-L1 expression. METHODS: Tissue microarrays from 1015 patients diagnosed at the Institute of Pathology and Molecular Pathology, University Hospital Zurich, Switzerland, were stained for LC3A, PD-L1, CD3 and CD68 using automated tissue stainer Ventana Benchmark Ultra (Roche). TILs were assessed in matched haematoxylin and eosin stained slides. RESULTS: LC3A positive SLSs, were significantly associated with worse overall (OS) and disease-free survival (DFS) outcomes in patients with lung adenocarcinoma (LADC) (HR = 2.4, 95 %CI(.994-1.008, p = 0.029) and HR = 3.9, 95 %CI (1.002-1.014), p = 0.002 respectively), whilst it was associated with better OS and DFS in patients with lung squamous cell carcinoma (LUSC), with marginal significance (HR = .99, 95 %CI(.975-1.011),p = 0.042 and HR = .99, 95 %CI (.975-1.008), p = 0.026). Multivariate analysis showed that LC3A SLSs are independent poor prognostic factor only in patients with LADC. In addition, LC3A SLSs, were negatively associated with CD68 count in LADC, whilst there was a positive correlation in LSCC. CONCLUSIONS: LC3A SLSs are differentially associated with the survival outcomes and CD68 count in LADC and LSCC. Further studies are justified for the understanding the underlying biological mechanisms of this phenomenon.

图 8-7 "Annotated"格式的文献

在 Word 文件中，打开 EndNote X9 菜单，打开"Convert Citations and Bibliography"的下拉菜单（图 8-8），选择"Convert to Plain Text"，将参考文献转变为普通文本并保存新的 Word 文件。

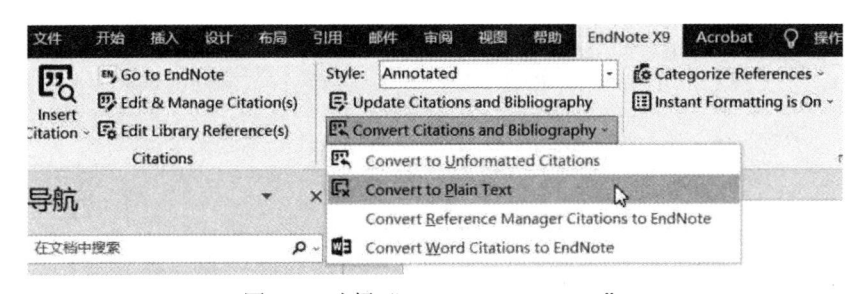

图 8-8 选择"Convert to Plain Text"

然后在 Word 文件中打开"审阅"菜单下的"翻译"，选择"翻译文档［英语（美国）至中文（中国）］(T)"（图 8-9），弹出如图 8-10 所示的窗口，点击"发送"按钮。

自动翻译后，在 Word 右侧弹出翻译的结果，将这些内容复制出来，粘贴到新的 Word 文件中，如图 8-11 所示。也可以将每一篇文章摘要的翻译结果复制出来，分别粘贴到对应的英文摘要下面。

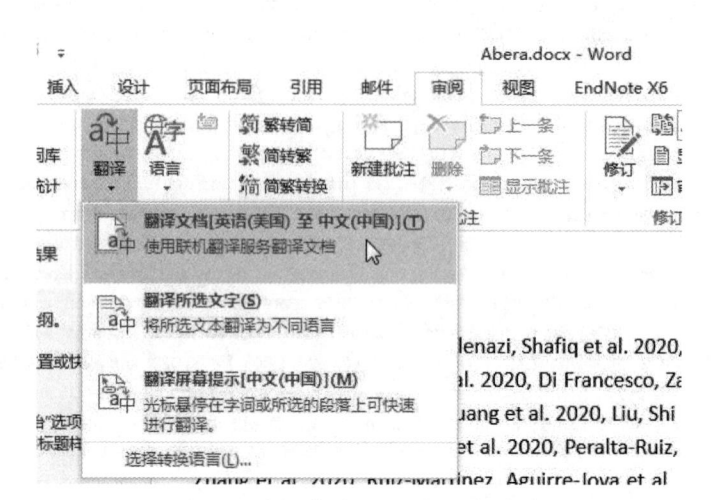

图 8-9　审阅菜单下的翻译下拉菜单

图 8-10　翻译整个文档窗口

阿贝拉、G.等人（2020 年）。"番茄收获后损失的评估（番茄库伦特姆磨坊）在埃塞俄比亚东谢瓦区的选定地区，使用商品系统分析方法。直升机 6 （4）：e03749.。
埃塞俄比亚今天面临的主要挑战之一是确保其快速增长的人口的粮食安全。虽然埃塞俄比亚的产量远远低于国家需求，但收获后粮食损失很大。在满足一个国家的粮食需求时，除非对生产的产品进行适当的管理，否则增加生产本身是不够的。为此，在埃塞俄比亚东谢瓦区的四个有目的选定地区对番茄收获后损失及相关因素进行了广泛的评估。评估使用"从农场到叉子"的商品系统评估方法，调查沿供应链番茄收获后损失的状况以及建议适当的缓解战略时相关的因素。信息从 N=408 个抽样链行为者（生产者对消费者）和相关机构收集。结果表明，番茄在研究领域因不当的护理和处理而损失，而不论其产量高，是所有链条演员的共同问题。生产者、批发商、零售商、酒店和咖啡厅分别下跌 20.5%、8.6%、2.9% 和 7.3%，总亏损率为 39.3%。各地区的损失总额在 17.2-33.3 之间。现场、运输和市场展示是确定的主要关键损失点。在观察到损失的常见原因中，查明了市场波动、温度管理不善、分类不、混杂、对损失预防的粗心大意及其影响等做法。因此，建议提高对粮食损失所有原因的影响的认识，尽量减少经济损失。此外，需要负担得起和适当的技术调整，以减少各地区观察到的粮食损失。"

图 8-11　翻译成中文的 Word 文件

可见，通过 Word 自带的翻译功能，可以一次性将大量的英文摘要翻译成中文，从而克服了使用 DeepL 翻译或者百度翻译只能翻译单篇文献的缺点。

阅读研究论文的一个主要目的就是要了解论文的研究内容和结论。阅读的重点在于了解作者做了哪些工作，进行了哪些实验，得到了哪些结论。尤其重要的是要了解哪些对自己的研究工作有参考价值，哪些内容是作者尚未完善的。在阅读科技文献时，实验数据往往是一篇文章最核心、最本质的内容。由于数据一般以图表的形式呈现，因此文献中的图表是阅读的重点。总之，为了正确地理解英文文献，应尽量在消化吸收的同时，将其翻译成通顺的中文，并且写出来，这个过程会增加对原文的理解。

学会了阅读文献，也就掌握了"会读"。了解其他人的研究成果之后，接下来就进入设计新实验、提出自己的研究方案的阶段。

二、设计新实验

科学研究贵在创新，了解其他人的研究是为了不重复他们的研究。因为重复他人的研究，往往是做无用功——实验用了很长时间，花费了大量的金钱，结果却没有任何新意。没有新意的文章是很难被期刊接受发表的。为了使研究成果有新意，必须依据前人的研究提出自己的研究方案。这个方案不能与其他人的实验重复。如何才能设计出不与其他人重复的实验呢？这就涉及设计新实验的方法。

设计新实验主要采用求异的思维方式，对于任何一个问题来说，都没有一个统一的标准答案，这一点与常见的考试（主要是求同思维）有着本质的不同。设计新实验的方法将在下一节中专门介绍。

三、撰写科技论文

所谓科学，简单地说就是一种可以共享的知识。一项研究成果，如果没有经过有效的交流阶段让他人看到与共享，对于这个社会来说就等同于不存在。科学的成果要以论文的形式写出来，才更容易与人共享。

当按照设计者的实验方案完成实验之后，就进入科研研究的第三个步骤——撰写科技论文。科技论文可以分为综述和科研论文两大类：①综述是对已有文献的分析，发现已有文献存在的问题，并且提出下一步的研究方案。此外，本科生、硕士研究生、博士研究生在毕业前都需要完成毕业论文，这些论文的一个重要组成部分是综述，学会了综述的写作也就为学会写学位论文打好了基础。②科研论文主要介绍自己的研究材料、方法和研究结果，对自己的研究结果进行解释，并且和其他人的研究对比，提出新的研究方向。

由于大多数学生还没有自己设计过实验，没有独立做过实验，因此不能撰写科研论文，但可以练习综述的写作。综述和科研论文的写作技巧基本一样。两者的不同之处为科研论文有固定的组成部分，将相应的内容向对应的版块添加就可以了。关于论文写作将在第九章详细论述。

第三节　设计新实验的方法

设计新实验是文献检索的第二大目的。这个过程主要是构想，即构想出一个与众不同的实验来。学会了设计新实验的方法也就学会了如何构想。设计新实验的主要方法有更换实验材料、更换观察部位、增加观察时间和改变实验方法。

一、更换实验材料

更换实验材料是最常用的一种设计新实验的方法。与此相关的例子在科学的发展史中俯拾皆是。例如，在试管婴儿的研究过程中，1930 年，Pincus 等将兔子未成熟的卵母细胞从卵巢里分离出来，然后放在培养基中进行培养，发现离体培养的兔子卵母细胞成熟需要 12 h。1963 年，Edwards 等分离出人的卵母细胞，进行离体培养，发现人的卵母细胞不可以在 12 h 内成熟。

这两个实验的不同之处就是一个是兔子卵母细胞离体培养，另一个是人的卵母细胞离体培养。这些探索为试管婴儿的研究奠定了很好的基础。由此可见通过更换实验材料可以设计新的实验。

二、更换观察部位

假如是想研究同一实验材料，该如何设计新实验呢？这个时候可以改变一下研究部位。例如，玄晓丽等在阅读有关植物气孔的文献时，发现叶子花（*Bougainvillea spectabilis*）的变态叶和正常叶的气孔分布无人报道，就对叶子花的变态叶和正常叶的气孔发育过程进行了研究,研究结果发表在 *African Journal of Biotechnology* 上。

黄博等在阅读植物气孔的文献时，发现人们对龙牙花（*Erythrina corallodendron*）叶片上的气孔研究得较多，他就将研究部位换成花，结果发现龙牙花的花上不同部位的气孔形态并不相同，相关研究结果发表在 *Biologia Plantarum* 和《植物学报》上。

姜兆玉等在阅读有关植物气孔的文献时，发现人们对植物叶片上气孔的开闭机制进行了很多研究，而植物繁殖器官上的气孔开闭机制基本很少有人研究，因此他对鸡蛋花（*Plumeria rubra* var. *acutifolia*）花冠裂片上的气孔开闭机制进行了研究，相关研究结果发表在《植物生理学通讯》上。

姜兆玉等了解到有人在一种豆科植物的初生根上发现了气孔的存在，他就想观察一下洋葱（*Allium cepa*）的地下鳞茎是否具有气孔，结果发现洋葱的地下鳞茎也有气孔存在，他对洋葱鳞茎上的气孔开闭进行了研究，结果发表在《西北植物学报》上。

这些实验与前人的不同之处就是将观察气孔的部位从叶片的表皮转移到花等部位。由此可见更换观察的部位也可以用来设计新实验。

三、增加观察时间

增加观察时间可以用来设计新实验。例如，在试管婴儿的研究中，人卵母细胞的来源十分困难，Edwards 等一开始是用女性的卵巢来获得卵母细胞进行研究，实验进展十分缓慢。1963 年，Edwards 等对一些动物的卵母细胞的成熟时间进行研究，发现老鼠、仓鼠等的卵母细胞在 12 h 内成熟；而绵羊、奶牛、猴子、狒狒和人的卵母细胞在添加了激素、增加培养基的营养成分之后，在 12 h 内仍旧没有成熟。

经过两年的摸索，Edwards 等不断增加了观察的时间，终于在 1965 年发现，人的卵母细胞大约需要 37 h 才能进入减数第二次分裂中期，并且释放出极体，这意味着人卵母细胞应该在培养 35～40 h 后才具有受精能力。同年，Edwards 等发现猪的卵母细胞和人的卵母细胞一样需要 37 h 才能成熟。由于生物生长速度不同，细胞分裂速度不同，因此对不同物种进行同样的研究，增加观察时间就成为设计新实验的一个重要方法。

四、改变实验方法

改变实验方法来设计新实验的例子更是不胜枚举。在绿色荧光蛋白（green fluorescent protein，GFP）的研究过程中体现得尤为明显。GFP 是维多利亚多管水母（*Aequorea victoria*）细胞内一种能够发出荧光的蛋白质。1992 年 Prasher 等克隆出 *GFP* 基因，发现 GFP 含有 238 个氨基酸，分子质量为 26 888 Da。*GFP* 基因是否能够在其他生物细胞中表达呢？

1994 年，Chalfie 将 *GFP* 基因导入大肠杆菌（*Escherichia coli*）和秀丽隐杆线虫（*Caenorhabditis elegans*）中，发现 *GFP* 基因可以在大肠杆菌和秀丽隐杆线虫细胞内表达，并发出绿色荧光，证明了 *GFP* 基因可以在其他生物中表达。一个月后 Inouye 和 Tsuji 也将 *GFP* 基因导入大肠杆菌中，发现可以发出绿色荧光。

从此，GFP 基因作为能够发光的报告基因，常用来观察和它融合在一起的蛋白质的表达情况。上述这些实验的不同在于有的是研究基因序列和克隆基因，有的是转基因，实验方法完全不同。有关 GFP 发现过程的具体实验方法是如何创新的，可以查阅附录Ⅷ中的《从绿色荧光蛋白的发现谈如何提出新颖的科研问题》一文。

总之，科研的基本思维方法如下：首先，"做前人未做的实验"。这在本质上是求异、与众不同。要求异，则需要有联想的能力。其次，"设计出前人没有做过的实验"。这可以通过更换实验材料和改变实验方法的途径而实现，设计新实验需要置换、组合的思维方法。求异法、联想法、组合法和置换法等思维方法在科学研究中是十分重要的，其中求异和联想是最基本的思维方式，而组合和置换则是求异和联想的表现形式。学会了设计新实验，也就掌握了"会想"。

依据上面的原则设计好实验之后，就可以进行实验操作了。由于不同的实验对应的方法不同，本章不再详细介绍。在完成实验之后，需要进行的工作就是进行科技论文的写作。如何进行科技论文的写作呢？详见第九章。

第四节　参考文献引用的规范

参考文献是科技论文中的一个非常重要的组成部分。因为当今的大部分科研成果是在前人研究成果或工作的基础上发展起来的。论文中的参考文献可以反映论文真实可靠的科学依据，反映作者对前人劳动的肯定和尊重，便于同行了解该研究领域的动态及采用追溯法查找与此研究方向相关的文献。

一、引用原则

正确引用文后参考文献的原则是引用合理和格式规范。要引用最新的、作者亲自阅读过的文献，并精选参考文献。未经公开发表的文献、资料一般不能引用，但如想引用尚未正式出版的文献资料（编辑部拟刊用并已交付印刷），应经所投稿的编辑部允许，在文中列入参考文献。此外，还应在该文献的最后加上"印刷中"或"in press"字样。此外，还要采用规范化的参考文献引用格式。

二、引用格式

正文部分引用参考文献一般有两种标注方法：一种是顺序编码制，另一种是著者-出版年制。

1. 顺序编码制

顺序编码制是按引用文献先后顺序编号的标注体系。在论文正文中引用文献的著者姓名或成果叙述文字的右上角，用方括号括注阿拉伯数字，按正文中出现的先后顺序编号。在参考文献表中著录时，按此序号顺序列出。例如，附录Ⅲ～附录Ⅵ及附录Ⅷ中的《从绿色荧光蛋白的发现谈如何提出新颖的科研问题》的正式发表稿的参考文献即采用了顺序编码制。

引用同一著者的多篇文章或引用多位著者的工作时，只需将各篇的顺序号用逗号分开，全部序号均置于方括号内。如遇连续号，可用"-"符号连接，略去中间序号。例如，下面一段话：

> 思维导图，是树状图，它像放射状的一棵大树。主题处于最显眼的中心位置，二级标题按照逻辑层次围绕主题展开，三级标题按照逻辑层次在二级标题的左侧或者右侧展开，四级标题按照逻辑层次在三级标题的一侧展开，信息越多，枝干越多，树叶也越茂密[1,2]。

这段话同时引用了下列参考文献中的文献[1]和文献[2]，用方括号标注，并使用上标。

[1] 杨炳儒，张桃红. 理工科课堂 KM 教学法研究. 现代大学教育，2006，4：83-85.

[2] 张桃红，彭珍，杨炳儒，谢永红. "C 程序设计"课程的 KM 教学法研究，计算机教育，2010，2：113-115+101.

图书在文后参考文献中的著录格式为：序号 主要责任者. 书名[文献类型标识]（供选择）. 版本（第一版不做著录）. 出版地：出版者，出版年. 页码. 举例如下：

[1] 克里斯蒂安·格吕宁. 郝湉译. 快速阅读. 北京：中信出版社，2010，148-158.

[2] 克里斯蒂安·格吕宁. 郝湉译. 超级快速阅读. 北京：中信出版社，2011，95-120.

2. 著者-出版年制

正文引用的参考文献采用著者-出版年制时，各篇文献的标注内容由著者姓氏与出版年构成，并置于小括号内。倘若标注著者姓氏无法识别作者时，可以标注著者姓名，如中国人著者、集体著者著述的文献可标出机关团体名称。倘若正文中已提及著者姓名，则在其后的括号内只需著录出版年。例如，附录Ⅶ中的《谈谈如何结合分子标记的发展培养学生的创造性思维》的正式发表稿的参考文献采用了著者-出版年制。

在正文中引用多著者文献时，对欧美著者只需标注一个著者的姓，其后附"等"或者"et al."；对中国人著者应标注第一著者的姓名，其后附"等"，举例如下：

Botstein 等（1980）首先提出 DNA 限制性片段长度多态性（restriction fragment length polymorphism，RFLP）可以作为遗传标记，开创了直接应用 DNA 多态性作为遗传标记的新阶段。Mullis 等（1986）发明了聚合酶链式反应（polymerase chain reaction，PCR），于是直接扩增 DNA 的多态性成为可能。

另外，还有以 DNA 序列分析为核心的分子标记如表达序列标记（expressed sequence tag，EST）和单核苷酸多态性（single-nucleotide polymorphism，SNP）等（方宣钧等，2001）。

以上这两段话引用了 3 篇文献，著者-出版年制排序如下：

方宣钧，吴为人，唐纪良. 2001. 作物 DNA 标记辅助育种. 北京：科学出版社，13～15.

Botstein D，White RL，Skolnik M，et al. 1980. Construction of a genetic linkage map in man using length polymorphism. Am J Human Genet，32：314～331

Mullis KB，Faloona F，Scharf SJ，et al. 1986. Specific enzymatic amplification of DNA in vitro：the polymerase chain reaction. Cold Spring Harbor Symp Quant Biol，51：263～273

在参考文献表中著录同一著者在同一年出版的多篇文献时，出版年后应用小写字母 a、b、c…区别。

参考文献采用著者-出版年制时，各篇文献首先按文献的语言集中，可分为中文、日文、西文、俄文、其他文种。然后按著者字顺和出版年排列。中文文献可以按汉语拼音排列，也可以按笔画笔顺排列。

著录参考文献的主要责任者时，若著作方式相同的责任者不超过三人，全部照录；超过三人时，只著录前三个责任者，其后加"等"或"et al."。两个主要责任者之间用"，"隔开。但有的期刊要求全部责任者都列出。

用著者-出版年标注参考文献的方法非常方便，不会出现"张冠李戴"的现象。建议在写论文的时候采用这种方式。在定稿的时候再修改成符合刊物或者学位论文要求的格式。

总之，参考文献的格式十分复杂，不同的刊物有不同的要求。作者应该根据拟投稿期刊所要求的参考文献的格式进行排版，最好使用 EndNote 等参考文献排版软件插入参考文献，避免反复修改。

第九章　科技论文的种类、格式、写作、排版及投稿

本章彩图

所谓科学，简单地说就是一种可以共享的知识。一项研究成果经发表后，可以让他人看到，达到共享的目的。所以科技论文的书写就成为发表论文的一个基础。

本章主要介绍科技论文的种类及格式、如何撰写科研论文与综述和学位论文等科技论文、Word 排版技巧、如何投稿等内容。

本章思维导图：

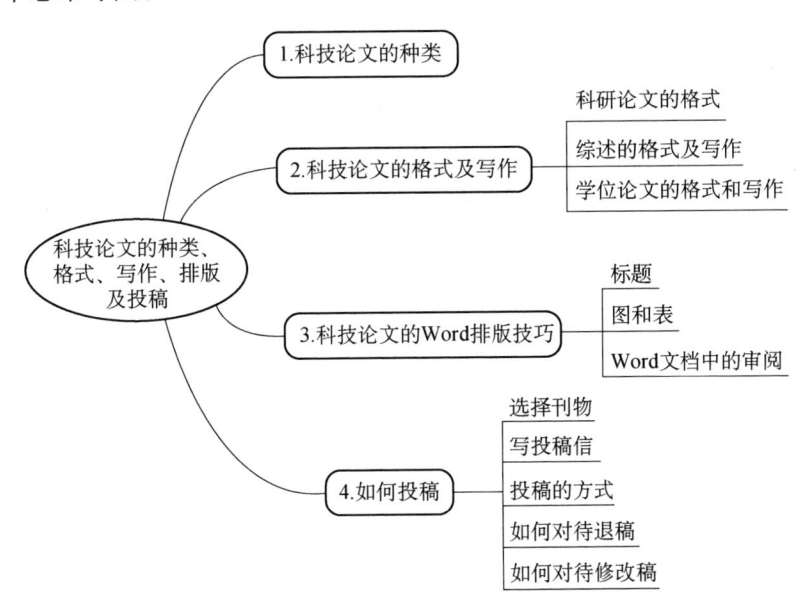

科技论文的种类、格式、写作、排版及投稿
- 1. 科技论文的种类
- 2. 科技论文的格式及写作
  - 科研论文的格式
  - 综述的格式及写作
  - 学位论文的格式和写作
- 3. 科技论文的Word排版技巧
  - 标题
  - 图和表
  - Word文档中的审阅
- 4. 如何投稿
  - 选择刊物
  - 写投稿信
  - 投稿的方式
  - 如何对待退稿
  - 如何对待修改稿

第一节　科技论文的种类

根据完成论文需要的素材，科技论文可以分为综述和科研论文。综述是对已有文献的分析，能够发现已有文献存在的问题，并且提出下一步的研究方案，属于三次文献。科研论文主要以自己的研究结果为素材，属于一次文献。

根据论文的用途，科技论文可以分为科研论文和学位论文。科研论文主要是报道最新的知识。学位论文是为了申请学位而撰写的供评审和答辩的学术论文。学位论文按照申请学位的种类分为学士论文、硕士论文和博士论文。科研论文主要介绍自己的研究材料、研究方法和研究结果，对自己的研究结果进行解释，并且与其他人的研究对比，提出新的研究方向。根据论文产生的方式，科研论文可以分为教学研究论文和实验研究论文。

虽然科技论文的分类不同，但写作的要求基本相同，下面将详细介绍。

第二节　科技论文的格式及写作

一、科研论文的格式

1. 标题

标题一般不宜过长，20字左右。要求简明而确切地揭示论文主要内容。

2. 著者

著者就是科技论文的署名人。署名的条件：参与了酝酿课题、研究设计、具体操作以获得数据、对所获得的数据进行分析和理论解释的过程；撰写论文或对论文重要内容做出关键性修改；参与最后定稿，并决定最终稿的发表。

多作者之间排名顺序的确定一般是按其贡献大小来进行的，贡献大的排在前面。但在某些情况下，科学工作者的劳动并不容易准确地衡量，此时署名及其顺序在很大程度上常常要靠科学工作者之间的互谅互让和协商。

对于那些在科学研究与论文写作的某些工作上做出了贡献，但又不符合上述署名条件者，如对论文的选题、构思、数据的统计处理或某些结果的解释提供了帮助的人员，协助进行了某种样品检测，或在实验仪器、试剂等方面给予了方便条件的人员，提供资金资助的人员与机构，帮助打印稿件、绘制图表、拍摄照片的人员等，可在文末"致谢"中说明其贡献。

通讯作者（corresponding author）或责任作者（responsible author）需要以星号（*）、信封（✉）等标识标注，并注明联系方式（如 E-mail）等信息。该作者负责与该文稿相关的联系事宜，包括与编辑部的联系、读者咨询、索取或订阅抽印本或单行本，以及提供文稿复印件等。

3. 摘要

摘要以 150～300 字概括文章的主要内容，使读者可以通过阅读摘要了解该文的基本内容，再决定是否要通读全文。摘要是一篇文献的浓缩替代品，一定要精练、完整、易懂。

4. 关键词

关键词一般是从论文的摘要、标题中抽取出来，最能表达文章主要内容的实词，关键词之间一般用分号相隔，有的用空格或逗号分隔。

5. 中图分类号

在关键词的下一行常为中图分类号。中图分类号是按照《中国图书馆分类法》对科技文献进行主题分析，并依照文献内容的学科属性和特征，分门别类地组织文献所获取的分类代号。

当论文的标题确定以后，就可以通过《中国图书馆分类法》的网址（http://www.ztflh.com/）查找对应的中图分类号。《中国图书馆分类法》（第五版）简表见附录Ⅱ。

《中国图书馆分类法》的使用

例如，《思维导图在"植物生化与分子生物学"教学中的应用》（附录Ⅴ）一文的中图分类号是什么呢？该如何查找呢？

因为这篇文章与教育有关，所以应该在《中国图书馆分类法》首页（图 9-1）上点击"G 文化、科学、教育、体育"这一行，依次点击"教育"——"高等教育"（图 9-2 和图 9-3），最后会进入如图 9-4 所示的页面。在这个页面上，显示没有下级分类。说明该论文的中图分类号应是"G642.0"，即该论文的主题属于"教学研究与改革"。至此，中图分类号查阅完毕。一般的论文都可以通过这个网站来查阅对应的中图分类号。

图 9-1 《中国图书馆分类法》的首页

图 9-2 《中国图书馆分类法》G 类的首页

图 9-3 《中国图书馆分类法》G64 的首页

图 9-4 《中国图书馆分类法》G642 类的首页

6. 导言

导言是一篇论文正文的开头部分。导言主要介绍研究的背景知识，联系有关文献，说明为什么要做这个研究，通过什么方法去解决所提出的问题。

7. 材料与方法

材料与方法是介绍所使用的实验材料和完成实验所使用的试剂、仪器、方法等内容。它是一篇论文可重复性的重要体现。

8. 结果

结果一般用文字、表格、图片来表示，是论文的核心部分，它是将观察到的现象、经过分析后的结果以文字、数据、统计图、表格等形式报告出来。结果的写作应只写自己的实验和调查结果，不夹杂前人的工作，不引用参考文献，不加主观分析、推理。要用确切的文字，不能含糊不清。与预期结果一致的要写，矛盾的也要写。

能用文字清晰表达的内容，就少用或不用图表来表示；图表中已一目了然的内容，就不要用文字复述，最多只对那些重要的内容进行必要的强调。

9. 讨论

讨论是对实验结果的综合分析和理论说明，是对实验现象的解释及说明尚未解决的问题。

10. 结论

结论是作者基于研究结果，并结合以往相关结果，对研究问题所做出的论断。结论必须证据确凿，不能有推断性。

11. 参考文献

参考文献是科技论文必不可少的组成部分。一般在文章的结尾。参考文献主要依据《信息与文献 参考文献著录规则》(GB/T 7714—2015)的格式进行著录。一般采用顺序编码制和著者-出版年制两种形式。不同刊物又有不同的要求。有关参考文献引用的规范请参考第八章第四节的内容。

英文科研论文的格式

随着时代和科技的发展，发表英文科技论文已成为大势所趋，甚至有些大学生都可以发表 SCI 收录的英文科技论文，因此，我们对英文科研论文的一般格式及其要求也介绍如下。

- Title
- Authors
- Abstract
- Introduction

- Materials and methods
- Results
- Discussion
- References

Understanding this format eases the burden of writing scientific papers, since writing is an exercise in organization.

1. Title

The title of a paper announces the topic of the paper. It is a short label that helps readers quickly determining their interest in the paper. The title should reflect the paper's content and contain the fewest number of words that adequately express the paper's content.

2. Authors

Only those people who actively contributed to the design, execution, or analysis of the experiment should be listed as authors. Anyone listed as an author should be willing to publicly claim and defend the paper.

3. Abstract

The abstract is a short paragraph that bridges the title and text of the article. An abstract presents the essence of the paper by summarizing the objectives and scope of the problem, methodology, data, and conclusions. An abstract contains no references.

4. Introduction

The introduction orients readers, states the reason why you did the work, and gives readers enough information to understand and appreciate the rest of the report. When writing the introduction, it is necessary to avoid a detailed review of the published papers. Instead, the introduction should be limited to enough relevant information to guide readers to understand your research content.

The introduction of a scientific paper has two primary parts.

1) A description of the nature and background of the problem. For example, what do we already know (or don't know) about this problem? This is developed by citing other scientists' work (i.e., a historical description of the problem) and pointing out the gaps in our knowledge.

2）The objectives of the work. It is better to state the objectives of the work with a topic sentence, such as "The objectives of this work were..."

5. Materials and methods

The materials and methods section describes how, when, where, and what you did. It should contain enough detail to allow others to repeat your experiment, but should not be tedious.

6. Results

The results section is the heart of a scientific paper, and should clearly summarize your findings. There are many ways (such as words, illustration, tables, figures, photographs, drawings, etc.) to present results. The particular method that you choose should depend on what you want to show.

7. Discussion

It's not enough to only report your findings; you must also discuss their significance, how they relate to existing knowledge, and why they're important. This is the purpose of the discussion section of a scientific paper. The discussion section should interpret your results relative to the objectives that you described in the introduction and answer the questions "So what?" and "What does it mean?" Thus, a good discussion section should do the following.

1）Discuss your findings: that is, present relationships, principles, and generalizations. Point out exceptions and lack of correlations. Don't conceal anomalous results. On the contrary, the unresolved problems should be explained. State how your results relate to existing knowledge.

2）State the significance and implications of your data. What do your results mean? Don't be shy, if your data is convincing, don't hesitate to use statements such as "We conclude that..."

8. References

Scientists rely heavily on the information presented in papers written by their colleagues. Indeed, the introduction, materials and methods, and discussion sections of a scientific paper often contain citations of other publications. The format for literature citations varies in different journals.

二、综述的格式及写作

综述是科技论文的一种。它常围绕某一问题，在大量引证他人论著的基础上，系统回顾某一领域、某一专题的进展，或展示现状、发掘问题及预测趋势。撰写综述也是积累知识、锻炼能力、提升科学素养的一种基本治学方法与途径。

（一）综述的格式

1. 标题

标题要求简明而确切地揭示综述的主要内容。

2. 著者

著者指参与综述写作的全部人员。排名顺序的确定一般是按其贡献大小来进行，贡献大的排在前面，贡献小的排在后面。

3. 摘要

摘要要求以150～300字概括文章的主要内容，使读者可以通过阅读摘要了解该文的基本内容，再决定是否要通读全文。

4. 关键词

关键词是从综述的摘要、标题中抽取出来的最能表达综述主要内容的实词，关键词之间一般用分号相隔，有的也用空格或逗号分隔。

5. 导言

导言主要介绍综述的背景材料，联系有关文献，说明为什么要写这篇文献综述。

6. 正文部分

正文部分按照逻辑关系叙述他人的材料。层与层、段与段之间连贯显得特别重要，否则文章就有复制、粘贴的痕迹。

7. 参考文献

有关参考文献的引用详见第八章第四节的内容。

综述的形式虽然按前后顺序分为7部分，但写作时一般并不按照这7部分的顺序进行。文献综述的写作按照选题、收集资料、理解资料、构建框架、语句修改、段落连贯和格式修改等步骤进行，而标题、著者、摘要、关键词往往最后才确定。下面按步骤介绍综述的写作。

（二）综述的写作

1. 选题

选题对综述来说至关重要。选题不好，写出来的综述几乎没有发表的可能性。如何选择一个题目呢？选题有三原则：有新意、宜小不宜大、近5年发表的相关英文文献有20篇左右。

（1）有新意　　有新意的意思就是该选题近几年来别人没有写过。只有根据这样的选题写出来的综述才有吸引力。有时候一些选题几年前别人已经写过，但近几年来有大的进展，也可以作为选题的方向。

新意从哪儿来？根据编者的经验，新意来自善于思考的大脑和储备的大量知识。在进行一篇文章写作前，往往并不知道这篇文章的内容。只有在产生想法并完成写作后，才知道它的思路是从哪儿来。

例如，发表于《生物学教学》2006年第4期上的《从RNA干涉的发现过程谈学生创新能力的培养》一文（附录Ⅵ）的写作思路就来自听报告和看文献的总结和思考。2006年，Fire和Mello因在RNA干涉（RNA interference，RNAi）机制研究中的贡献获得了诺贝尔生理学或医学奖，RNAi成为2006年的报告热点。编者听了许多有关RNAi技术的报告，并阅读了一些相关的文献，这些报告和文献重点关注技术方面的介绍，而很少谈RNAi发现过程中的创新思维和创新精神。因此，编者在讲授RNAi技术时，从反义RNA技术讲起，详细介绍了RNA干涉的发现过程，让学生明白RNAi技术是在反义RNA技术的基础上发现的，并掌握RNAi技术的原理和方法。之后再启发学生进行思考和讨论，通过思考和讨论使学生认识到RNAi技术的发现是"求异化"实验设计的结果，也就是说不去重复其他研究者已经从事过的研究，而是从方法上进行改变，结果有了重大的发现。这使学生了解和明白了RNAi技术发现过程中所体现的科研思维和创新精神。从而使学生的科研思维能力和创新能力得到一定的训练。我们把教学过程进行总结和归纳就完成了《从RNA干涉的发现过程谈学生创新能力的培养》教学论文的写作过程，向《生物学教学》期刊投稿后获得了编辑和审稿专家的认同和表扬，他们称赞该文写出了新意，很快就将该文刊出。该文刊出后也得到了很多读者的好评。

此外，在附录Ⅲ和附录Ⅳ中列出了《论文的新意从何来》和《发表在〈生命的化学〉上几篇文章的写作思路》两篇文章，展示了我们一些论文的新意来源和写作思路及过程，希望能够对读者有启发作用，并能够激发学生的创意，培养学生的创新思维和创新能力，愿各位能够写出有新意的文章。

（2）宜小不宜大　　这个原则是不要选择一个有上千篇文章的选题，这样的选题资料太多，没有时间将它们看完。题目大，资料往往很多，有的甚至上万篇。检索到太多资料，后续的阅读同样令人"头脑发麻"。只有小的题目才可以保证恰好有合适数量的英文文献。

（3）近5年发表的相关英文文献有20篇左右　　这样数目的英文文献可以有时间进行充分阅读。再加上中文文献，数量恰好符合一篇综述的要求。例如，有的学生选择以"DNA 条形码技术在水生动物研究的应用"为题。仅仅选择自己喜欢的文献进行介绍，这样的综述资料杂而不全。对相关领域的研究者来说，这样的论文参考价值不大。假如能够换成"DNA 条形码技术在某种动物研究的应用"，写出来的综述对相关领域的研究者来说，就有参考价值。这样的题目可以做到小而全。相关领域的研究者阅读后，可以根据这些内容提出下一步的研究方向。选定题目后，就可以确定关键词，找到关键词对应的英文，到英文数据库中收集资料。

2. 收集资料

英文文献的信息量一般相对较多，我们必须在收集中文文献的同时收集英文文献。中文文献一般在 CNKI 数据库中检索，英文文献一般在 Web of Science 数据库中检索。按照第二章介绍的步骤，采用 EndNote X9 软件收集资料，保存在电脑上，然后进行阅读。

3. 理解资料

理解资料就是阅读、消化、吸收资料的过程。这个过程需要集中注意力，耗费很大的精力才能取得效果。特别是阅读英文文献，对本科生来说更是困难重重，但不用惧怕，因为目前已经有一些在线的翻译软件能够进行辅助翻译，如 DeepL 翻译等（DeepL 翻译的使用方法详见第八章第二节）。将收集的资料全部阅读完毕，而且翻译出来后，就进入构建综述框架的阶段。

4. 构建框架

论文发表的重要目的在于进行同行间的交流。让同行能够读懂的文章，逻辑思路一定要清晰。为了使逻辑思路清晰，就不能将所有的资料随意堆放在一起，要进行分类和排序。

综述与一般中学作文的不同之处在于，综述在写作之前是没有框架的，不知道这篇综述的第一部分写什么，第二部分写什么。只有在理解所有的文献资料之后，才可以形成论文的框架。构建形成论文框架的过程也就是分类的过程，那么如何来分类？

分类的原则是将同类的研究放到一起，然后给这些同类的研究命名。通过这样的分类，将所有的资料分别放在合适的标题下。再将所有的标题按照逻辑关系进行排序，确定先介绍哪一个标题的内容，后介绍哪一个标题的内容。将全部文献分类完成之后，就基本完成整个综述正文框架的构建。此时如同建造一个几居室的房子，每一个房间放入不同的东西：在卧室放置与睡觉有关的家具，在书房放置与学习有关的家具。在综述的框架构建好之后，就进入综述语句修改的阶段。

5. 语句修改

"论文是改出来的"是写作的座右铭。根据编者的经验，一气呵成就能够发表的论文太少，每一篇文章都需经过不断地修改和完善，才能达到发表的水平。综述的框架构建后，修改的关键在语句，让每一段话能够被读者理解，没有歧义就是写作最基本的要求。

现在的写作一般是在电脑上进行的。写完后可以在电脑上修改。也可以打印出来，逐字逐句阅读、进行修改。从节省资源的角度来说，写作和修改都可以在电脑上进行。但在投稿前的最后一稿，尽量打印出来读一遍，可以找出很多在电脑上发现不了的问题。

6. 段落连贯和格式修改

当正文部分全部写完以后，就可以开始统筹段与段之间的连贯性，使段落之间的转换不突然，符合逻辑关系。然后添加中英文摘要、关键词等。全部完成之后，排版参考文献，随后就可以投稿。投稿的流程详见本章第四节的内容。

想写好一篇综述，需要专业知识和经验的积累，也需要在语言修养和写作技巧等方面下功夫，在著名学术期刊上发表一篇综述性文献的难度不亚于发表一篇科研论文，一篇优秀综述的影响也绝不比原始文献逊色，其被引用次数往往高于原始文献，所以学习综述的写作十分有必要。

三、学位论文的格式和写作

学位论文是作者从事科学研究，以取得的创新性研究成果为内容撰写而成的论文，作者可用它申请相应的学位。按申请学位级别的不同，学位论文分为学士论文、硕士论文和博士论文。

（一）学位论文的格式

1. 前置部分

（1）封面　　封面是论文的外表面，提供应有的信息，并起保护作用。学位论文封面有统一的格式。一般封面的左上角注明分类号，右上角为本单位编号。

如果论文保密，就需要按国家保密条款在右上角标明密级。

论文的题名一般不宜超过 20 字。题名和副题名或分册题名用大号字标注于明显位置。作者姓名、学位论文的导师、评审人、答辩委员会主席及学位授予单位等应出现在封面上，申请学位级别应按规定的名称进行标注。专业名称是指学位论文作者主修专业的名称，完成日期包括报告、论文提交日期、学位论文的答辩日期、学位的授予日期。

（2）序　　研究生的论文可以有序。序一般由作者或他人对本篇论文的基本特征做一简介。例如，说明研究工作的缘起、背景、宗旨、目的、意义，以及资助、支持、协作经过等，也可以评述或对相关问题进行阐述（这些内容也可以在正文引言中说明）。序的内容也可包括作者简介，以使论文评审人、答辩委员、学位评审委员等对学位申请者的个人情况、科研成果等有所了解。

（3）目次页　　目次页由论文的篇、章、附录、题录等的序号、名称和页码组成，另页排在序之后。

（4）摘要　　摘要是对报告、论文的内容不加注释和评论的简短陈述。一般还应附有英文摘要。摘要应具有独立性和自含性，即不阅读论文的全文，就能获得必要的信息，摘要的内容应包含与论文同等量的主要信息，供读者确定有无必要阅读全文，也供文摘等二次文献采用。摘要一般应说明研究工作的目的、实验方法、结果和结论等，重点是结果和结论。学位论文为了参加评审或学术会议，可按要求写出变异式的摘要，不受字数规定的限制，一般为 2500～3000 字。

（5）关键词　　关键词是为了文献标引工作从论文中选取用来表示全文主题内容信息的单词或术语。一般学位论文选取 3～8 个关键词。为了国际交流，一般应标注与中文对应的英文关键词。

（6）插图和附表清单等内容　　论文中如图表过多，可以分别列出清单置于目次页之后，图的清单应有序号、图题和页码。表的清单应有序号、表题和页码。

2. 主体部分

学位论文的引言与一般科技论文有所不同，它需要对课题选择的原因做较为详细的说明，对论文主题有关的文献进行综述，这是一项重要的、必不可少的内容，因为它能反映研究工作的范围和质量，反映作者对文献的分析、综合和判断能力。学位论文的引言要比学术论文篇幅长。

学位论文的正文、致谢及参考文献的写作要求和一般科技论文相应的写作要求是一致的，对于硕士论文和博士论文来说，如果论文中某些内容已经在学术期刊上发表，那么可将已经发表的论文单行本嵌入学位论文中。

3. 附录部分

附录部分是正文的补充。学位论文有严格的篇幅限制，因此下列材料可以作为附录：比正文更为详尽的信息、研究方法和技术更深入的叙述、建议可阅读的参考文献题录、对了解正文内容有用的补充信息等、不便于编入正文的罕见珍贵资料、对一般读者并非必要阅读但对本专业同行有参考价值的资料、某些重要的原始数据等。

4. 结尾部分

结尾部分可以编排分录索引、著者索引、关键词索引等。

（二）学位论文的写作

绝大部分科技文献是以一种程式化的形式出现在读者面前。学位论文也如此，只需按照步骤将每一部分的内容填入相应的框架即可。

在写作学位论文的研究结果部分时，应收集在实验过程中获得的资料、图片和数据作为写作的素材，写出来后放到对应的章节，然后进行分析。学位论文的讨论部分一般是自己的研究结果和前人结果的对比和解释。只有在完成实验后才可以进行写作。中英文摘要和标题一般在正文写作完成后才撰写。

学位论文也是修改出来的，在写作的过程中要不断地修改，使其错误减少、语句通顺，然后才可以定稿。

第三节 科技论文的 Word 排版技巧

一、标题

对于每一章的标题可以选择使用标题的样式。打开 Word 文件，选择每一章的标题，在"开始"—"样式"中选择标题 1 就可以。如果是每一章下面的节，就选择每一节的标题，在"开始"—"样式"中选择标题 2 就可以，依次类推。

如果论文很长，有多章，需要对每一章进行排序。此时，打开 Word 文件，选择每一章的标题，在"开始"—"段落"中，选择编号 1、2、3 就可以。每一章的标题就可以自动排序。只有对各章的标题进行排序之后，各章中的图片、表格、公式等内容才能够以 1-1、1-2 等序号自动排序。如果某一章的标题没有自动排序，这一章中图片、表格、公式等内容则以 0-1、0-2 等序号自动排序。

二、图和表

1. 图的排序

如果学位论文比较长，有章节之分，含有的图片和表格很多，这个时候需要对图和表进行排序。在第一章内所有的图片用"1-1""1-2"等编号，第二章内所有的图片用"2-1""2-2"等编号。否则，每一次修改，图表都需采用手工排序，会非常辛苦，浪费大量的时间。可以按照下列步骤进行图片的排版。

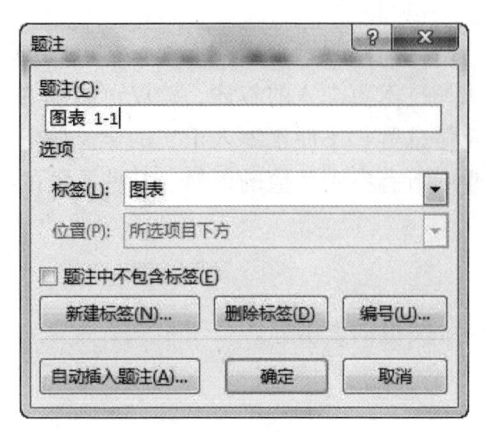

图 9-5　题注窗口

首先，插入图片，打开"引用"—"插入题注"，弹出一个题注窗口（图 9-5）。

在图 9-5 所示窗口上点击"新建标签(N)"，弹出如图 9-6 所示的窗口，在标签下方的文本框内输入"图"，如图 9-7 所示，点击"确定"。回到题注窗口，点击题注窗口上的"确定"按钮（图 9-8），就可以在图片下方插入图片的名称等内容。

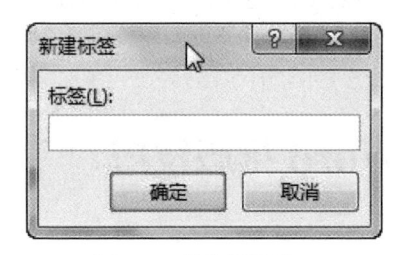

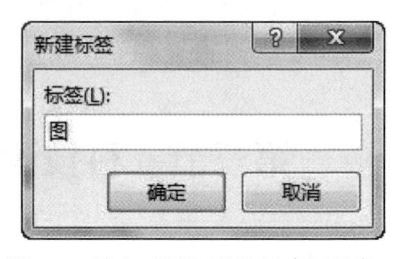

图 9-6　新建标签窗口　　　　图 9-7　输入"图"后的新建标签窗口

在如图 9-8 所示的题注窗口点击"编号"，会弹出题注编号窗口。如果不点击"包含章节号(C)"左侧的小正方形没有出现对号（图 9-9）。点击"确定"按钮，图片会以"图 1""图 2"…的格式进行排序。这种情况适合单篇单章论文中图片的排版。

如果点击"包含章节号(C)"左侧的小正方形，出现对号（图 9-10）。在"章节起始样式(P)"选择对应的标题类型，选择标题 1，点击"确定"。如果章的标题有自动排序，第一章的图片就会以对应的"图 1-1""图 1-2"等来编号，第二章的图片以对应的"图 2-1""图 2-2"等来编号。如果图片所在的那一章的标题没有自动排序，就会将图片以"图 0-1""图 0-2"等编号。

图 9-8　增加了标签"图"的题注窗口　　　图 9-9　不包含章节号的题注编号窗口

图在正文的引用位置，可以通过"引用"—"插入题注"—"交叉引用"来自动输入。光标放到正文中需要引用的位置，打开"交叉引用"窗口，选择引用类型"图"，引用内容选择"仅标签和编号"（图 9-11），选择对应的图片，点击"插入(I)"按钮就可以将图片的标签和编号自动插入正文中。

通过这种方式排列的图片，如果在修改过程中插入或者删除某一张图片后，仅需要同时按住"Ctrl"和"A"选择全部内容，点击鼠标右键，弹出如图 9-12 所示的窗口，点击"更新域(U)"，

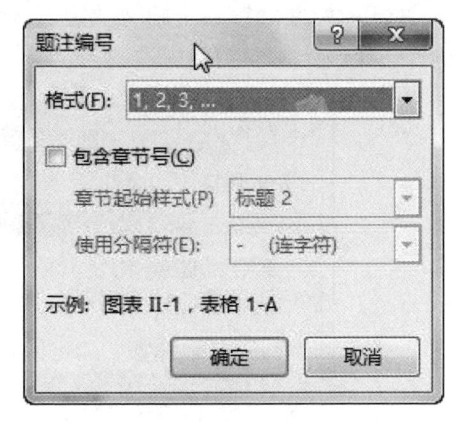

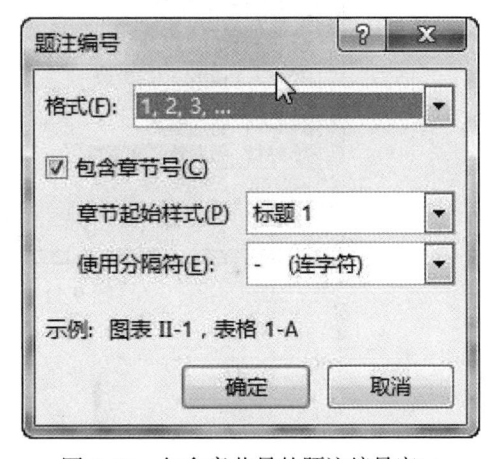

图 9-10　包含章节号的题注编号窗口

弹出如图 9-13 所示的窗口，点击"确定"按钮，所有的图片在正文引用的位置就会重新自动排序。

此外，论文中需要的图片一般要求分辨率不低于 300 dpi，因为从网络直接截屏的分辨率比较低，不符合出版的要求。可以采用 Adobe illustrator 或 Photoshop 等软件来绘制分辨率的图片。关于绘制的技巧，这里就不再详细介绍，感兴趣的读者可以自学。

2. 表的排序

表格的排序和图片的排序很类似。也是打开"引用"—"插入题注"，在题注窗口中的"标签(L)"一行选择"表格"（图 9-14），点击"确定"，就会出现"表格 1""表格 2"…的排序，删掉"格"字，添加表的名称就可以。也可以新建标

签，在新建标签的窗口上输入"表"，然后添加表的编号和题注。这样就不用删除"格"字了。

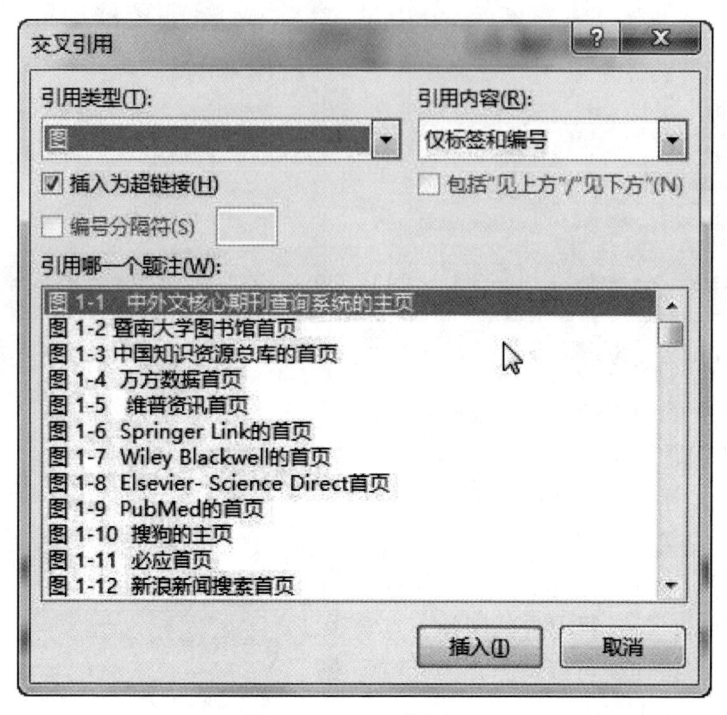

图 9-11 交叉引用窗口

图 9-12 右键弹出窗口

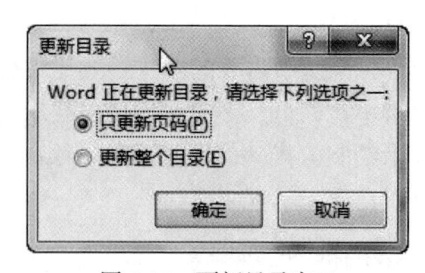

图 9-13 更新目录窗口

在图 9-14 所示窗口上点击"编号(U)"按钮，弹出"题注编号"窗口（图 9-15）。勾选"包含章节号(C)"，选择章的样式，如果章是标题 1，就在"章节起始样式(P)"

选择"标题 1",如果是标题 2,就选择"标题 2",点击"确定",就会出现对应章节的表格排序"表格 1-1""表格 1-2"等。

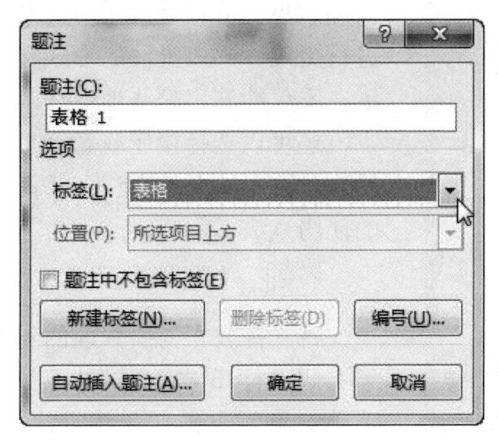

图 9-14 题注窗口

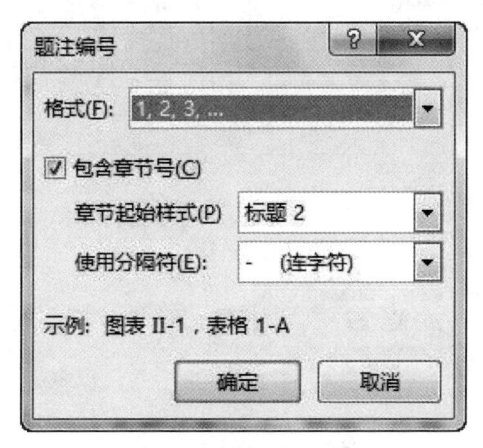

图 9-15 题注编号窗口

公式排序的方法大致相同,只需在题注窗口的"标签(L)"中选择"公式"(图 9-16),点击"确定"按钮,就可以对公式以"公式 1""公式 2"…的顺序进行自动排序。点击编号,选择包含章节号,选择章节起始样式中的标题样式,就可以将各章公式以"公式 1-1""公式 1-2"…的顺序进行自动排序。

论文完成后,如果需要自动生成图、表或公式的目录,可以在目录页的位置自动生成。依次点击"引用"—"插入表目录",打开如图 9-17 所示的窗

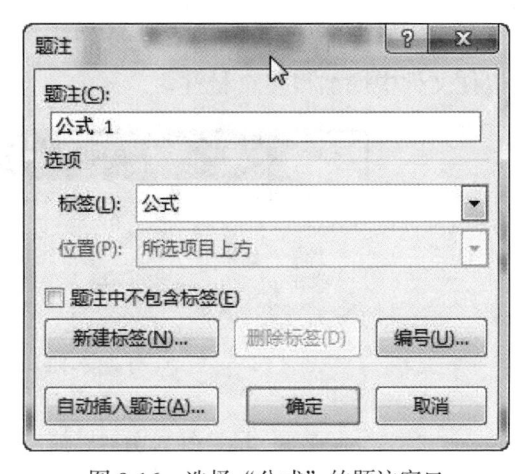

图 9-16 选择"公式"的题注窗口

口,在"题注标签(L)"中,选择对应标签(图表或公式),点击"确定"按钮,就可以自动插入图、表或公式的目录。有了图、表或公式的目录,就非常容易定位图、表或公式的位置,而且这样排版的图表不容易出错。

三、Word 文档中的审阅

因为论文是改出来的,甚至多人之间互相修改。此时,为了显示不同作者修改的地方,可以使用 Word 的审阅功能。Word 的"审阅"菜单下有"新建批注"

和"修订"。批注是间接显示在文档中的信息，是对文章的建议和意见。修订是直接对文章进行更改，并以批注的形式显示，不仅能看出哪些地方修改了，还可以选择接受或者不接受修改。下面介绍批注和修订的使用方法。

1. 批注

将光标放在需要修改的句子右侧，打开"审阅"的下拉菜单，继续点击"新建批注"（图 9-18），就会在右侧出现批注，继续输入修改建议就可以。

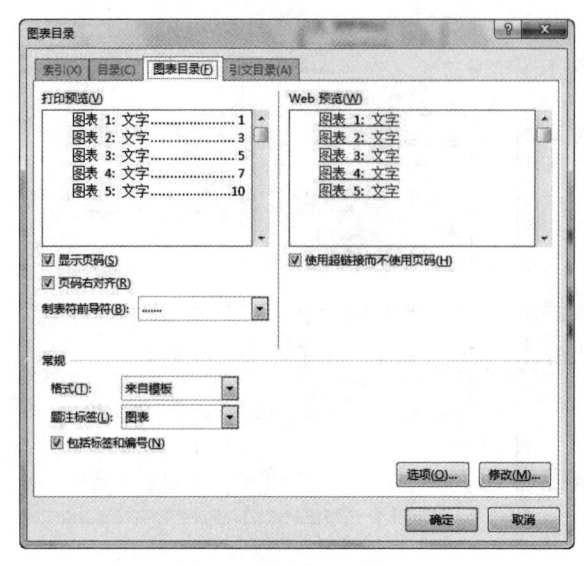

图 9-17　图表目录窗口

例如，编者在批注中输入了"先介绍修订功能。"（图 9-19）。按照同样的方式，可以往文件中增加很多个批注。

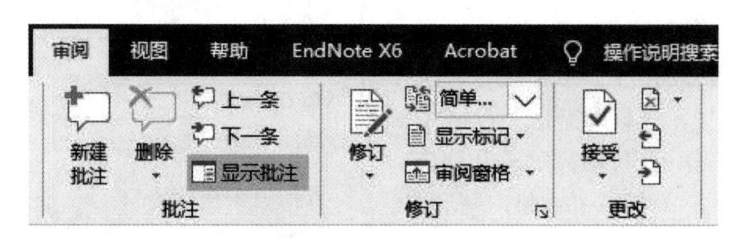

图 9-18　新建批注

图 9-19　输入批注的内容

另外一个作者要修改时，就可以点击"答复"，回答每一个批注。全部修改后，就可以依次点击"删除"——"删除文档中的所有批注(O)"（图 9-20），删除所有的批注，完成文章的修改。

也可以逐个删除批注。删除过程：点击批注框，然后继续点击图 9-18 中的"删除"就可以。也可在批注框内点击，然后打开右键的下拉菜单（图 9-21），选择"删除批注(D)"，就可以删除单个批注。

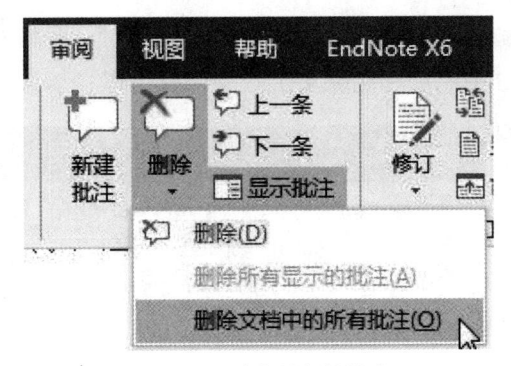

图 9-20　删除所有的批注

图 9-21　批注框的右键菜单

2. 修订

打开 Word 文档，点击"审阅"，此时"修订"无底色，是正常书写状态。在"修订"上方的草稿纸图标上点击，当"修订"的底色出现深灰色时，就可以进行修订（图 9-22）。也可以点击"修订"下方的倒三角形，打开"修订"的下拉菜单，选择"修订",让"修订"的底色出现深灰色。修订时,右侧第一行要选择"所有标记",随后在 Word 中添加和删除文字等操作就可以自动显示为红色。

图 9-22　"修订"变成灰色

当另一个合作者打开了启用修订功能的文件后,点击"审阅"—"接受",逐条校对,决定是否接受修订,如接受就选择"接受",不接受就点击"拒绝"。"接受"右侧的左箭头和右箭头分别选择上一个修订和下一个修订。点击"接受"右侧的红色×,表示拒绝接受修订。最后可以选择"接受所有更改并停止修订(S)",结束文档的修订状态(图 9-23)。Word 的审阅功能非常方便多人协作修改一个文件。

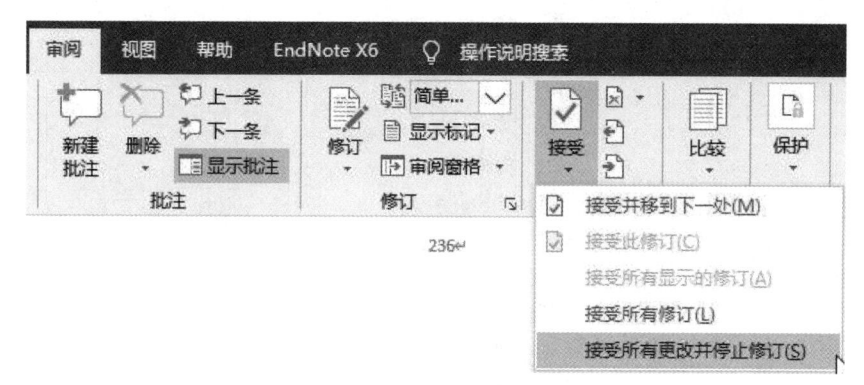

图 9-23　接受所有更改并停止修订

第四节　如何投稿

一、选择刊物

不同刊物发表文章的领域和类型也不同。在论文完成后往往需要选择适合的刊物进行投稿。如果有经验、经常投稿,可以知道不同刊物的喜好。假如是第一次投稿,往往不知道该如何选择刊物。这时可以借助于 CNKI 数据库,查阅关键词，看相关的文章都发表在哪些刊物上，然后选择对应的刊物。一般先浏览近几期刊物发表文章的类型，查找征稿启事或者作者指南，按照要求来修改论文，修改好以后就可以投稿。投稿之前必须写投稿信。

二、写投稿信

投稿信的写作类似一般信件的写作，应向编辑说明所投文章的标题、论文主要的内容、创新点和新颖之处及作者的联系方式等信息。举例如下。写好投稿信之后，就可以进行投稿了。

投 稿 信

尊敬的编辑：

您好！

冒昧打扰了。我是XX大学XXX系的XXX。

今向贵刊投《XXXXXXXXX》一文。

本文主要报道或论述了……

本文的创新性和新颖性主要体现在……

本文如能在贵刊发表，我将感到非常高兴！

文中的不妥和错误之处还请您多多指正和修改。

祝：

工作顺利！

生活幸福！

此致

敬礼

作者姓名
20XX-XX-XX

作者的通讯地址为：

XX省XX市XX区XX路XX号

单位名称

邮编：XXXXXX

电话：XXXXXXXXXX

E-mail：XXXXXX@163.com

三、投稿的方式

不同的刊物有不同的投稿方式，大致有三种：邮寄纸质版投稿、E-mail 信箱投稿、通过投稿网站进行投稿。需要根据刊物的要求方式进行投稿。

当采用纸质版的投稿方式时，需要将投稿信、稿件等装到信封里，通过邮局或快递公司邮寄出去。有的刊物还要求必须同时邮寄写好地址、贴好邮票的回邮信封，方便通知审稿结果。

E-mail 信箱投稿的方式相对比较简单，十分节省时间。一般是将投稿信的内容贴到邮件正文中，稿件以附件的方式发送。点击"发送"按钮就完成了投稿。

通过投稿网站进行投稿的方式相对比较复杂，一般需要先申请一个投稿账号，然后按照投稿的步骤，将标题、摘要、正文、图片等内容粘贴到对应的位置，完成预览，最后提交，完成投稿。

完成投稿以后，一般会收到一个收稿通知，说明稿件的编号、审稿费的多少和审稿期限。审稿期限长短不一，一般需要 1~3 个月。如果过了这段时间稿件还没有消息，就可以自行处理。如果需要审稿费，可以通过邮局或者银行汇款到编辑部指定账号。

四、如何对待退稿

当稿件投出去后，稿件的审理一般有三个结果：退稿、修改后重投、修改后发表。当收到退稿信的时候，投稿者要正确对待。

退稿的原因有很多种，如选择的期刊不对、所投期刊不发表这类文章等。此时可以考虑投到其他更适合的刊物。还有可能是论文写作的表述方式有歧义，使读者难以理解。此时，需要对论文进行认真修改。被退稿的文章，存在许多可以修改完善的空间，常可以通过修改变成一篇高质量的论文。如果接到退稿信后只是伤心郁闷，抱怨审稿专家的水平，论文是不会被发表的。唯有投身于修改，才会提高文章发表的可能性。

五、如何对待修改稿

收到修改后重投或修改后发表的回信，一般是好消息，起码说明论文的选题还是得到编辑部肯定的。此时要认真阅读评审意见。

评审意见绝大部分是指出现有文章中的不足。要以宽容的心态面对那些比较尖锐的评审意见，以感恩的心接受全部的评审意见。对每一条评审意见给出答复是处理评审意见的常用方式。对于正确的意见，要有针对性地进行修改、补充，并在修改说明中详细说明修改的位置及内容。对于不全正确的意见，要给予适当的并能让评审者接受的解释。

逐条答复修改意见，认真修改论文，可以保证论文具有更好的可读性，也更容易为评审者接受。一篇论文一般要经过2或3位审稿专家的1或2次审稿，加上编辑部的修改，最后才能定稿发表，所以文章是经过很多人的努力才呈现在读者眼前的。

第十章 论文查重、SCI 影响因子、SCI 期刊分区与 CSCD

想依靠复制和粘贴来完成论文的"写作"。为了避免这种情况的发生，硕士论文和博士论文一般在送审之前要经过查重。重合率低于一定比例（一般为 10%）的论文才能够送审。高于这个比例的论文需要继续修改，然后才可以送审。科研单位和高等院校鼓励科研人员在 SCI 影响因子高的期刊上发表论文，在投稿之前需要先了解各刊物的 SCI 影响因子。本章主要介绍如何查重和查找刊物的 SCI 影响因子等内容。

本章思维导图：

```
论文查重、SCI影响因子、SCI期刊分区与CSCD
├── 1.论文查重
│   ├── CNKI学术不端文献检测系统
│   ├── 维普论文检测系统
│   ├── 万方数据论文相似性检测服务
│   ├── PaperPass
│   ├── PaperFree
│   └── turnitin查重网站
├── 2.SCI影响因子及其查找
│   ├── SCI影响因子的概念
│   └── SCI影响因子的查找
├── 3.SCI期刊分区及其查找
│   ├── SCI期刊分区的概念
│   ├── SCI期刊分区的电脑查找
│   └── SCI期刊分区的手机查找
└── 4.CSCD的概念及其查找
    ├── CSCD的概念
    └── CSCD的查找
```

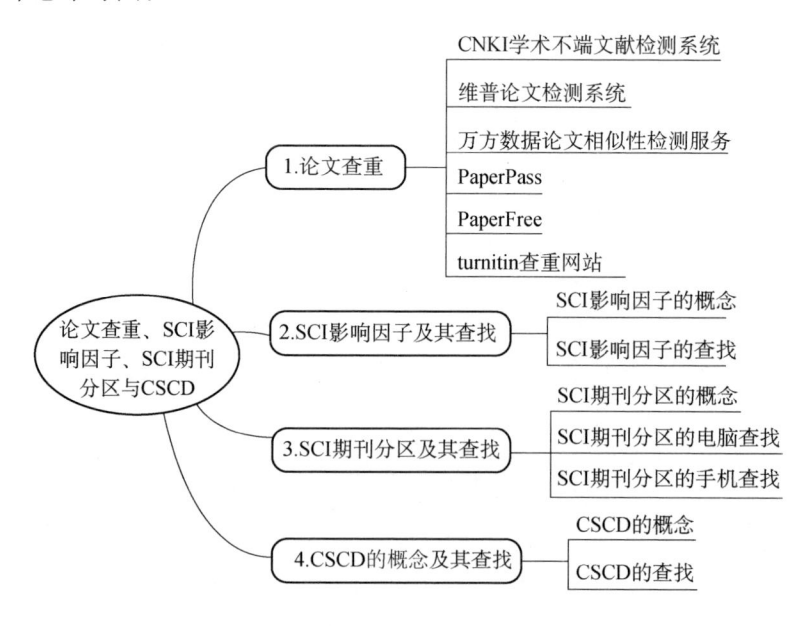

第一节 论文查重

论文查重就是指对论文的相似性进行对比，避免有的作者通过复制和粘贴等来完成论文的"写作"。通过查重可以把一些重合度高的论文筛选出来。

以前，论文的查重都是人工识别，通过阅读两篇论文，发现重合度高，就可以判断是学术不端行为。现在论文的查重可以通过电脑进行。电脑查重是根据语句的相似性来判断。如果重合率高，就说明相同的内容太多。目前的查重系统主要有 CNKI 学术不端文献检测系统、维普论文检测系统、万方数据论文相似性检测服务和 turnitin 查重网站等，可以对中文和英文论文进行查重。

一、CNKI 学术不端文献检测系统

CNKI 学术不端文献检测系统是由中国学术期刊（光盘版）电子杂志社与清华同方知网共同研制的，已经在国内高校进行试用和推广，用于辅助高校管理学生论文，监控论文中是否存在抄袭和剽窃等学术不端行为，帮助提高论文质量。中国学术期刊网络出版总库收录了期刊、学位论文、会议论文、报纸、年鉴、工具书、专利、外文文献、学术文献引文等相关的主要资源。CNKI 学术不端文献检测系统以中国学术期刊网络出版总库为比对资源。检测的方法是比对提交的论文和已经发表的文章，如果有一个句子相同，哪怕有一些改写，都能检测出来。该系统的使用需要收费，一般由机构购买使用。

例如，通过暨南大学的图书馆进入 CNKI 的首页，在最下面找到如图 10-1 所示的"软件产品"，点击"学术不端文献检测系统"，进入 CNKI 科研诚信管理系统研究中心页面（图 10-2）。

图 10-1　学术不端文献检测系统入口

图 10-2 CNKI 科研诚信管理系统研究中心页面

在如图 10-2 所示的页面，点击"大学生论文检测系统"，进入如图 10-3 所示的页面，然后输入用户名、密码、验证码，点击"登录"进入，用户名和密码一般由学校申请。

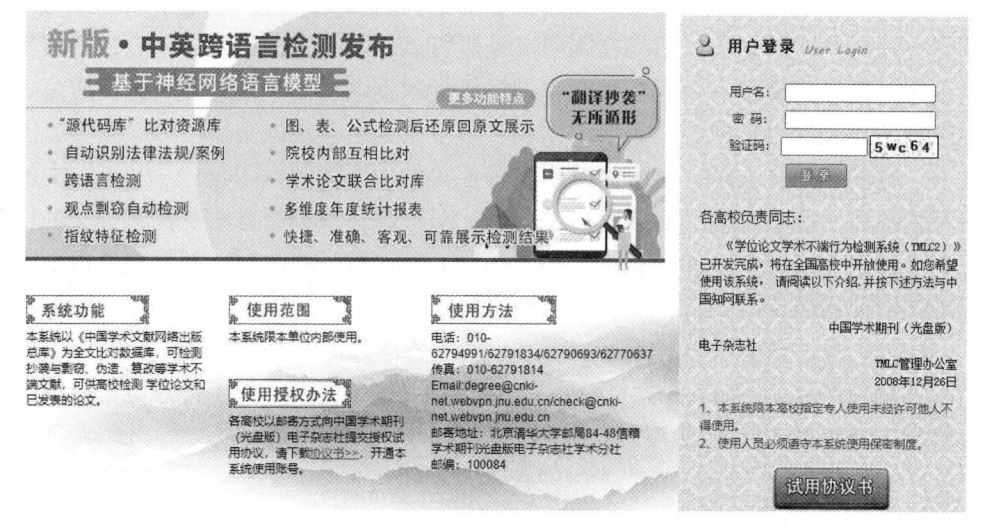

图 10-3 CNKI 大学生论文检测系统页面

从这个网页可以看到，这个检测系统主要是由学生管理部门给每个大学生分配账户和密码，然后让学生对自己的论文进行检测。这个系统需要机构购买后才可以提供给学生使用。管理部门入口是学校对论文进行检测的一个端口，需要申请付费账户和密码，这个账户和密码是不公开的。管理部门也可以在 CNKI 科研诚信管理系统研究中心的首页，点击"学位论文学术不端行为检测系统"，进入学位论文学术不端行为文献检测系统，在这个页面输入用户名和密码进入后，才可以对硕士生和博士生提交的学位论文进行检测。

第十章 论文查重、SCI 影响因子、SCI 期刊分区与 CSCD

此外，在 CNKI 科研诚信管理系统研究中心首页，点击"科技期刊学术不端文献检测系统（AMLC）"，进入如图 10-4 所示的页面，在这个页面输入用户名、密码、验证码进入后，才可以进行论文检测。科技期刊学术不端文献检测系统（AMLC）主要是国内相关杂志的编辑部使用，在收到作者的投稿之后对收到的稿件进行检测，如果作者所投稿件重合率太高（超过 10%），就可以直接拒稿。

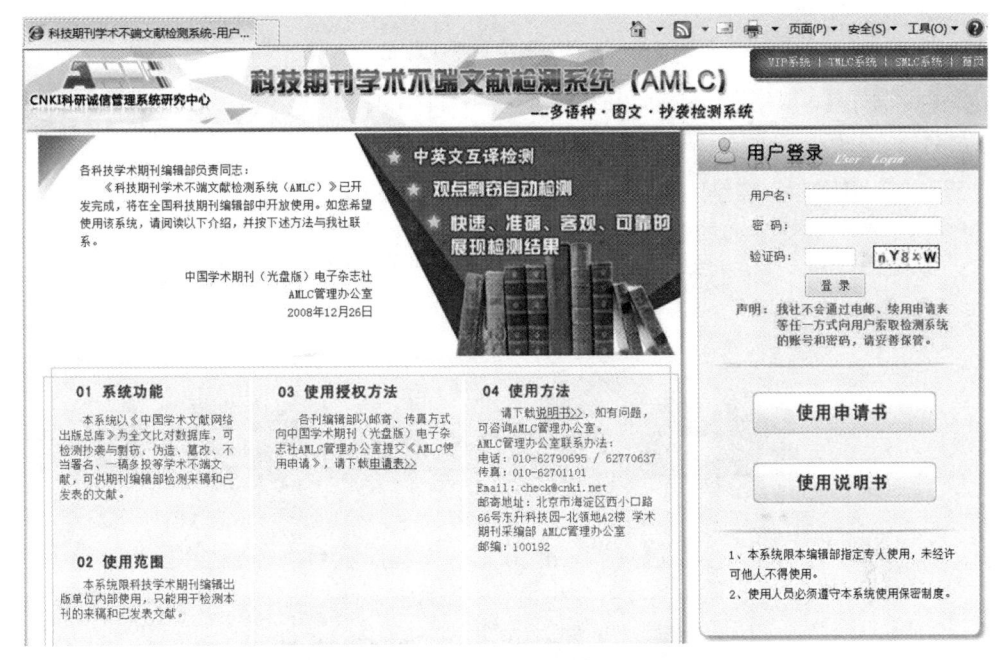

图 10-4 科技期刊学术不端文献检测系统首页

从上面的介绍可以看出，CNKI 学术不端文献检测系统可以辅助高校及其他单位对论文的质量进行评估，为审查论文提供技术服务。检测系统在对学位论文进行检测之后，生成检测报告，为判断学位论文性质提供相关依据。此外，编辑部和人事部门等可利用该系统快速地对稿件抄袭、伪造、一稿多投、不正当署名、一个成果多篇发表等多种学术不端行为进行检测，节省时间。

二、维普论文检测系统

维普资讯（http://www.cqvip.com/）也建立了一个论文检测系统，在首页下方点击"论文检测系统"（图 10-5），进入如图 10-6 所示的页面。也可以在浏览器地址栏中输入网址：http://vpcs.cqvip.com/，进入图 10-6 所示的页面。

图 10-5　维普论文检测系统的链接入口

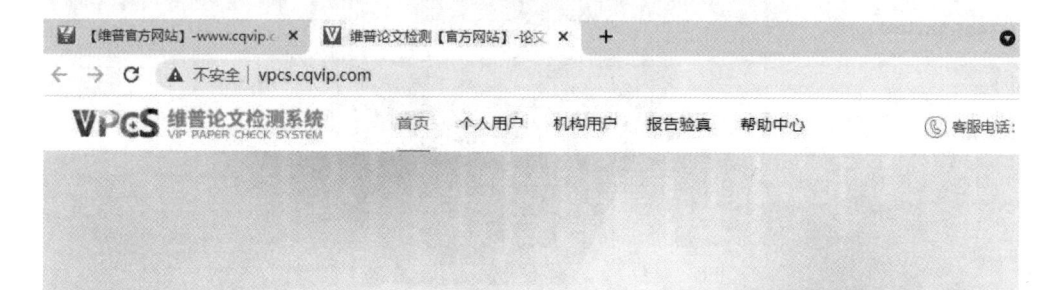

图 10-6　维普论文检测系统的首页

在如图 10-6 所示的页面，有"我是个人用户"和"我是机构用户"两个链接。可以根据身份进行选择。

点击"我是个人用户"，进入如图 10-7 所示的页面。在这个页面上有"大学生版""研究生版""编辑部版""职称版"4 个链接可以选择。例如，点击"大学生版"，进入如图 10-8 所示的页面，按顺序输入题目、作者等信息，然后上传文档，点击"下一步"，就可以进行检测。之后根据网页提示就可以完成对论文的查重和获得查重报告。具体的操作步骤读者可以在网站上进行尝试，这里不再进行详细介绍。

第十章 论文查重、SCI 影响因子、SCI 期刊分区与 CSCD

图 10-7 点击"我是个人用户"后的页面

图 10-8 维普论文检测系统的上传页面

在维普论文检测系统的首页点击"我是机构用户",进入如图 10-9 所示的页面,在页面的下半部分有维普论文检测系统的合作伙伴等信息。

例如,点击"大学生版",会出现一个登录窗口,显示账户名和密码(图 10-10)。这个系统的账户名和密码是合作机构分配给学生使用的,输入就可以进入检测页面。

图 10-9　维普论文检测系统的机构版页面

图 10-10　登录入口

在如图 10-8 所示的页面上，选择"编辑部版"，在下方的"题目"和"作者"中输入相关信息，然后选择文件并上传，按照步骤，就可以进行检测（图 10-11）。

第十章　论文查重、SCI 影响因子、SCI 期刊分区与 CSCD

图 10-11　维普论文检测系统的编辑部版

三、万方数据论文相似性检测服务

从暨南大学图书馆首页进入万方数据的首页，在首页下方可以看到如图 10-12 所示的服务。点击"万方检测"的链接，就可以进入如图 10-13 所示的页面。

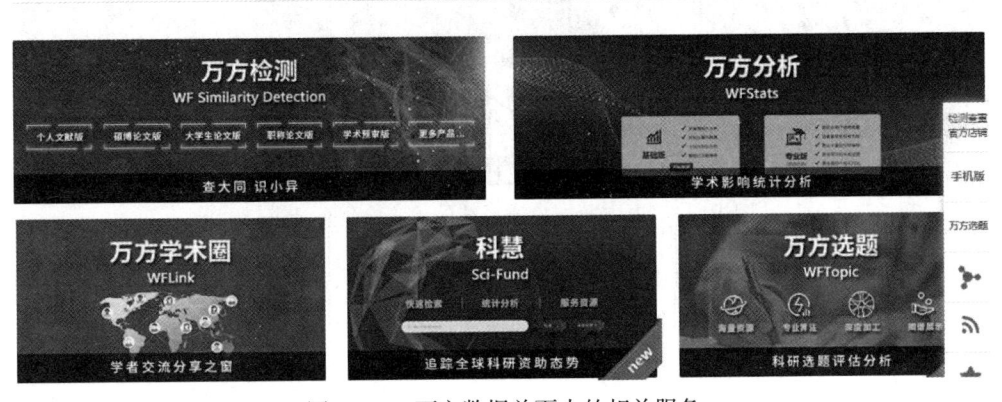

图 10-12　万方数据首页中的相关服务

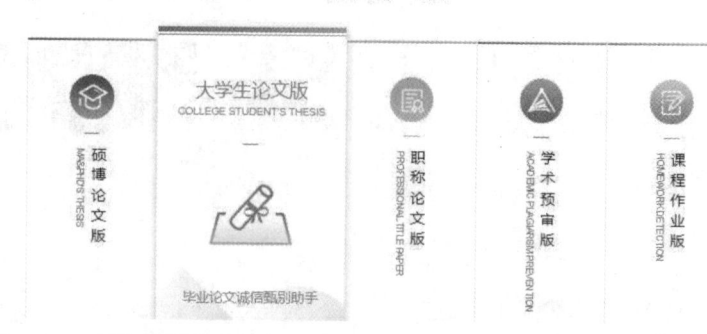

图 10-13　万方数据论文相似性检测服务页面

在如图 10-13 所示的页面有"个人用户专属"和"机构用户专属"。点击"机构用户专属"下方的"大学生论文版",进入如图 10-14 所示的登录入口,输入用户名和密码就可以进入。用户名和密码一般是学校和万方数据合作后,分配给学生使用的。

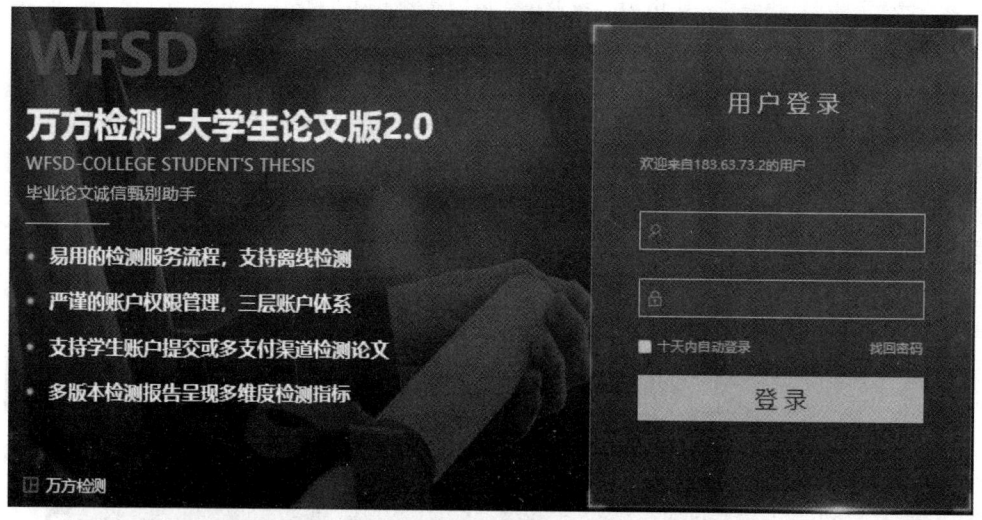

图 10-14　万方数据检测系统的单篇检测登录窗口

对于中文文献,在 CNKI 学术不端文献检测系统、维普论文检测系统、万方数据论文相似性检测服务 3 个系统中,选择使用一个系统检测就可以了,没有必要全部使用。

四、PaperPass

国内还有一个应用于高校及科研机构的反剽窃网站 PaperPass,其网址是

第十章 论文查重、SCI 影响因子、SCI 期刊分区与 CSCD

https://doc.paperpass.com/。PaperPass 是值得信赖的中文原创性检查和预防剽窃的在线网站。它具有准确率高、重复部分真实标红、提供详细相似来源及修改意见等功能。PaperPass 的首页如图 10-15 所示。首次使用时，要进行免费注册，按照步骤申请账号后才可以使用。有了账户后，在 PaperPass 的首页上，点击"论文查重"，进入如图 10-16 所示的页面，点击右上角的"登录"按钮，输入账号和密码后进入查重页面（图 10-17）。

图 10-15　PaperPass 的首页

图 10-16　PaperPass 的论文查重页面

在图 10-17 所示的页面上显示了查重的价格。然后就可以在该页面的下面点击"⊕"，上传文件，点击"提交检测"就可以完成论文查重（图 10-18）。

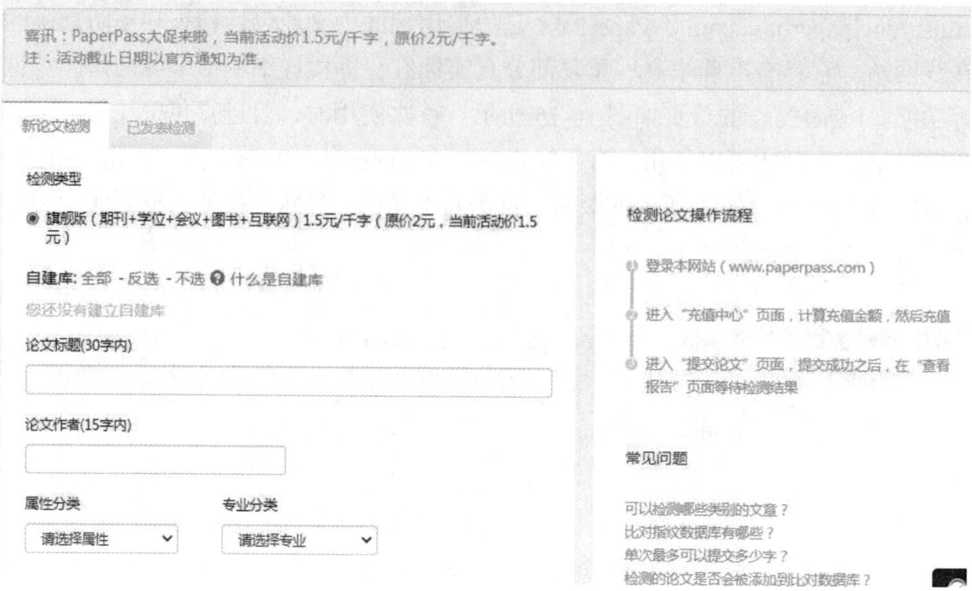

图 10-17　PaperPass 的论文查重（一）

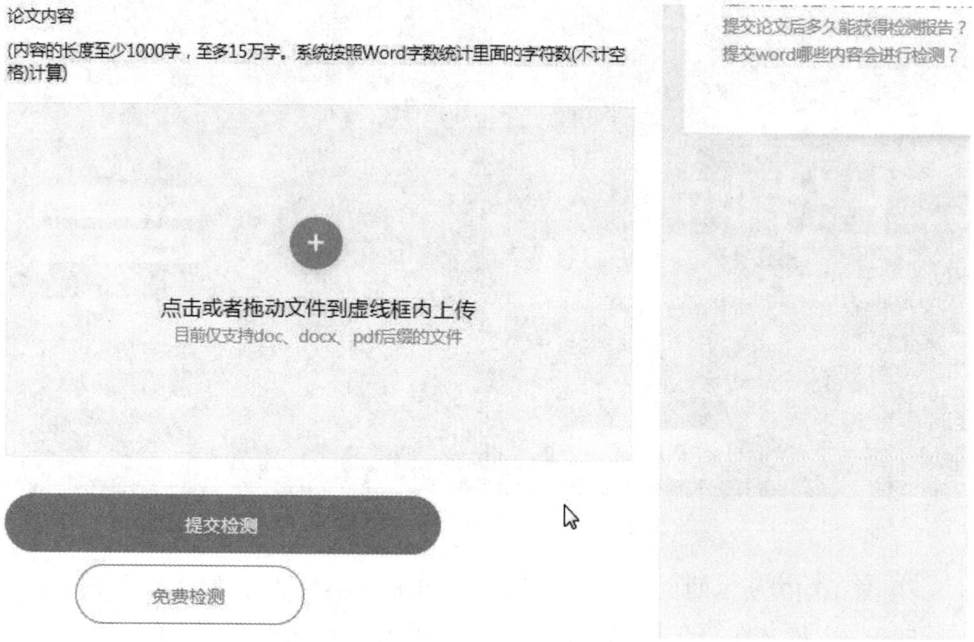

图 10-18　PaperPass 的论文查重（二）

五、PaperFree

PaperFree 是湖南写邦科技有限公司开发的一个论文相似度检测软件，支持所

第十章　论文查重、SCI 影响因子、SCI 期刊分区与 CSCD

有语种的论文检测，如中文（简/繁）、英文、日文、法文、德文等，网址为 https://www.paperfree.cn/。

PaperFree 的首页见图 10-19。第一次使用时，可以使用手机注册一个账号，然后点击"论文查重"进入图 10-20 所示的提交论文页面。在该页面上，输入论文标题和论文作者，导入论文，点击该页面下方的"提交检测"按钮（图 10-21），就可以完成检测。PaperFree 还支持机器人降重、在线改重，可以自动降低文章相似比例，并且在同一界面上一边修改一边检测，即时反馈查重结果，使用户体验、查重效率翻倍。但是这种服务需要收费。

图 10-19　PaperFree 的首页

图 10-20　PaperFree 的提交论文页面（一）

图 10-21　PaperFree 的提交论文页面（二）

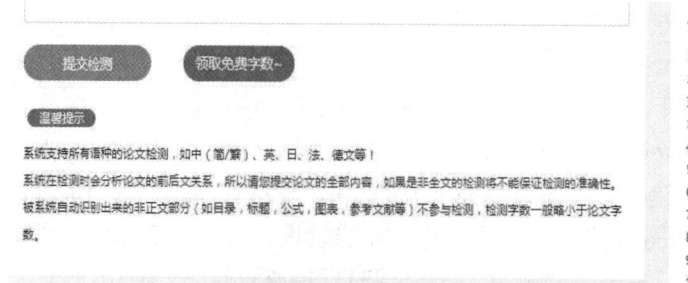

六、turnitin 查重网站

国外早已有广泛应用于高校及科研机构的反剽窃网站，其中最为出色、应用最广泛的是 turnitin，其网址是 http://www.turnitin.com/。它是全球第一个检测剽窃行为的网站。在使用高峰期每天可收到 2 万篇论文。这个网站的使用需要申请账号，也需要收费。turnitin 论文检测系统的首页如图 10-22 所示。

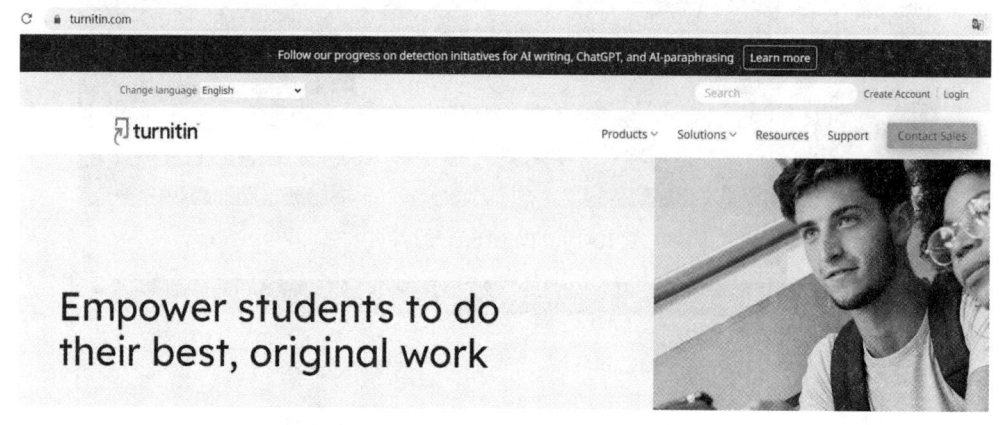

图 10-22　turnitin 论文检测系统的首页

第一次使用时，点击首页上的"Create Account"，进入图 10-23 所示的页面，在这个页面选择用户的身份，然后按照步骤创建一个账号。例如，点击"Student"，进入图 10-24 所示的页面，输入相关的信息，申请账号和密码。以后每次输入账号和密码即可登录使用。

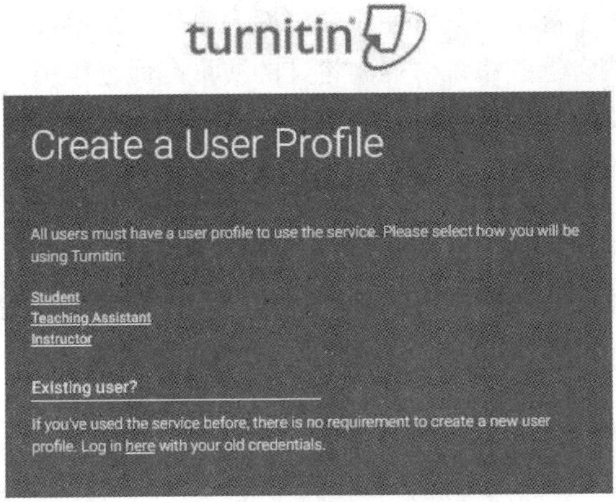

第十章 论文查重、SCI 影响因子、SCI 期刊分区与 CSCD

图 10-23 turnitin 论文检测系统的注册页面（一）

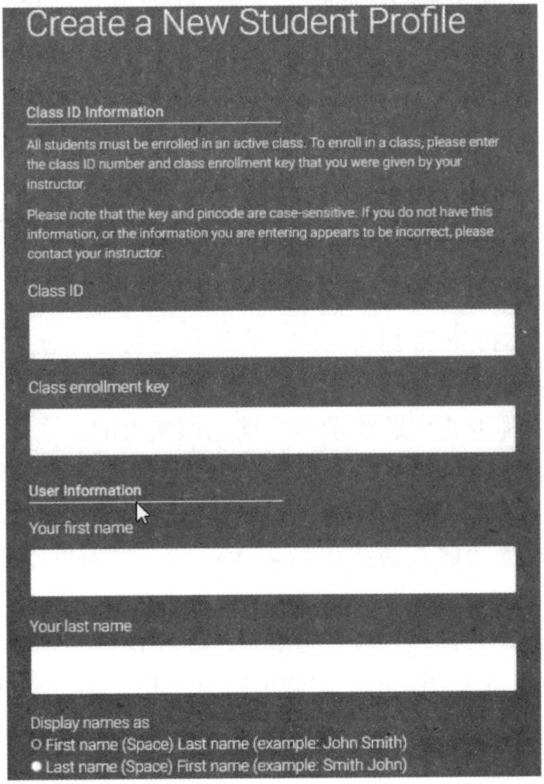

图 10-24 turnitin 论文检测系统的注册页面（二）

通过本节介绍的这 6 个常用的论文相似性检测系统可以完成对中英文论文的查重（这种查重检测都是收费的）。这些系统可以说是人工智能在论文相似性比较方面的运用。在这些系统的协助下，可以将不合格的中文和英文论文筛选出来。

因此对作者的要求更高了，只有使用原创性的语句，采用自己语言风格的论文，才不害怕论文检测。这些系统对提高论文的质量有促进作用，因为所有的复制和粘贴都逃不过人工智能的检测。在监管严格的情况下，通过复制和粘贴来完成的论文数量会大幅减少。

第二节 SCI 影响因子及其查找

一、SCI 影响因子的概念

科研单位和高等院校一般鼓励科研人员在 SCI 影响因子高的期刊上发表论文。那么，什么是 SCI 期刊的影响因子（impact factor，IF）呢？

IF 是 Thomson Reuters 出品的期刊引证报告（Journal Citation Report，JCR）中的一项数据，是指该期刊近两年来的平均被引率，即该期刊前两年发表的论文在评价当年被引用的平均次数。JCR 对包括 SCI 收录的 3800 种核心期刊（光盘版）在内的 8000 多种期刊（网络版）之间的引用和被引用数据进行统计、运算，并针对每种期刊定义了 IF 等指标加以报道。自 1975 年以来每年均定期发布 JCR。

例如，某一个刊物在 2014 年和 2015 年分别发表了 303 篇和 343 篇论文，两年合计发表 646 篇论文。这两年的论文于 2016 年在 Web of Science 数据库中被引用的次数分别为 17 813 次和 14 498 次，合计引用 32 311 次。那么，这个杂志的 IF 就是 32 311÷646=50.017。

IF 现已成为国际上通用的衡量学术期刊影响力的一个重要指标。它不但是一种衡量期刊有用性和显示度的指标，也是衡量期刊学术水平乃至论文质量的重要指标。一般来说，一种刊物的 IF 高（即其刊载的文献被引用率高），一方面说明这些文献报道的研究成果影响力大；另一方面也反映该刊物的学术水平高。

因此，JCR 以其大量的期刊统计数据及计算的 IF 等指标而成为一种期刊评价工具。图书馆可根据 JCR 提供的数据制定期刊引进政策；论文作者可根据期刊的 IF 排名决定投稿方向。

二、SCI 影响因子的查找

目前 JCR 的网络版集合于 Web of Science 平台上，进入和查找路径及方法如下：进入暨南大学图书馆的首页，在常用数据库中找到 Web of Science 平台，点击进入 Web of Science 首页（图 4-5）。在 Web of Science 的首页最上方有一个"Journal

第十章　论文查重、SCI 影响因子、SCI 期刊分区与 CSCD

Citation Reports"的链接，点击进入 JCR 的首页（图 10-25），并可选择国家（图 10-26）。

图 10-25　JCR 的入口

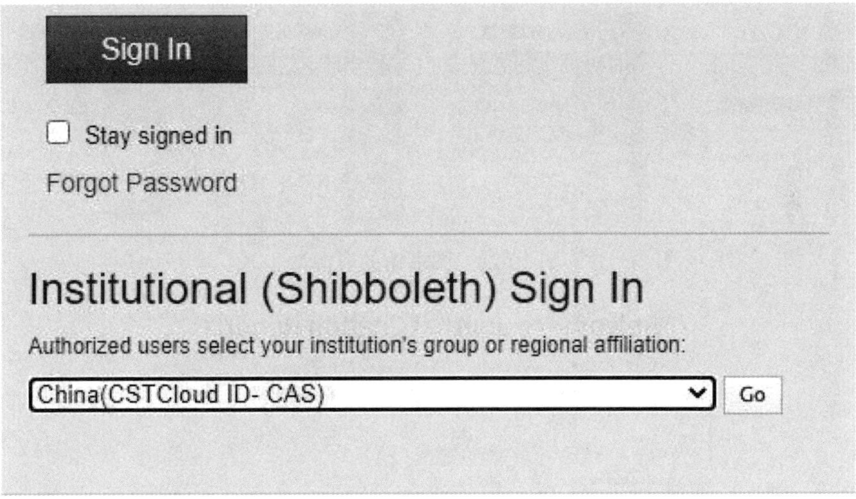

图 10-26　选择国家

现在从这个途径查找 JCR 需要申请账号，有点麻烦（图 10-27）。所以我们直接从 https://webvpn.jnu.edu.cn/ 上的图书馆资源点击"JCR"（图 10-28），进入如图 10-29 所示的页面。在这个页面上，可以通过输入杂志名称来检索。也可以直接点击"Browse by Journal"，可以看到各种杂志按照影响因子从高到低排序（图 10-30）。例如，排在第 14 名的是杂志 Nature，IF 是 42.779，第 15 名的是杂志 Science，IF 是 41.846（图 10-31）。

图 10-27　中国科技网通行证的登录

图 10-28　图书馆的资源

图 10-29　JCR 首页

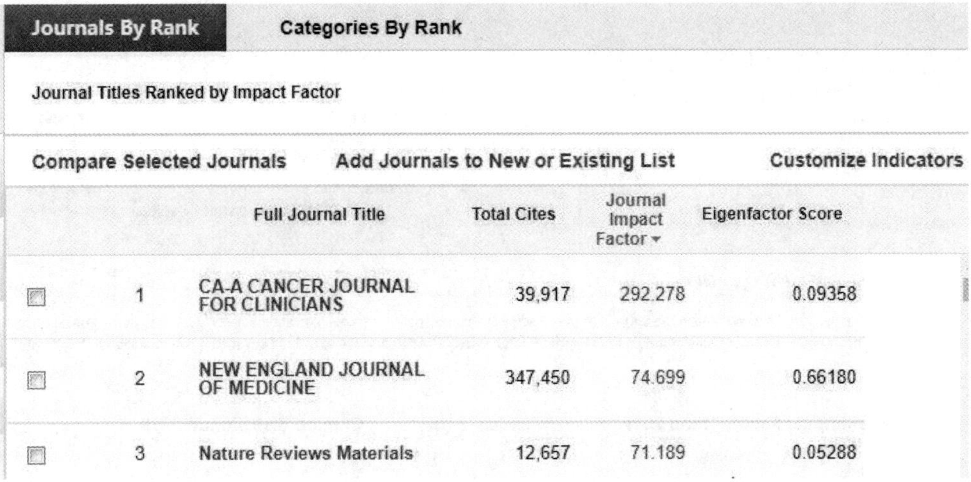

第十章 论文查重、SCI 影响因子、SCI 期刊分区与 CSCD

		Full Journal Title	Total Cites	Journal Impact Factor	Eigenfactor Score
☐	1	CA-A CANCER JOURNAL FOR CLINICIANS	39,917	292.278	0.09358
☐	2	NEW ENGLAND JOURNAL OF MEDICINE	347,450	74.699	0.66180
☐	3	Nature Reviews Materials	12,657	71.189	0.05288

图 10-30　杂志按影响因子从高到低排序

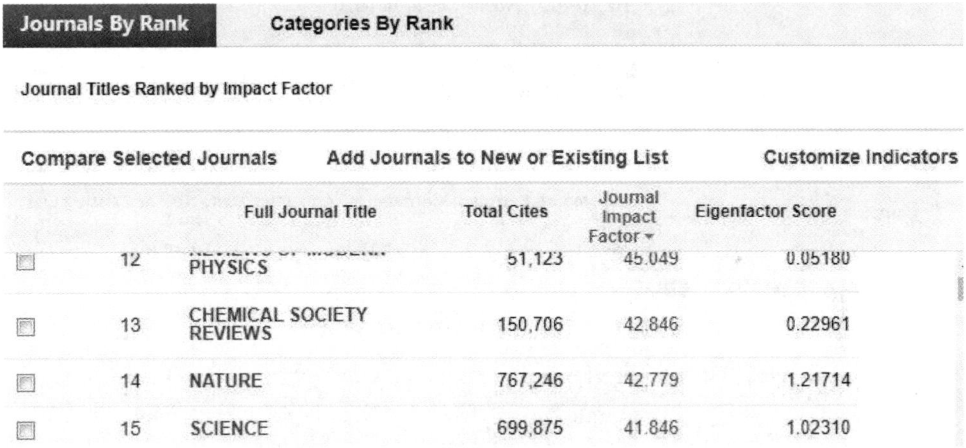

		Full Journal Title	Total Cites	Journal Impact Factor	Eigenfactor Score
☐	12	REVIEWS OF MODERN PHYSICS	51,123	45.049	0.05180
☐	13	CHEMICAL SOCIETY REVIEWS	150,706	42.846	0.22961
☐	14	NATURE	767,246	42.779	1.21714
☐	15	SCIENCE	699,875	41.846	1.02310

图 10-31　*Nature* 和 *Science* 的影响因子

在图 10-31 所示页面上点击"NATURE"，就会进入杂志的详细页面，显示杂志的语言、出版地址、出版频率等信息。例如，*Nature* 杂志每年出版 51 期。页面下方是 *Nature* 每年的影响因子（图 10-32）。

在图 10-33 所示页面左侧的搜索框内输入"MOLECULAR PLANT"，点击放大镜符号，进入图 10-34 所示的页面，显示刊物名含有"MOLECULAR PLANT"的所有杂志。点击"Molecular Plant"，进入详细信息（图 10-35）。

Molecular Plant 的出版地是"CHINA MAINLAND"。点击"CHINA MAINLAND"就可以将中国所有的 SCI 期刊全部导出（图 10-36）。2019 年，被 SCI 收录的中国刊物一共有 255 个（图 10-37）。点击杂志名称，就可以看到该期刊的 IF 等详细信息。

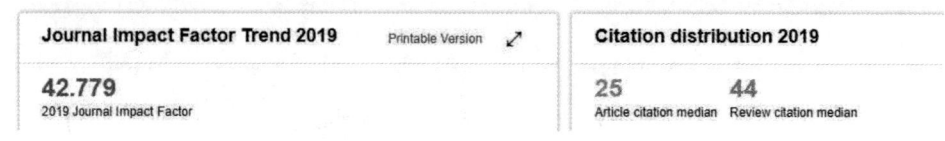

图 10-32　*Nature* 的详细信息

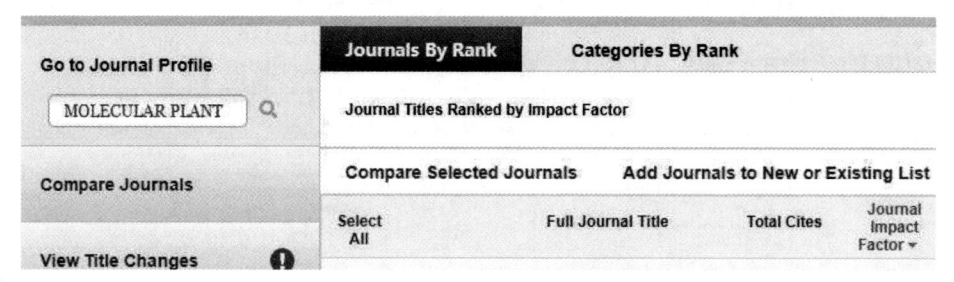

图 10-33　输入"MOLECULAR PLANT"

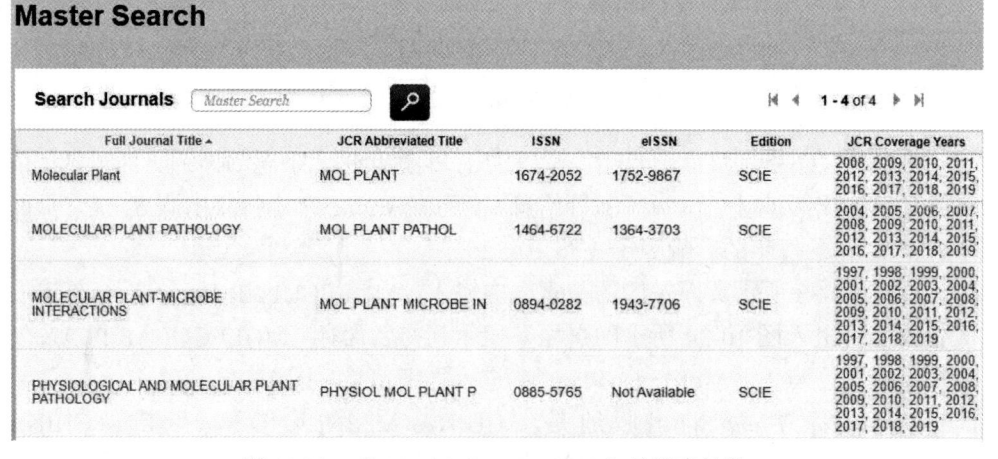

图 10-34　"MOLECULAR PLANT"的搜索结果

第十章 论文查重、SCI 影响因子、SCI 期刊分区与 CSCD

Molecular Plant

ISSN: 1674-2052
eISSN: 1752-9867
CELL PRESS
50 HAMPSHIRE ST, FLOOR 5, CAMBRIDGE, MA 02139
CHINA MAINLAND

Go to Journal Table of Contents   Go to Ulrich's   Printable Version

TITLES
ISO: Mol. Plant.
JCR Abbrev: MOL PLANT

CATEGORIES
PLANT SCIENCES -- SCIE
BIOCHEMISTRY & MOLECULAR BIOLOGY -- SCIE

LANGUAGES
English

PUBLICATION FREQUENCY
12 issues/year

Current Year   2018   2017   All Years

The data in the two graphs below and in the Journal Impact Factor calculation panels represent citation activity in 2019 to items published in the journal in two years. They detail the components of the Journal Impact Factor. Use the "All Years" tab to access key metrics and additional data for the current year years for this journal.

Journal Impact Factor Trend 2019   Printable Version
12.084

Citation distribution 2019   Printable Version
7   9.5

图 10-35   *Molecular Plant* 的详细信息

Select All		Full Journal Title	Total Cites	Journal Impact Factor	Eigenfactor Score
☐	1	CELL RESEARCH	16,237	20.507	0.03771
☐	2	National Science Review	2,775	16.693	0.00977
☐	3	FUNGAL DIVERSITY	4,577	15.386	0.00695
☐	4	Light-Science & Applications	7,659	13.714	0.02454
☐	5	Signal Transduction and Targeted Therapy	1,182	13.493	0.00338
☐	6	Nano-Micro Letters	3,393	12.264	0.00579
☐	7	Molecular Plant	11,432	12.084	0.02859
☐	8	Bone Research	1,679	11.508	0.00408
☐	9	Protein & Cell	3,772	10.164	0.00995
☐	10	Science Bulletin	5,172	9.511	0.01417

图 10-36   被 SCI 收录的中国大陆的刊物页面（一）

☐	249	Pacific Economic Review	436	0.500	0.00057
☐	250	RARE METAL MATERIALS AND ENGINEERING	3,436	0.485	0.00266
☐	251	PROGRESS IN BIOCHEMISTRY AND BIOPHYSICS	371	0.463	0.00060
☐	252	SPECTROSCOPY AND SPECTRAL ANALYSIS	2,624	0.452	0.00219
☐	253	ALGEBRA COLLOQUIUM	451	0.421	0.00104
☐	254	Annals of Economics and Finance	279	0.396	0.00032
☐	255	JOURNAL OF INFRARED AND MILLIMETER WAVES	516	0.355	0.00035

图 10-37　被 SCI 收录的中国大陆的刊物页面（二）

回到 JCR 的首页，如果想查找某一学科的综合 IF 及 IF 的中位数，可以点击学科的名称来查找这个领域内所有的期刊。

例如，点击如图 10-38 所示页面上的“BIOCHEMISTRY & MOLECULAR BIOLOGY ”，可以查找到 Biochemistry & Molecular Biology 学科多年来的所有刊物数目及这个学科的影响因子（图 10-39）。

Journals By Rank　　Categories By Rank

All Journal Categories ranked by Number of Journals

Customize Indicators

	Category	Edition	#Journals	Total Cites	Median Impact Factor	Aggregate Impact Factor
1	ECONOMICS	SSCI	373	1,116,324	1.411	2.219
2	MATHEMATICS	SCIE	325	565,491	0.794	0.993
3	MATERIALS SCIENCE, MULTIDISCIPLINARY	SCIE	314	5,001,499	2.528	5.274
4	BIOCHEMISTRY & MOLECULAR BIOLOGY	SCIE	297	3,962,918	3.167	4.696
5	NEUROSCIENCES	SCIE	272	2,548,868	3.052	4.041
6	PHARMACOLOGY & PHARMACY	SCIE	271	1,769,982	2.681	3.442
7	ENGINEERING, ELECTRICAL & ELECTRONIC	SCIE	266	2,097,197	2.204	3.361

图 10-38　不同学科的影响因子

点击图 10-39 所示页面“2019”一行的数字“297”，可以查看到这个学科所

第十章 论文查重、SCI 影响因子、SCI 期刊分区与 CSCD

有 SCI 刊物的 IF，而且按照 IF 从大到小的顺序进行排列（图 10-40）。

BIOCHEMISTRY & MOLECULAR BIOLOGY

Biochemistry & Molecular Biology covers resources on general biochemistry and molecular biology topics such as carbohydrates, lipids, proteins, nucleic acids, genes, drugs, toxic substances, and other chemical or molecular constituents of cells, microbes, and higher plants and animals, including humans. Excluded are resources that are focus on biochemistry in cells, tissues or organs and those whose primary focus is the organism of study, e.g. plants, microbes, etc. Excluded, also, are resources that focus on methods in biochemistry or molecular biology.

Year	Edition	# Journals Graph	Articles Graph	Total Cites Graph	Median Impact Factor Graph	Aggregate Impact Factor Graph	Aggregate Immediacy Index Graph	Aggregate Cited Half-Life Graph	Aggregate Citing Half-Life Graph
2019	SCIE	297	63,309	3,962,918	3.167	4.696	1.209	9.1	7.9
2018	SCIE	299	57,223	3,760,076	2.870	4.417	1.117	9.1	8.0
2017	SCIE	293	51,743	3,625,819	2.906	4.281	1.026	9.0	8.0
2016	SCIE	290	48,525	3,435,913	2.780	4.207	0.964	8.9	7.9
2015	SCIE	289	51,788	3,273,965	2.670	4.093	0.925	8.6	7.8
2014	SCIE	290	52,377	3,273,847	2.672	4.149	0.914	8.4	7.8

图 10-39 Biochemistry & Molecular Biology 学科多年的所有刊物数目及其影响因子

Select All		Full Journal Title	Total Cites	Journal Impact Factor ▼	Eigenfactor Score
☐	1	CELL	258,182	38.637	0.56510
☐	2	NATURE MEDICINE	85,221	36.130	0.16887
☐	3	Annual Review of Biochemistry	20,499	25.787	0.02480
☐	4	MOLECULAR CELL	69,148	15.584	0.16619
☐	5	Molecular Cancer	15,448	15.302	0.02401
☐	6	PROGRESS IN LIPID RESEARCH	6,139	15.083	0.00572
☐	7	TRENDS IN BIOCHEMICAL SCIENCES	18,417	14.732	0.03205

图 10-40 Biochemistry & Molecular Biology 2019 年各刊物的影响因子

如图 10-40 所示，该学科排名第一的刊物是 *Cell*，其 2019 年的影响因子是 38.637，第二名是 *Nature Medicine*，2019 年的 IF 是 36.130。点击 "CELL"，就可以进入详细页面。显示刊物的语言和出版国家等信息（图 10-41）。点击该页面上的 "All Years"，可以看到 *Cell* 历年的影响因子（图 10-42）。

通过查找 IF 就可以发现，不同学科的刊物 IF 差别非常大。例如，医学方面研究的人员多，IF 就比较高，一些比较冷门的学科，本身研究这个领域的专家就比较少，发表的论文也较少，IF 就比较低。不同学科之间进行 IF 高低的比较没有意义。只有在同一个学科内，IF 才可以进行比较。投稿的时候可以按照学科进行检索，将所有的刊物全部列出，然后选择合适的刊物来投稿。

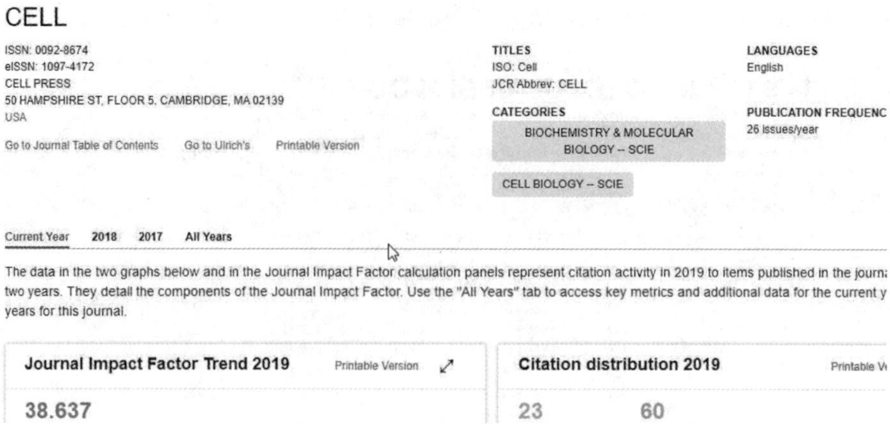

图 10-41 *Cell* 的详细信息

Customize c

Year	Total Cites	Journal Impact Factor	Impact Factor without Journal Self Cites	5 Year Impact Factor	Immediacy Index	Citable Items	% Articles in Citable Items	Average JIF Percentile
	✓Trend	Trend	Trend	Trend	Trend	Trend	Trend	Trend
✓2019	258,182	38.637	38.045	38.620	7.727	432	91.20	99.531
2018	242,829	36.216	35.560	36.430	7.178	454	92.73	99.528
2017	230,625	31.398	30.780	33.796	7.592	365	89.59	99.086
2016	217,952	30.410	29.638	34.103	6.358	455	86.81	99.519
2015	202,467	28.710	28.123	32.857	6.151	437	89.93	99.072
2014	201,108	32.242	31.530	35.532	5.931	436	89.68	99.506

图 10-42 *Cell* 历年的影响因子

第三节 SCI 期刊分区及其查找

我们在工作和生活中经常听到 SCI 期刊 1 区论文、2 区论文。那么 SCI 期刊 1 区、2 区是怎么回事呢？期刊的影响因子每年不断浮动，将影响因子的定值作为学术评价指标不合适，而且不同学科领域期刊的影响因子差异很大，仅凭影响因子不能直观地比较不同领域的期刊。于是，将同一学科领域的期刊，按影响因子大小排序后，划分成不同区域（1 区、2 区…）。只要是某领域 1 区的期刊，就是该领域的顶级刊物，直观反映该刊在领域内的水准和大致排位。

一、SCI 期刊分区的概念

SCI 期刊分区一般是指中国科学院文献情报中心期刊分区表，简称期刊分区表，它是中国科学院文献情报中心科学计量中心的科学研究成果。期刊分区表自 2004 年开始发布，延续至今，从 2012 年起，更改为网络版。期刊分区表数据每年 10~11 月发布更新。

中国科学院首先将 JCR 中所有期刊分为数学、物理、化学、生物、地学、天文、工程技术、医学、环境科学、农林科学、社会科学、管理科学及综合性期刊十三大类。然后，将十三大类期刊分别划分为 4 个等级，即 4 个区。按照各类期刊影响因子划分，前 5% 为该类 1 区、6%~20% 为 2 区、21%~50% 为 3 区，其余的为 4 区。

二、SCI 期刊分区的电脑查找

如果要查阅一个学科的 SCI 期刊分区表，可以直接进入 http://www.fenqubiao.com/，也可以在百度中搜索"SCI 期刊分区表"，进入网站首页后，输入用户名和密码，点击"登录"进入后，可以进入如图 10-43 所示的页面，浏览各个学科的分区情况。点击蓝色的"分类体系"，进入如图 10-44 所示的页面。在图 10-44 所示的页面上显示各个学科的链接。例如，点击"生物学"即可进入详细页面（图 10-45）。也可以在图 10-45 上方的检索框内输入刊物名，搜索期刊的分区情况，就可以知道某个期刊处于哪一个区。在如图 10-46 所示页面的最下面显示生物学类期刊一共有 877 种，分布于 44 个页面。

图 10-43　期刊分区表的浏览页面

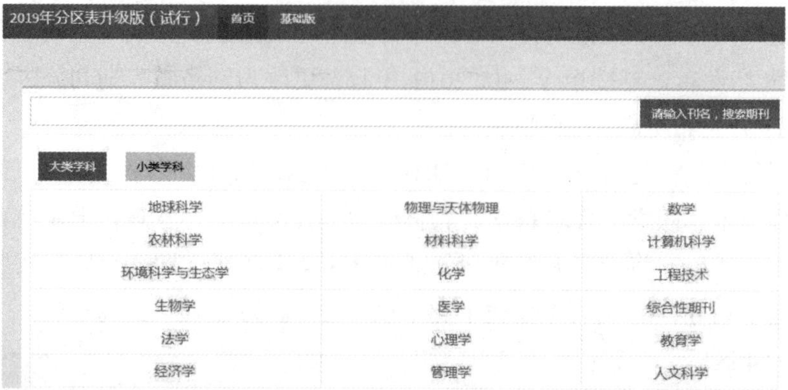

图 10-44　2019 年分区表升级版（试行）的首页

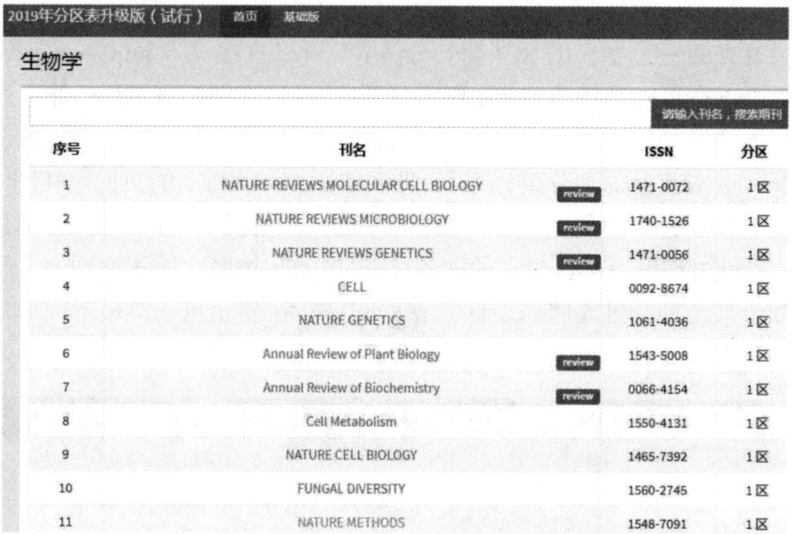
2019年分区表升级版（试行）　首页　基础版

生物学

请输入刊名，搜索期刊

序号	刊名		ISSN	分区
1	NATURE REVIEWS MOLECULAR CELL BIOLOGY	review	1471-0072	1区
2	NATURE REVIEWS MICROBIOLOGY	review	1740-1526	1区
3	NATURE REVIEWS GENETICS	review	1471-0056	1区
4	CELL		0092-8674	1区
5	NATURE GENETICS		1061-4036	1区
6	Annual Review of Plant Biology	review	1543-5008	1区
7	Annual Review of Biochemistry	review	0066-4154	1区
8	Cell Metabolism		1550-4131	1区
9	NATURE CELL BIOLOGY		1465-7392	1区
10	FUNGAL DIVERSITY		1560-2745	1区
11	NATURE METHODS		1548-7091	1区

图 10-45　生物学 1 区的刊物部分页面（一）

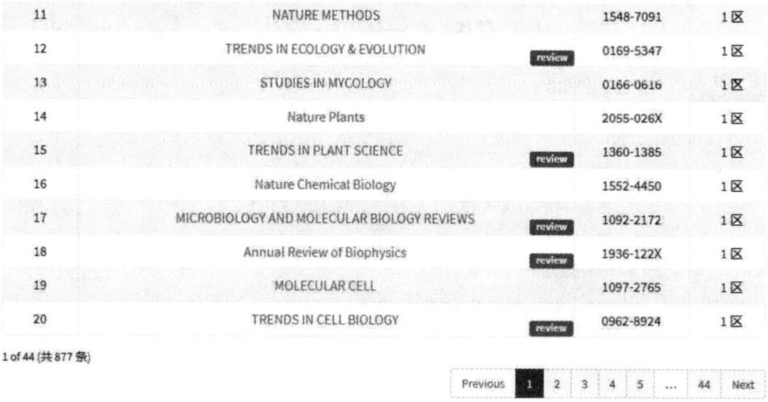

11	NATURE METHODS		1548-7091	1区
12	TRENDS IN ECOLOGY & EVOLUTION	review	0169-5347	1区
13	STUDIES IN MYCOLOGY		0166-0616	1区
14	Nature Plants		2055-026X	1区
15	TRENDS IN PLANT SCIENCE	review	1360-1385	1区
16	Nature Chemical Biology		1552-4450	1区
17	MICROBIOLOGY AND MOLECULAR BIOLOGY REVIEWS	review	1092-2172	1区
18	Annual Review of Biophysics	review	1936-122X	1区
19	MOLECULAR CELL		1097-2765	1区
20	TRENDS IN CELL BIOLOGY	review	0962-8924	1区

1 of 44 (共 877 条)

Previous　1　2　3　4　5　…　44　Next

图 10-46　生物学 1 区的刊物部分页面（二）

三、SCI 期刊分区的手机查找

除了在电脑上查找，也可以通过微信公众号"中科院文献情报中心分区表"查找期刊的分区表。

关注"中科院文献情报中心分区表"微信公众号之后（如图 10-47 所示），点击"期刊分区"，进入如图 10-48 所示的页面。

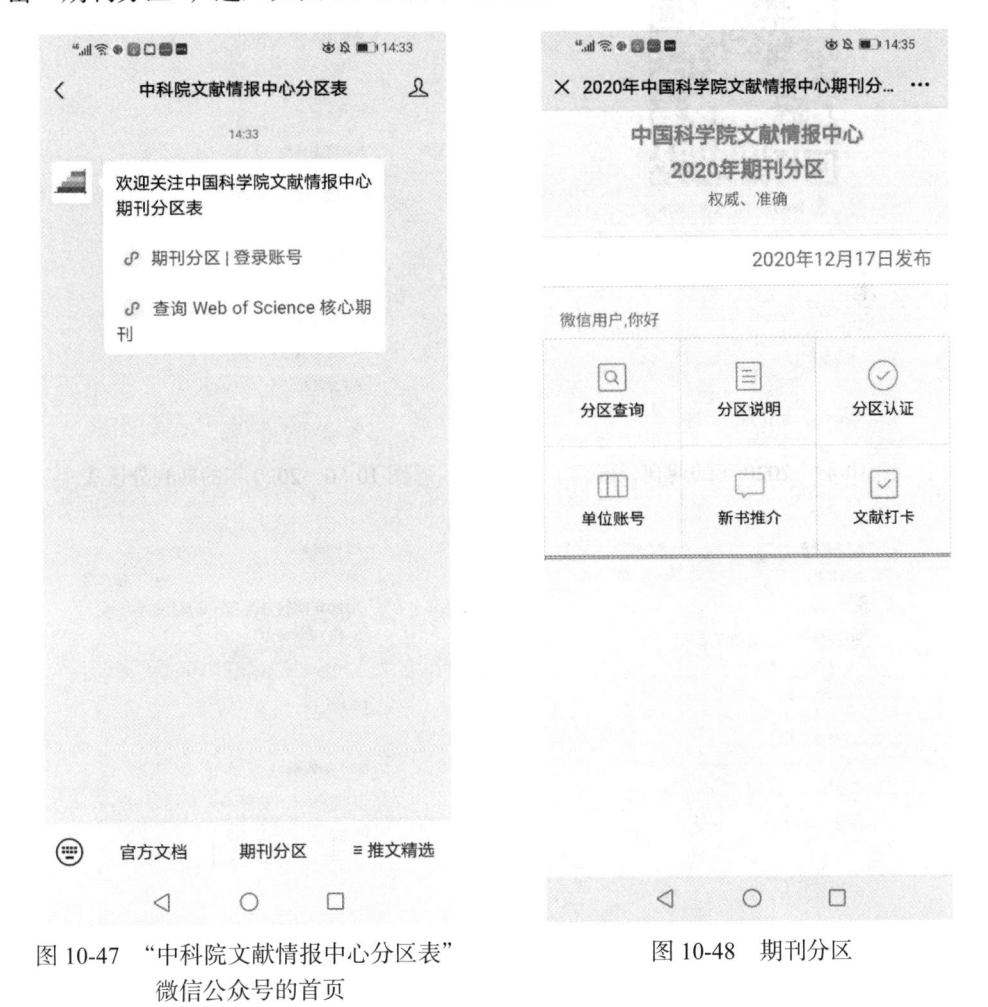

图 10-47　"中科院文献情报中心分区表"微信公众号的首页

图 10-48　期刊分区

在如图 10-48 所示的页面上，点击"分区查询"，进入图 10-49 所示的页面。在如图 10-49 所示的页面长按并识别二维码，进入如图 10-50 所示的页面。在如图 10-50 所示的页面上点击"2020 年基础版"，进入如图 10-51 所示的页面。在如图 10-51 所示的页面上，输入刊名"cell"（大小写均可），点击回车，就可以进入如图 10-52 所示的 *Cell* 杂志的详细页面，显示其是 1 区杂志。

图 10-49　2020 年的期刊分区

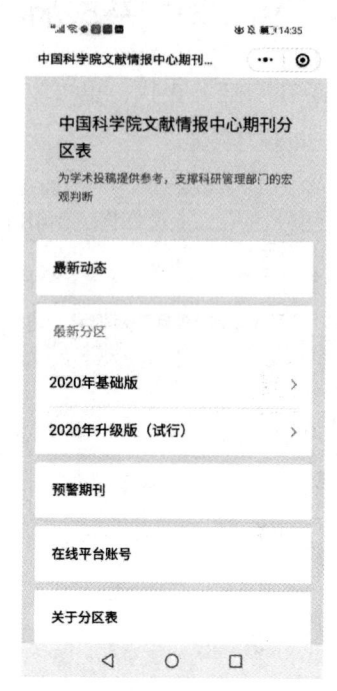

图 10-50　2020 年的期刊分区表

图 10-51　输入期刊页面

图 10-52　*Cell* 的详细页面

第十章 论文查重、SCI 影响因子、SCI 期刊分区与 CSCD

在图 10-51 所示的页面上，输入"nature"（大小写均可），进入图 10-53 所示的页面，该页面显示所有以"nature"开头的杂志列表，在如图 10-53 所示的页面上，点击"NATURE"，进入如图 10-54 所示的页面，显示 Nature 是 1 区杂志。

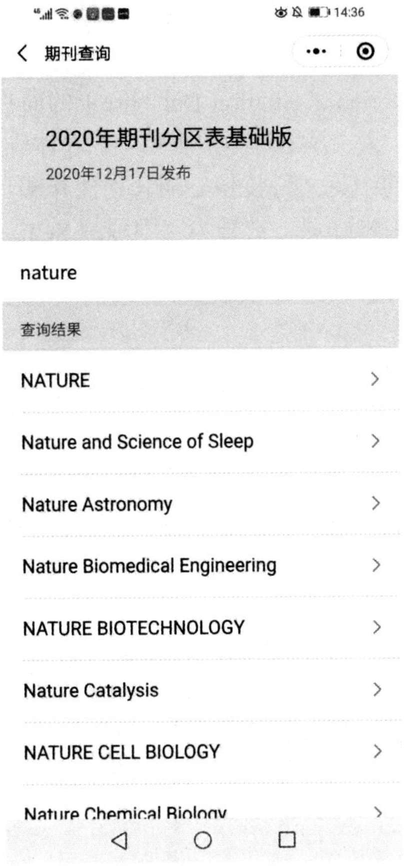

图 10-53 *Nature* 系列杂志的列表 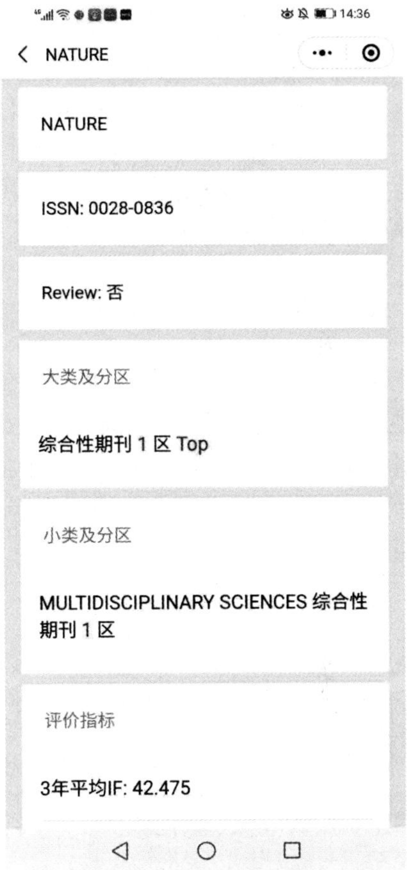　　　图 10-54 *Nature* 的详细页面

此外，科睿唯安公司每年出版《期刊引用报告》（JCR）。JCR 将收录期刊分为 176 个不同学科类别，每个学科类别按照期刊的影响因子高低，平均分为 4 个区：影响因子前 25%（含 25%）的期刊为 Q1 区；影响因子位于 25%~50%（含 50%）的期刊为 Q2 区；影响因子位于 50%~75%（含 75%）的期刊为 Q3 区；影响因子位于 75%之后的期刊为 Q4 区。国内的科研单位和高等院校使用的一般是中国科学院文献情报中心分区表。

第四节　CSCD 的概念及其查找

一、CSCD 的概念

CSCD 是中国科学引文数据库（Chinese Science Citation Database）的简称。创建于 1989 年，收录我国数学、物理、化学、天文学、地学、生物学、农林科学、医药卫生、工程技术和环境科学等领域出版的中英文科技核心期刊和优秀期刊千余种。中国科学引文数据库自使用以来深受用户好评，被誉为"中国的 SCI"。

二、CSCD 的查找

若要验证一个期刊是否属于 CSCD，可进入 CSCD 数据库进行查找。CSCD 数据库可以通过在浏览器输入 http://sciencechina.cn/进入，首页如图 10-55 所示。点击右侧公告栏下的"CSCD 2021-2022 年来源期刊发布"，进入如图 10-56 所示的页面，继续在这个页面上点击灰色的"CSCD 库来源期刊浏览"，进入如图 10-57 所示的页面。

图 10-55　CSCD 的首页

第十章 论文查重、SCI 影响因子、SCI 期刊分区与 CSCD

图 10-56 CSCD 来源期刊浏览入口

图 10-57 CSCD 来源期刊浏览

在这个页面上，有一个"中国科学引文数据库（CSCD）来源期刊遴选报告（2021-2022 年度）pdf 下载"，可以下载 PDF 文件，然后在 PDF 文件中进行检索。

也可以根据刊物是英文刊还是中文刊，分别在如图 10-57 页面中的"英文刊"和"中文刊"中寻找。例如，想查找中文期刊《生命科学》是否属于 CSCD，可点击"中文刊"右侧的"S"，将弹出期刊名第一个字的拼音是以"S"开头的所有期刊（图 10-58），在第 21 行，可以看到《生命科学》属于核心刊物。

图 10-58 以"S"开头的部分中文期刊

也可以在如图 10-57 所示页面的搜索框内直接输入期刊名称进行检索。例如，输入"生命的化学"（图 10-59），点击"查询"按钮，弹出如图 10-60 所示的页面，说明期刊《生命的化学》不在这个库内。在期刊名称最下面有 3 个链接，分别是连续 3 年 CSCD 来源期刊的 PDF 文件，可以分别下载进行查找。

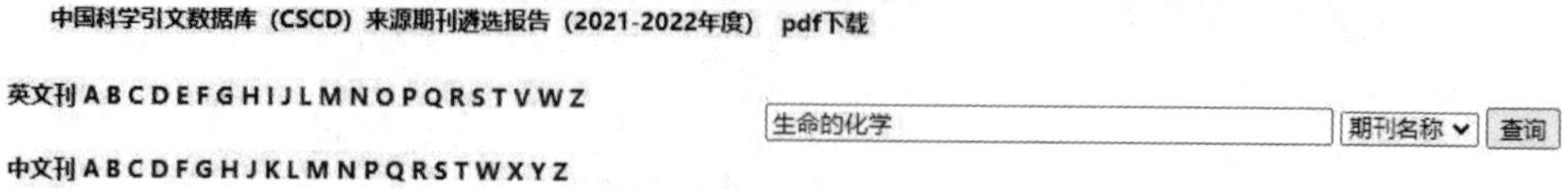

图 10-59　检索框内输入"生命的化学"

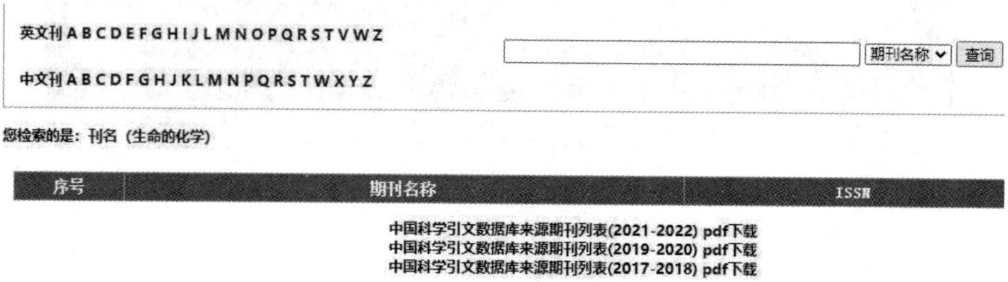

图 10-60　"生命的化学"检索结果

继续在检索框内输入期刊名称"生命科学"（图 10-61），点击"查询"按钮，弹出如图 10-62 所示的页面，显示了 4 个名称中含有"生命科学"的刊物，其中《生命科学》属于核心库（C），而《生命科学研究》属于扩展库（E）。

图 10-61　输入"生命科学"

您检索的是：刊名（生命科学）

序号	期刊名称	ISSN	库
1	生命科学	1004-0374	C
2	生命科学研究	1007-7847	E
3	浙江大学学报. 农业与生命科学版	1008-9209	C
4	中国科学. 生命科学	1674-7232	C

图 10-62　"生命科学"的检索结果

主要参考文献

陈平，张铁群. 2015. 实用生物医学信息检索. 北京：科学出版社.

陈氢，陈梅花，刘海梅，等. 2012. 信息检索与利用. 北京：清华大学出版社.

道格拉斯·梅里尔，詹姆斯·马丁. 2011. Google 时代的工作方法. 刘纯毅，译. 北京：中信出版社.

董永贵. 2012. 科研中的读与写. 北京：清华大学出版社.

黄博，姜兆玉，屈红霞，等. 2010. 龙牙花不同花器官的表皮形态. 植物学报，45（5）：594-603.

姜兆玉，王永飞. 2010. 外源 NO，H_2O_2 和 ABA 对鸡蛋花花冠裂片上气孔关闭的影响. 植物生理学通讯，46（3）：249-252.

姜兆玉，余君彤，王永飞，等. 2011. 外源 NO 和 H_2O_2 对洋葱鳞片外表皮气孔开度的调控. 西北植物学报，31（2）：315-318.

蒋悟生. 2012. 生物科学文献信息获取与论文写作. 2 版. 北京：高等教育出版社.

马三梅，王永飞. 2007. 培养研究生科技论文写作能力的一些做法. 中国教师与教学，3（4）：1-2.

马三梅. 2008. 在教学中培养学生的阅读能力. 生物学教学，33（2）：67-68.

马三梅，王永飞，周天鸿，等. 2012. 采用师徒制方式培养研究生的经验和体会：以生命科学专业为例. 研究生教育研究，（1）：33-36.

王立诚. 2014. 科技文献检索与利用. 5 版. 南京：东南大学出版社.

王永飞，马三梅. 2008. 在专业课程教学中培养研究生科研能力的尝试. 学位与研究生教育，（3）：5-8.

亚里·拉登伯格，夏罗默·迈特尔. 2014. 创新的天梯. 司哲，张哲，译. 北京：机械工业出版社.

杨杰，梁晓睿. 2012. 数字学习力. 北京：电子工业出版社.

于双成，李玉玲，陈继红，等. 2012. 科技信息检索与利用. 北京：清华大学出版社.

Chalfie M, Tu Y, Euskirchen G, et al. 1994. Green fluorescent protein as a marker for gene expression. Science, 263: 802-805.

Edwards R G. 1965. Maturation *in vitro* of human ovarian oocytes. Lancet, 286 (7419): 926-929.

Edwards R G. 1965. Maturation *in vitro* of mouse, sheep, cow, pig, rhesus monkey and human ovarian oocytes. Nature, 208 (3): 349-351.

Edwards R G. 2001. The bumpy road to human *in vitro* fertilization. Nature Medicine, 7 (10): 1091-1094.

Huang B, Wang Y F, Huang S G, et al. 2011. Guard cells on adaxial and abaxial epidermis of *Erythrina corallodendron* sepals. Biologia Plantarum, 55 (4): 716-720.

Inouye S, Tsuji F. 1994. Aequorea green fluorescent protein, expression of the gene and fluorescence characteristics of the recombinant protein. FEBS Letters, 341: 277-280.

Jiang Z Y, Yu J T, Ma S M, et al. 2011. Dynamic changes of stomatal characteristics during the flower, fruit and leaf developments of *Zephyranthes candida* (Lindl.) Herb. African of Journal of Biotechnology, 10 (62): 13470-13475.

Pincus G, Saunders B. 1939. The comparative behaviour of mammalian eggs *in vivo* and *in vitro*. Anatomical Record, 75 (5): 537-545.

Prasher D, Eckenrode V, Ward W, et al. 1992. Primary structure of the *Aequorea Victoria* green-fluorescent protein. Gene, 111: 229-233.

Prasher D, McCann R O, Cormier M J. 1985. Cloning and expression of the cDNA coding for aequroin a bioluminescent calium-activated protein. Biochemical and Biophysical Research Communications, 126: 1259-1268.

Xuan X L, Wang Y F, Ma S M, et al. 2011. Comparisons of stomatal parameters between normal and abnormal leaf of *Bougainvillea spectabilis* Willd. African Journal of Biotechnology, 10 (36): 6973-6978.

附录 I　文献检索常用网址

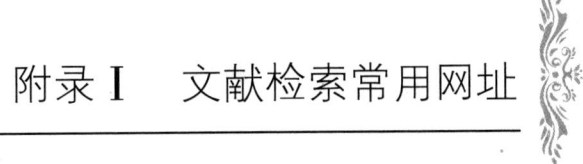

中外文核心期刊查询系统：http://www.cceu.org.cn/demo/findcoreej.htm
中国知网：http://www.cnki.net
万方数据：http://www.wanfangdata.com.cn
维普资讯中文期刊服务平台：http://www.cqvip.com
Wiley-Blackwell：http://onlinelibrary.wiley.com/
Elsevier 在线搜索平台 ScienceDirect 的网址：http://www.sciencedirect.com
SpringerLink：http://link.springer.com/
turnitin 英文科技论文查重：http://www.turnitin.com/
在线期刊搜索引擎 OJOSE：http://ojose.com/ojose_home.html
在线专利搜索引擎 Priorsmart：http://www.priorsmart.com
世界大学总汇：http://www.4icu.org
GooReader：http://www.gooreader.com
Micro 提供的视频资源：http://www.getmicro.com
维普论文检测系统：http://vpcs.cqvip.com/
Providing links to the world's electronic journals：http://www.e-journals.org/

附录 Ⅱ　《中国图书馆分类法》(第五版)简表

A　马克思主义、列宁主义、毛泽东思想、邓小平理论

A1　马克思、恩格斯著作
A2　列宁著作
A3　斯大林著作
A4　毛泽东著作
A49　邓小平著作
A5　马克思、恩格斯、列宁、斯大林、毛泽东、邓小平著作汇编
A7　马克思、恩格斯、列宁、斯大林、毛泽东、邓小平生平和传记
A8　马克思主义、列宁主义、毛泽东思想、邓小平理论的学习和研究

B　哲学、宗教

B0　哲学理论
B1　世界哲学
B2　中国哲学
B3　亚洲哲学
B4　非洲哲学
B5　欧洲哲学
B6　大洋洲哲学
B7　美洲哲学
B80　逻辑科学（总论）
B81　逻辑学
B82　伦理学
B83　美学
B84　心理学
B9　无神论、宗教

C　社会科学总论

C0　社会科学理论与方法论
C1　社会科学概况、现状、进展
C2　社会科学机构、团体、会议
C3　社会科学研究方法
C4　社会科学教育与普及
C5　社会科学丛书、文集、连续性出版物
C6　社会科学参考工具书
[C7]　社会科学文献检索工具书
C79　非书资料、视听资料
C8　统计学
C91　社会学

C92　人口学
C93　管理学
[C94]　系统论（系统学、系统工程）
C95　民族学、文化人类学
C96　人才学
C97　劳动科学

D　政治、法律

D0　政治学、政治理论
D1　国际共产主义运动
D2　中国共产党
D33/37　各国共产党
D4　工人、农民、青年、妇女运动与组织
D5　世界政治
D6　中国政治
D73/77　各国政治
D8　外交、国际关系
D9　法律

E　军事

E0　军事理论
E1　世界军事
E2　中国军事
E3　亚洲军事
E4　非洲军事
E5　欧洲军事
E6　大洋洲军事
E7　美洲军事
E8　战略、战役、战术
E9　军事技术

F　经济

F0　经济学
F1　世界各国经济概况、经济史、经济地理
F2　经济管理
F3　农业经济
F4　工业经济
F49　信息产业经济
F5　交通运输经济
F59　旅游经济
F6　邮电通信经济
F7　贸易经济
F8　财政、金融

G　文化、科学、教育、体育

G0　文化理论
G1　世界各国文化与文化事业
G2　信息与知识传播
G3　科学、科学研究
G4　教育
G5　世界各国教育事业
G61　学前教育、幼儿教育
G62　初等教育（小学教育）
G63　中等教育
G64　高等教育
G65　师范教育
G71　职业技术教育
G72　成人教育、业余教育
G74　华侨教育、侨民教育
G75　少数民族教育
G76　特殊教育
G77　社会教育
G78　家庭教育
G79　自学
G8　体育

H 语言、文字

- H0 语言学
- H1 汉语
- H2 中国少数民族语言
- H3 常用外国语
- H4 汉藏语系
- H5 阿尔泰语系（突厥-蒙古-通古斯语系）
- H61 南亚语系（澳斯特罗-亚细亚语系）
- H62 南印语系（达罗毗荼语系、德拉维达语系）
- H63 南岛语系（马来亚-波利尼西亚语系）
- H64 东北亚诸语言
- H65 高加索语系（伊比利亚-高加索语系）
- H66 乌拉尔语系（芬兰-乌戈尔语系）
- H67 闪-含语系（阿非罗-亚细亚语系）
- H7 印欧语系
- H81 非洲诸语言
- H83 美洲诸语言
- H84 大洋洲诸语言
- H9 国际辅助语

I 文学

- I0 文学理论
- I1 世界文学
- I2 中国文学
- I3/7 各国文学

J 艺术

- J0 艺术理论
- J1 世界各国艺术概况
- J19 专题艺术与现代边缘艺术
- J2 绘画
- J29 书法、篆刻
- J3 雕塑
- J4 摄影艺术
- J5 工艺美术
- [J59] 建筑艺术
- J6 音乐
- J7 舞蹈
- J8 戏剧、曲艺、杂技艺术
- J9 电影、电视艺术

K 历史、地理

- K0 史学理论
- K1 世界史
- K2 中国史
- K3 亚洲史
- K4 非洲史
- K5 欧洲史
- K6 大洋洲史
- K7 美洲史
- K81 传记
- K85 文物考古
- K89 风俗习惯
- K9 地理

N 自然科学总论

- N0 自然科学理论与方法论
- N1 自然科学概况、现状、进展

N2 自然科学机关、团体、会议
N3 自然科学研究方法
N4 自然科学教育与普及
N5 自然科学丛书、文集、连续性出版物
N6 自然科学参考工具书
[N7] 自然科学文献检索工具
N79 非书资料、视听资料
N8 自然科学调查、考察
N91 自然研究、自然历史
N93 非线性科学
N94 系统科学
[N99] 情报学、情报工作

O 数理科学和化学

O1 数学
O3 力学
O4 物理学
O6 化学
O7 晶体学

P 天文学、地球科学

P1 天文学
P2 测绘学
P3 地球物理学
P4 大气科学（气象学）
P5 地质学
P7 海洋学
P9 自然地理学

Q 生物科学

Q1 普通生物学
Q2 细胞生物学
Q3 遗传学
Q4 生理学
Q5 生物化学
Q6 生物物理学
Q7 分子生物学
Q81 生物工程学（生物技术）
[Q89] 环境生物学
Q91 古生物学
Q93 微生物学
Q94 植物学
Q95 动物学
Q96 昆虫学
Q98 人类学

R 医药、卫生

R1 预防医学、卫生学
R2 中国医学
R3 基础医学
R4 临床医学
R5 内科学
R6 外科学
R71 妇产科学
R72 儿科学
R73 肿瘤学
R74 神经病学与精神病学
R75 皮肤病学与性病学
R76 耳鼻咽喉科学
R77 眼科学
R78 口腔科学
R79 外国民族医学
R8 特种医学
R9 药学

S 农业科学

S1 农业基础科学

S2	农业工程		U4	公路运输
S3	农学（农艺学）		U6	水路运输
S4	植物保护		[U8]	航空运输
S5	农作物			
S6	园艺	**V**		**航空、航天**
S7	林业			
S8	畜牧、动物医学、狩猎、蚕、蜂		V1	航空、航天技术的研究与探索
S9	水产、渔业		V2	航空
			V4	航天（宇宙航行）

T 工业技术

TB	一般工业技术
TD	矿业工程
TE	石油、天然气工业
TF	冶金工业
TG	金属学与金属工艺
TH	机械、仪表工业
TJ	武器工业
TK	能源与动力工程
TL	原子能技术
TM	电工技术
TN	电子技术、通信技术
TP	自动化技术、计算机技术
TQ	化学工业
TS	轻工业、手工业、生活服务业
TU	建筑科学
TV	水利工程

U 交通运输

U1	综合运输
U2	铁路运输

[V7] 航空、航天医学

X 环境科学、安全科学

X1	环境科学基础理论
X2	社会与环境
X3	环境保护管理
X4	灾害及其防治
X5	环境污染及其防治
X7	行业污染、废物处理与综合利用
X8	环境质量评价与环境监测
X9	安全科学

Z 综合性图书

Z1	丛书
Z2	百科全书、类书
Z3	辞典
Z4	论文集、全集、选集、杂著
Z5	年鉴、年刊
Z6	期刊、连续性出版物
Z8	图书报刊目录、文摘、索引

附录Ⅲ　论文的新意从何来

PO 是世界创新之父爱德华·德·博诺（Edward de Bono）创造出来的新名词，是 Provocative 和 Operation 第一个字母的缩写，同时也是 Hypothesis、Suppose、Possible、Poetry 4 个单词中的共同字母。中文大概是"激发新思想"的意思[1]。激发可以帮助我们脱离常规的思考道路，转换到新的思考道路上。一旦转换出来，我们就会想出新创意。我们发现论文的选题主要来自课外阅读和会议。下面结合我们的写作经历，谈谈如何激发出灵感和创意。

1. 课外阅读的激发

著名学者饶毅曾经写过一本书，名叫《饶议科学》[2]。在书中详细介绍了绿色荧光蛋白的发现过程和美籍华裔科学家钱永健在这一领域所做出的卓越贡献。我们曾经对绿色荧光蛋白这一奇妙的物质非常感兴趣，但并不知道是它是如何被发现和研究应用的，当看到这本书后，一下子感觉对绿色荧光蛋白的研究历史了解得清楚了。我们在教学过程中发现一些研究生即使阅读了很多已经发表的论文，也不知道下一步该如何来设计实验和提出问题。为了使研究生在获得专业知识的同时，还可以依据文献提出新的科研问题，并能设计实验方案来解决提出的问题。我们将绿色荧光蛋白的发现过程及在研究过程中提出问题和解决问题所用的思维方法全部列出来，期望学生可以从中获得一些启发，使他们能够运用求异和置换的思维方式来提出新颖的科研问题、设计实验，从而为研究生完成学术论文奠定良好的基础。根据这一想法，我们将此教学过程写成了《从绿色荧光蛋白的发现谈如何提出新颖的科研问题》一文，该文被《生命的化学》接受并刊出[3]。由此可见，课外阅读是产生论文选题的主要方式。

2. 会议的激发

2012 年 1 月我们参加了在武汉召开的一次高等教育教学会议。听到了北京科技大学杨炳儒教授做的报告——《在计算机专业的课程教学中如何使用思维导图》。这是我们第一次听说思维导图，而对于如何制作和使用都一无所知。开会回来，通过查阅相关资料，才发现在一些课程的教学中使用思维导图的以中小学教师居多，而大学教师在授课过程中则较少使用。于是我们立即在"植物生化与分子生物学"的教学中应用思维导图这一创新性教学方式，并让学生结合课程内容制作相应的思维导图。在教学应用过程中，我们也不断地进行总结和优化，发现Freehand 软件和 Word 软件相比，制作思维导图又快又漂亮，特别方便，于是我们将该教学经验进行小结并投稿到《生命的化学》，投稿之后很快就正式刊出[4]（附录Ⅳ），并得到读者的好评。所以论文思路的一个来源是多参加学术会议，多与别人交流。

从以上两篇文章的选题过程可以看出，第一篇文章离开了教学的主干道，在课外阅读的小道上，受到了思维刺激，又回到自己的教学上。第二篇文章是听到了计算机专业的教师讲授自己的授课方式而受到的启发，虽然他讲的课程我们完全不懂，但我们在听报告的小道上，又一次受到了思维刺激，将他的教学模式转移到我们的教学中。

好的文章思路必须不断地去寻找才可能被发现。好文章，要有好的新意，新意是文章的灵魂。如何才能更多地受到激发，找到更多的新意呢？

爱德华·德·博诺创造出一个有意识的创造性思考工具——水平思考。这个工具会让人更加具有创造性。在水平思考中，有一个被称为"随机词法"的训练方法，简单来说就是随机输入词汇而进行发散思考。例如，从一本书的某一页找到任意一个名词，我们将这个词汇作为激发词，进行反复联想，不断尝试、比较，最后产生洞见。通过这样主动地寻找激发，肯定会产生更多的想法。新意是在多读、多看、多想、多听的过程中找到的。有了新意再动手来写文章，文章也容易让别人产生兴趣。写作的过程也就是要做到"勤于积累，敏于发现，勇于思考，善于总结"。

参考文献

[1] 爱德华·德·博诺. 我对你错. 冯杨，译. 太原：山西出版社，2008：54-55

[2] 饶毅. 饶议科学. 上海：上海科技教育出版社，2009：121-156

[3] 马三梅，王永飞，周天鸿，等. 从绿色荧光蛋白的发现谈如何提出新颖的科研问题. 生命的化学，2012，32（1）：88-91

[4] 马三梅，王永飞，李宏业. 思维导图在"植物生化与分子生物学"教学中的应用. 生命的化学，2012，32（6）：599-602

附录Ⅳ 发表在《生命的化学》上几篇文章的写作思路

从2004年以来，我们已在《生命的化学》上发表十多篇文章[1-16]。《生命的化学》是我们非常喜欢的期刊，作为读者和作者，我们想谈谈向《生命的化学》投稿的过程及发表在该刊上几篇文章的写作思路。希望通过这样的方式来展示一些论文的新意来源及写作思路和过程，并希望能够对读者有启发作用，继而激发读者的创意，培养读者的创新思维和创新能力。愿《生命的化学》能够越办越好，谢谢各位编辑和专家给予我们的帮助和指点。

1. 第一次向《生命的化学》投稿的过程

我们在研究生阶段主要从事植物形态学和作物遗传育种的研究。虽然当时知道《生命的化学》这个期刊，但由于研究方向的差异，所以很少关注。

2003年后，我们开始在暨南大学生物工程学系从事"植物生化与分子生物学"的教学和科研工作。为了教学、科研需要，我们开始主动关注和留心《生命的化学》上的文章。结果发现，发表在《生命的化学》上的文章短小精悍，内容新颖，对我们的科研和教学均有一定的启发作用。因此，我们就经常浏览和关注《生命的化学》，并萌发在该刊上发表论文的想法。

2003年，我们申报了利用转基因植物生产可食疫苗方面的课题。根据所查阅的资料，我们对转基因植物可食疫苗的转化和表达技术进行了总结，写成了《利用转基因植物生产可食疫苗》一文，投向了《生命的化学》。该文很快就被接受，并以"小综述"的形式发表在2004年24卷第1期上[1]。这是我们在《生命的化学》上发表的第一篇论文。通过初次投稿，我们发现《生命的化学》审稿周期短，编辑校对认真仔细，发表周期也较快。从此，我们有了合适的论文就想往《生命的化学》投稿，目前已在《生命的化学》上发表了十多篇文章。

2. 发表的几篇文章的写作思路

（1）我们在教学中发现，许多学生对"细胞质"（cytoplasm）和"胞质溶胶"（cytosol）的概念理解不清，经常混淆。我们经过思考和总结发现，这两个概念其实是随着人们对细胞结构的不断认识而逐渐提出的。在没有发明电子显微镜之前，人们把利用光学显微镜看到的质膜与细胞核之间的原生质称为细胞质。20 世纪中叶，人们开始利用电子显微镜来观察细胞，发现在光学显微镜下认为是细胞质的区域含有更多的细胞器，如线粒体、叶绿体、高尔基体等，因此又提出了"胞质溶胶"的概念。胞质溶胶是指细胞质内除细胞器外的原生质。通过对这两个概念产生的历史过程进行介绍，学生就很容易掌握细胞质和胞质溶胶的区别。我们将这两个概念的形成过程写成了《细胞质和胞质溶胶》一文，并被《生命的化学》以"生化教学"的形式刊出[2]。

（2）三酰甘油（triacylglycerol，TAG）也称为甘油三酯、三脂酰甘油，是植物油的主要成分。过去一般认为植物体内二酰甘油（diacylglycerol，DAG）和脂酰 CoA 是在二酰甘油酰基转移酶（diacylglycerol acyltransferase，DGAT）的作用下合成三酰甘油。在国内目前的生物化学教材中，也只介绍了三酰甘油的这一合成途径。但据我们所知，除以上的合成途径外，人们还发现了三酰甘油合成的其他两条新途径。我们对三酰甘油合成的两条新途径进行了介绍，写成了《植物中从二酰甘油到三酰甘油的两条合成新途径》一文，于 2005 年 11 月投于《生命的化学》。投稿不到 3 个月，《生命的化学》于 2006 年 26 卷第 1 期就以"生化教学"的形式刊出了该文[3]。

（3）生育酚是一种对植物、动物和人类都具有重要作用的脂溶性维生素。植物则是人类生育酚的主要来源。2005 年，我们正在申报"利用基因工程提高番茄生育酚营养品质"的课题，在对生育酚的结构和合成途径进行简单介绍的基础上，重点总结了目前已克隆的植物生育酚合成相关酶基因及其功能，写成了《植物生育酚合成相关酶基因的克隆及其功能》一文发表在《生命的化学》2006 年第 26 卷第 2 期上[4]。

（4）启动子（promoter）是 RNA 聚合酶能够识别并与其结合，从而起始基因转录的 DNA 序列。它通常位于基因的上游。果实特异型启动子（fruit-special promoter）是组织特异型启动子（tissue special promoter）的一种，它可以控制外源基因在植物果实中高效表达，避免外源基因在植物的其他部位表达，减少对植物的不利影响。此外，主要蔬菜如番茄、辣椒等的主要食用部位均为果实。因此如要利用植物基因工程来提高果实中营养物质的含量，最好采用果实特异表达的启动子。我们对已发现的果实特异性启动子及其存在的问题进行了总结，写成了《植物果实的特异性启动子》一文并发表在《生命的化学》2006 年第 26 卷第

4 期上[5]。

（5）如果两条基因的序列相似性达 80% 以上，人们就把这些基因称为同源基因（homologous gene）。学生对同源基因的概念及其分类较难掌握，因此我们对同源基因的概念及其分类进行了介绍。写成了《三种同源基因的辨析》一文以"知识介绍"的形式发表在《生命的化学》上[6]。

（6）我们在研究生的"植物生化与分子生物学""转基因植物""细胞工程"等课程的教学中，有一部分内容是让研究生讲解自己感兴趣的文献。陈义烘同学讲解了植物血红蛋白的发现及其功能相关内容；钟海峰同学讲解了糖酵解酶体的发现及其功能相关内容。我们发现这两位同学讲解的内容比较新颖，查阅文献比较认真和仔细。我们就鼓励他们进一步对讲解的内容进行补充和修改，分别写成了《植物血红蛋白的发现及其功能》和《糖酵解酶体的发现和其功能》，文章发表在《生命的化学》上。《植物血红蛋白的发现及其功能》一文主要介绍植物血红蛋白的发现历史、分类、功能和进化等[7]。《糖酵解酶体的发现和其功能》一文主要介绍糖酵解酶体的发现及其功能[8]。

（7）《植物脱落酸 PYR/PYL/RCAR 受体》[9]、《姜黄素衍生物及复合物抗肿瘤的研究》[10]、《感光色素蛋白与视网膜退行性疾病》[11]和《视网膜辅助阿尔茨海默症的早期诊断》[12]等小综述是我们从本科生的"科技文献检索与利用"和"科技论文写作"课程作业中挑选的优秀作品，经进一步补充和修改推荐到《生命的化学》上发表。通过发表这些文章，培养了本科生的写作能力和自信心，学生获知自己的论文被接受的那一刻，灿烂的笑容像春天的花儿般绽放，他们的自信如同雨后春笋般悄然出现。

（8）《作品导向型学习在植物生化与分子生物学教学中的应用》[13]一文是我们多年来教学实践和经验的总结。我们采用作品导向型学习教学方法，让学生通过自行查找文献、分析文献、论文写作和修改，创造出真实有用的、面向社会的一篇论文或者一个报告。这种教学方法使课堂理论教学和学生课外实践相结合，将"从书中学"转变成"从做中学"。通过做的过程，明显地提高了学生的创造能力和综合能力。论文发表后，我们和学生都感到非常高兴，学生也非常感激我们对他们的培养和帮助。

（9）《在四种新碱基的教学中培养学生的提问能力》[14]是以 4 种新碱基 S、B、P 和 Z 的发现为例子，介绍了我们如何在教学中培养学生质疑能力的方法和过程。通过提问和学生回答的方式来培养学生的质疑能力，为学生提出新问题打下良好的基础。

3. 小结

从以上几篇文章的写作过程可以看出，文章都是我们结合自己的课题申报或教学过程中遇到的问题有感而发写成的。这正符合"问渠哪得清如许？为有源头活水来"这句话。要写出好的文章，首先要确保文章有新意，新意是文章的灵魂。新意是在多读、多看、多想、多总结的过程中找到的。有了新意再动手来写文章，文章也容易发表。写作的过程就是要做到"勤于积累，敏于发现，勇于思考，善于总结"。

参考文献

[1]马三梅，王永飞，王亚琴. 利用转基因植物生产可食疫苗. 生命的化学，2004，24（1）：22-24

[2]马三梅，王永飞. 细胞质和胞质溶胶. 生命的化学，2005，25（1）：70

[3]马三梅. 植物中从二酰甘油到三酰甘油的两条合成新途径. 生命的化学，2006，26（1）：65-66

[4]王力先，王永飞. 植物生育酚合成相关酶基因的克隆及其功能. 生命的化学，2006，26（2）：141-143

[5]姚嵘，马三梅. 植物果实的特异性启动子. 生命的化学，2006，26（4）：336-338

[6]王力先，王永飞. 三种同源基因的辨析. 生命的化学，2006，26（4）：369-371

[7]陈义烘，马三梅. 植物血红蛋白的发现及其功能. 生命的化学，2006，26（5）：408-410

[8]钟海峰，马三梅. 糖酵解酶体的发现和其功能. 生命的化学，2007，27（4）：320-322

[9]冯婵莹，王永飞. 植物脱落酸 PYR/PYL/RCAR 受体. 生命的化学，2015，35（6）：721-726

[10]魏妍婷，马三梅. 姜黄素抗肿瘤的机制. 生命的化学，2016，36（5）：607-612

[11]郭嘉颖，马三梅，邓宁. 感光色素蛋白与视网膜退行性疾病. 生命的化学，2017，37（4）：566-570

[12]邓楚潼，马三梅，徐颖. 视网膜辅助阿尔茨海默症的早期诊断. 生命的化学，2020，40（10）：1708-1714

[13]王永飞，马三梅. 作品导向型学习在植物生化与分子生物学教学中的应用. 生命的化学，2017，37（4）：642-644

[14]王永飞，马三梅. 在四种新碱基的教学中培养学生的提问能力. 生命的化学，2019，39（5）：1025-1028

附录V 思维导图在《植物生化与分子生物学》教学中的应用

文章编号：1000-1336(2012)06-0599-04

思维导图在《植物生化与分子生物学》教学中的应用

马三梅　王永飞　李宏业

暨南大学生命工程学系，广州 510632

摘要：本文介绍了思维导图的概念、为什么要制作和如何制作思维导图等问题，并展示了如何利用思维导图来使学生了解章节内容的整体框架，明白各知识点之间的逻辑关系，还让学生利用制图软件制作思维导图在预习和复习中使用。思维导图使学生系统地掌握专业知识，并提高阅读和自学能力，又学会制图软件的使用方法，一举多得。

关键词：思维导图；植物生化与分子生物学；教学法；Freehand制图软件

中图分类号：G643.0

目前大多数教师采用Powerpoint软件制作讲义。采用PPT制作讲义的各个幻灯片之间呈线性关系，很难看出知识点互相之间的逻辑关系。一节课下来，甚至一门课下来，学生仅仅看到一个个独立的知识点，对知识点之间的逻辑关系并不清楚。经过长期的教学实践，杨炳儒等[1]在计算机专业的一些课程教学中使用了思维导图(Mind Mapping)。在教学中运用思维导图可以弥补知识点分散的缺陷，增加学生对整体知识框架的理解[2]。由于在生物学相关课程教学中采用思维导图的教师并不多，因此我们在《植物生化与分子生物学》的教学中尝试使用思维导图。我们发现在教学中使用思维导图，确实可以更好地让学生了解知识的整体框架，明白知识点之间的逻辑关系，利用关键词抓住主要知识点。

运用思维导图的关键是制作思维导图。下面主要谈一谈思维导图的概念、为什么要制作思维导图，以及如何制作思维导图等问题。最后结合我们制作的两张思维导图，说明它的制作过程以及如何在教学中使用。

1. 思维导图的概念

思维导图是树状图，它像放射状的一棵大树。

收稿日期：2012-06-18
暨南大学学位与研究生教育教学研究和改革项目(12MS22)；
暨南大学第十三批教学改革研究项目(201231)资助
作者简介：马三梅(1971-)，女，博士，副教授，E-mail: msmwdw@163.com；王永飞(1972-)，男，博士，副教授，通讯作者，E-mail: wyfmsm@163.com；李宏业(1971-)，男，博士，教授，E-mail: thyli@jnu.edu.cn

主题处于最显眼的中心位置，二级标题按照逻辑层次围绕主题展开，三级标题按照逻辑层次在二级标题的左侧或者右侧展开，四级标题按照逻辑层次在三级标题的一侧展开，信息越多，枝干越多，树叶也越茂密[3,4]。

2. 为什么要制作思维导图

在制作思维导图的过程中，制作人必须摆脱线性思维的束缚，在阅读的同时进行主动思考，使知识在脑子里形成具体的二维的图像；其次，制作思维导图的过程可以使制作人明白各知识点之间的关系，主动地对文字进行处理、系统地提取出文章的逻辑脉络，并且通过树状图表现出来。第三，在制作的过程必须不断地提取出关键词，而关键词可以帮助大脑更好地储藏信息。最后，思维导图可以增加对整体知识框架的理解，提高阅读效率。

制作思维导图的本质是强迫制作人主动思考，准确地理出文章的脉络，把握作者的整体思路。这个主动思考的过程使阅读目标更加明确，文章的内容记得更牢固。它是提高阅读能力的最有效地辅助工具，还可以帮助记忆[3]。学生通过思维导图可以一目了然地看出文章的结构，整理出整体的脉络。但是，由于生物学教材一般没有思维导图，要在教学中使用思维导图，老师和学生必须认真阅读教材，然后根据理解来制作思维导图。那么如何来制作思维导图？

3. 如何制作思维导图

制作思维导图可以用手写的方式，也可以运用

Freehand等软件进行制作。制作思维导图有几个原则:

(1)尽量使用横向的A4纸;假若内容太多的话,也可以使用A3纸;假如嫌A3纸太大的话,也可以将两张A4纸横向粘在一起。因为横向的纸可以刺激人的右脑,使大脑负责形象和创造新思维的区域更活跃[3]。

(2)主题写在白纸的正中央;

(3)二级标题作为主干,写在主题的周围;

(4)接下来依次将三级标题写在二级标题的一侧,四级标题写在三级标题的一侧。运用箭头和连线突出各点之间的逻辑关系。这样在复习的时候,无须重读教材,看一眼制作的卡片,就能够回忆出相应的内容。

此外,还可以运用符号。例如箭头表示因果关系,加号代表并列关系,闪电代表例外情况。笑脸代表优点和功能,哭脸代表缺点,剪刀表示分类、房子表示场所和位置等。使用丰富的符号可以产生联想,使卡片上的内容更加容易被记住[3]。

4. 在《植物生化与分子生物学》教学中使用思维导图

我们首先用手写的方式,在A4纸上做思维导图,然后运用Freehand等软件制作电子版的思维导图。下面两张图别是我们运用Freehand制作的《细胞壁》一章和《长距离运输》一章中第三节(木质部和韧皮部物质运输比较)的思维导图。

从《细胞壁》的思维导图(图1)可以看出,这一章的主题"细胞壁"放在中心的位置。细胞壁的基本单位、组成细胞壁的大分子、细胞壁构架、细胞壁合成和装配、生长与细胞壁、细胞分化等六个二级标题放在细胞壁的周围,分别用椭圆围绕,并用弧线和细胞壁连接。三级标题根据内容有的用矩形框标注,或者直接在二级标题的一侧写出。

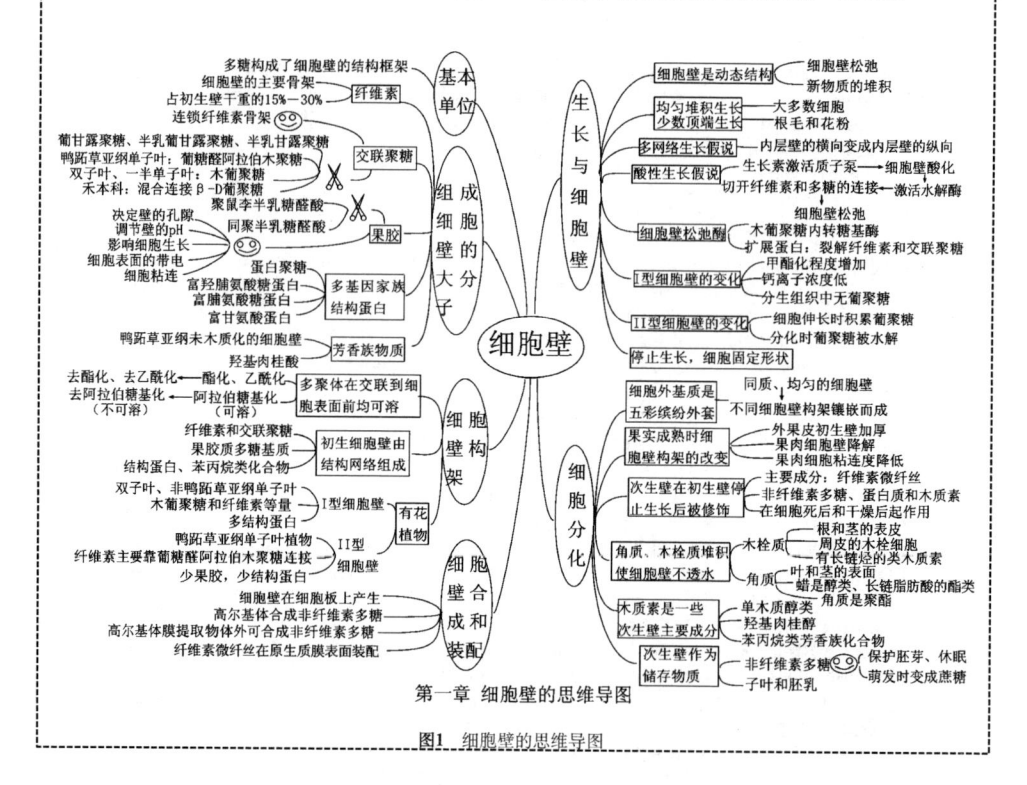

图1 细胞壁的思维导图

附录Ⅴ 思维导图在《植物生化与分子生物学》教学中的应用

在进行细胞壁一章的学习时，我们又着重强调组成细胞壁大分子中的交联聚糖(曾用名半纤维素)、结构蛋白和芳香族物质。它是指能够与纤维素微纤丝形成氢键的、使微纤丝形成网络的一类分子[5]。

此外，细胞壁生长的酸性生长假说的内容用箭头连接。交联聚糖、果胶和非纤维素多糖的功能的右侧增加笑脸符号。交联聚糖、果胶的种类在主题词的左侧用剪刀来表示。通过思维导图来学习细胞壁，一眼看到本章包含6部分内容，框架清晰明了。

从木质部和韧皮部物质运输比较的思维导图(图2)可以看出，这一节分为五部分：木质部和韧皮部渗出液的成分、溶质分子在木质部的运输方向、溶质分子在韧皮部的运输方向、木质部向韧皮部运输、韧皮部向木质部运输。在渗出液成分中例外情况(钙离子的浓度)用闪电表示，木质部向韧皮部运输、韧皮部向木质部运输发生的位置用小房子表示，它们的作用形象地用笑脸表示。通过思维导图来学习这一节，可以想到这个图形类似一个人体结构，5部分内容十分容易记忆。

我们制作了全书和每一章及每一节内容的思维导图，然后在教学中运用。在开始讲授每一章内容时，首先利用思维导图对全章内容进行鸟瞰，先精讲骨架与结构，然后逐步深入介绍每一个知识点；在讲授完每一章内容后，重新对全章内容的骨架进行复习，使每一个知识点在这一章的位置清清楚楚，知识点之间的逻辑关系，在思维导图中也有体现。在全部课程讲完之后，用整本书内容的思维导图进行复习，整个《植物生化与分子生物学》知识框架十分明显。而且还将几百页的书，变成了20多张思维导图。可见，思维导图可以将厚厚一本书变成20多页纸，将书由厚变薄。

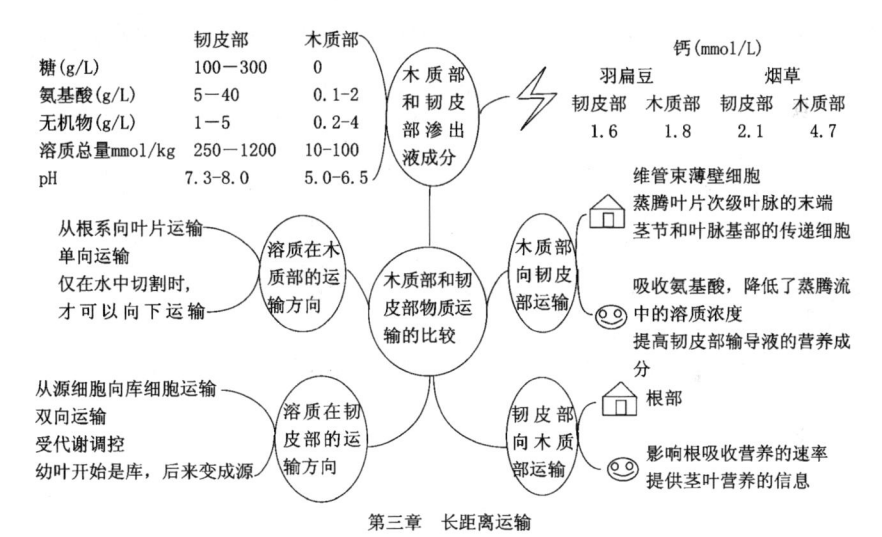

教学的核心其实是在教师的指导下学生的学。除了我们自己制作思维导图用于每章内容教学的开始和每章内容的复习外，为了充分调动学生学习的主观能动性与积极性，我们改变仅仅教师制作思维导图的做法，还鼓励学生独立制作每一章更细致的思维导图。如果信息点还是太密集的话，以每节课为单位制作更精细的思维导图，了解重要的细节。

图2 木质部和韧皮部物质运输比较的思维导图

然后进行思维导图竞赛，选出制作最好、逻辑关系最清晰、视觉效果最美观的思维导图。在期末考试时，学生结合思维导图进行复习，大大提高学习的效率。

通过制作思维导图，学生了解到知识的整体框架，明白知识点之间的逻辑关系，提高了学生的学习兴趣和学习效率，提高了学生阅读和自学能力，而且还在学《植物生化与分子生物学》专业知识的同时，还学会了Freehand等制图软件的使用方法，一举多得。

参 考 文 献

[1] 杨炳儒等. 理工科课堂KM教学法研究. 现代大学教育, 2006, 4: 83-85

[2] 张桃红等. "C 程序设计"课程的KM 教学法研究. 计算机教育, 2010, 2: 113-116

[3] 克里斯蒂安著·格吕宁著, 郝浥译. 快速阅读. 北京: 中信出版社, 2010, 148-158

[4] 克里斯蒂安·格吕宁著, 郝浥译. 超级快速阅读. 北京: 中信出版社, 2011, 95-120

[5] 布坎南, 格鲁依森姆, 琼斯主编, 翟礼嘉等译. 植物生化与分子生物学. 北京: 中信出版社, 2004, 41-87

The utilization of mind map in plant biochemistry and molecular biology teaching

MA Sanmei, WANG Yongfei, LI Hongye

Department of Biotechnology, Ji'nan University, Guangzhou 510632, China

Abstract   Because mind map can increase the understanding of the whole knowledge frame, then we used it in teaching plant biochemistry and molecular biology. Using the mind maps of cell wall as examples, the definition of mind map, the reasons of making mind map and how to make mind map are introduced. Mind map can help students to grasp its knowledge frame, and understand the logic relationship between the knowledge. At last, we let students make mind map using Freehand software, and then use it to prepare lessons before class and review the class after class. Mind map can make student master the professional knowledge systematically, also can enhance their abilities of reading and learning by themselves. At the same time, students can learn to use freehand. So, mind map is a useful tool in learning and teaching.

Key words   mind map; plant biochemistry and molecular biology; teaching; Freehand software

附录Ⅵ 从 RNA 干涉的发现过程谈学生创新能力的培养

从 RNA 干涉的发现过程谈学生创新能力的培养

王永飞 （广东省暨南大学生物工程学系 510632）

摘 要 本文在反思 RNA 干涉发现过程的基础上，就现代教育模式下对如何培养学生创新能力提出了作者的见解，即：教师要不断学习最新知识，要注重启发学生思考和讨论，要把创新能力纳入考试范围。

关键词 RNA 干涉 发现过程 创新能力

创新能力是指能够利用已有的知识和经验，用独特的体系进行改革与创造，产生有价值的新思想、新方法和新成果。在提倡素质教育的今天，如何在生物学的教学过程中培养学生的创新能力就显得尤为迫切。本文结合 RNA 干涉 (RNA interference, RNAi) 的发现过程谈谈如何培养学生的创新能力。

1 RNA 干涉的发现过程

RNA 干涉是在反义 RNA 技术的基础上发现的。反义 RNA 技术是指把部分或全部正常基因的序列反向插入到一个启动子的下游，然后导入生物细胞，通过转录产生反义 RNA，从而抑制与它互补的 mRNA 的翻译，干扰基因的表达。

这是因为在基因转录时，双链 DNA 中的一条是反义链（正链），也称模板链 (template strand)，它转录成 mRNA（即正义 RNA）；另一条是有义链（负链），也称编码链 (coding strand)，它可转录成反义 RNA。反义 RNA 的核苷酸序列与 mRNA 互补。当反义 RNA 和 mRNA 由于互补结合形成双链 RNA 时，可以阻止 mRNA 翻译产生蛋白质。这样即使基因有活性也不会有蛋白质产物，从而抑制基因的表达。例如多聚半乳糖醛酸酶 (polygalacturonase, PG) 参与细胞壁果胶的降解，是造成番茄果实软化的一个原因。1988年，科学家就将 PG 基因反向导入番茄中，发现转基因番茄果实中的 PG 酶 mRNA 的水平降低了 94%，酶活性降低了 90%，从而延长了番茄的保鲜期[1]。

按照正常的思维人们认为，既然反义 RNA 能够抑制 mRNA 的翻译，那么，由于正义 RNA 可以增加 mRNA 的拷贝数，因此，导入正义 RNA 必然会增强 mRNA 的翻译。但是，1990年，Jorgenson 等人[2]将天然色素基因（即天然色素基因的正义 RNA）导入矮牵牛中，使矮牵牛中天然色素基因的拷贝数增加，却导致矮牵牛中原有的天然色素基因和插入色素基因都不表达，他将这种现象称为共抑制；1995，Guo等[3]试图用正义 RNA 去增强线虫 (Caenorhabditis elegans) par-1 基因的表达，结果发现，par-1 基因的表达没有增强反而下降。这些实验结果就使人们认识到，导入正义 RNA 有时也会抑制 mRNA 的翻译。

反义 RNA 可以抑制 mRNA 的翻译，导入正义 RNA 有时也会抑制 mRNA 的翻译，那么同时把反义 RNA 和正义 RNA 导入细胞内会对基因表达产生什么样的影响呢？为了回答这个问题，Fire A 等[4]设计了正义 RNA、反义 RNA、正义 RNA 和反义 RNA 混合物 3种形式的 RNA 分别注射到线虫体内，结果发现，同时注射正义 RNA 和反义 RNA 可以抑制基因的表达，并且抑制效应是单独注射正义 RNA 和反义 RNA 的 10倍以上。他们在 1998年《Nature》上发表的文章中，把这一现象命名为 RNA 干涉。它是指利用双链 RNA(Double strain RNA, dsRNA)抑制细胞内特异基因表达的过程。随后,在许多生物体中例如锥体虫、果蝇、斑马鱼、拟南芥、脊柱动物等都发现有 RNA 干涉现象。

反义 RNA、正义 RNA 以及双链 RNA 都是较长的核酸序列。短的反义 RNA 和短的双链 RNA 序列是否也可以抑制基因表达呢？1999年,Hamilton等[5]把只有 25 个核苷酸的反义 RNA 基因导入植物,结果发现,25 个核苷酸的反义 RNA 也诱导基因沉默。这就表明,短的反义 RNA 可以抑制基因的表达。2001年,Elbashir等[6]设计了短的双链 RNA 分子对人胚肾细胞、Hela 细胞 mRNA 的翻译影响的实验,结果发现,具有长度约 21bp 的、3′突出 2bp 的小 RNAs 双链复合物(small interfering RNAs duplex, sRNAs)可以诱导 RNA 干涉,而较长(>30bp)双链 RNA 则表现出非特异性的阻抑效应。这说明可以利用 21bp 的 sRNA 来抑制基因的表达。从此,RNA 干涉成为研究基因功能的新工具,被广泛用于特异性抑制基因的表达。

目前常用的 sRNAs 为长约 21~25 个核苷酸的双链 RNA 分子,sRNAs 的序列与所作用的靶序列具有同源性,并且 sRNAs 的两条单链末端为 5′端磷酸和 3′端羟基,每条单链的 3′端均有 2~3 个突出的非配对的碱基。

2 从 RNA 干涉的发现过程带来的思考

从 RNA 干涉的发现过程可以看出,每一步的发现都是"求异化"试验设计的结果,也就是说不去重复其他研究者已经从事过的研究,而是从方法上进行改变,结果导致重大的发现。我国的教育过多地强调书本的权威性,很多考试要求学生按标准答案答卷;实验课上所做的实验课更多的是重复前人的实验。这样的考试制度加上我们的实验方法恰恰是最完美的求同训练,它促使大家朝着一个共同的标准答案努力。这样练就了学生寻找标准答案的硬功夫,使学生逐渐失去了主动思考的能力。

3 培养学生创新能力的几点认识

3.1 教师要不断学习最新的知识 生命科学是当前发展最快的学科之一,教师应不断获取新知识、信息,以提高自身的知识素养,向学生传授最新的知识和方法。只有在掌握生命科学最新知识的基础上,进行创造性的思考,才可以产生出有价值的新思想、新方法和新成果。因此,这就要求教师自己要不断学习,掌握生命科学最新知识,并把这些新的知识传递给学生。

3.2 启发学生思考 首先让学生认识到学习有两个步骤:第一个是求同化,是学习前人的研究成果的过程,它的结果是掌握已有的知识、方法;学习的第二个步骤是求异化,即在已有知识、方法的基础上,创造性地提出下一步研究的问题、改进的方法。这个过程要求有新的观点和新的方法。一个人要重复别人的想法和做过的事情并不难,但是要做出一点创造却不易。所以第二个步骤要比第一个步骤更难,它的本质就是思考的过程。

因此,在课堂上,要利用生动的事例让学生明白思考对重大发现的重要性。向学生传授最新知识、方法之后,不能只是让学生掌握这些知识、方法,而应该让学生进行认真的思考,思考下一步要研究的问题是什么,如何来研究？新方法有无改进的可能,如何改进？并布置思考性的问题,鼓励学生下课后独立思考。

3.3 注重讨论 在课堂上应留一定的时间让学生讨论课后思考的结果。要激发学生讨论的热情,鼓励学生参加到讨论中来,让学生提出自己的观点,不要重复别人的结论,从而学会用自己的大脑来思考,而不是人云亦云的重复前人的结论。这些讨论必须作为学生学习的必不可少的一部分。在研究生的教学中,更应该注重讨论。

3.4 把创新能力纳入考试范围 考试具有评定教学质量,督促学生复习功课,巩固和加深学习内容的作用。把创新能力纳入考试的范围,就可以培养学生创新能力。由于基础知识和基本技能是创新能力的基础,所以仍然是考试的一个重点;但同时应增加没有现成答案的思考性问题,考查学生的想象力和创造性思维的能力。平时的考核,可评价学生对讨论的态度是否积极、能否在前人研究成果的基础上,对研究方法提出一些改进,能否独立思考,是否表现出对创造性的热爱等。

主要参考文献

[1] 吴乃虎. 2001. 基因工程原理,第二版(下册),北京：科学出版社, 369~340

[2] Napoli C, Lemieux C, Jorgensen R. 1990. Introduction of a chimeric chalcone synthase gene into petunias results in reversible co-suppression of homologous genes in trans Plant Cell, 2(4): 279~289

[3] Guo S, Kemphues KJ. 1995. Par-1, a gene required for establishing polarity in Caenorhabditis elegans embryos, encodes a putative Ser/Thr kinase that is asymmetrically distributed. Cell, 81(4): 611~620

[4] Fire A, Xu S, Montgomery MK, et al. 1998. Potent and specific genetic interference by double-stranded RNA in Caenorhabditis elegans Nature, 391: 806~811

[5] Hamilton AJ, Baulcombe DC. 1999. A species of small antisense RNA in posttranscriptional gene silencing in plants. Science, 286: 950~952

[6] Elbashir SM, Harborth J, Lendeckel W, et al. 2001. Duplexes of 21-nucleotide RNAs mediate RNA interference in cultured mammalian cell. Nature, 411: 494~498

附录Ⅶ 《谈谈如何结合分子标记的发展培养学生的创造性思维》一文的原稿、修改说明信、正式发表稿及原稿与正式发表稿的比较

1. 原稿

结合分子标记的发展谈谈如何培养学生的创造性思维

王永飞*

暨南大学生物工程学系，广州 510632

摘要： 本文以分子标记技术的发展为例，介绍了在生物学教学中如何结合具体的教学内容进行创造性思维教学。

关键词： 分子标记；创造性思维；生物学教学

中图分类号： G642.0　**文献标识码：**　**文章编号：**

Take the development of molecular marker technology as example to discuss how to carry on creative thinking instruction

WANG Yong-fei

Department of Biotechnology, Jinan University, Guangzhou 510632, China

Abstract: In this paper, taking the development of molecular marker technology as example, the methods that combined concrete content of course to carry on creative thinking instruction in the biology teaching was introduced.

Key words: molecular marker, creative thinking, biology teaching

　　创造性思维教学(creative thinking instruction)是教师通过课程的内容及有计划的教学活动，以激发和增长学生创造行为或创造能力的教学模式(侯万里和王亮2005)。在生物学教学中，有许多事例可以作为创造性思维教学的内容。结合这些事例进行创造性思维教学，不但有利于学生熟练掌握生物学的知识和技能，更有利于培养具创新能力的人才。本文以分子标记技术的发展为例谈谈如何进行创造性思维教学。

1　分子标记的概念

　　遗传标记(genetic markers)是指与目标性状紧密连锁，同该性状共同分离且易于识别的可遗传的等位基因变异(方宣钧等 2001)。而分子标记(molecular marker)是根据基因组 DNA 存在丰富的多态性而发展起来的可直接反映生物体在 DNA 水平上的差异的一类新型的遗传标记(genetic marker)。组成 DNA 分子的 4 种核苷酸在排列次序或长度上的任何差异都会产生 DNA 分子的多

收稿　2005-11-　　修定　2005-

* E-mail: wyfmsm@163.com, Tel:020-38897606

态性(刘勋甲等 1998)。

分子标记是继形态学标记、细胞学标记、生化标记之后最为可靠的一种遗传标记技术。前 3 种标记是对基因的间接反映，而 DNA 分子标记是 DNA 水平遗传变异的直接反映。分子标记本质上是指能反映生物个体或种群间基因组中某种差异的特异性 DNA 片段，因此也称为 DNA 指纹图谱(DNA fingerprinting)。分子标记技术因不受环境条件影响，分析手段快速简便，结论可靠，因而被广泛应用于遗传图谱的构建、基因定位与筛选及遗传多样性分析等各方面研究(周玉亮 2005)。

2 分子标记的发展和种类

Botstein 等(1980)[5]首先提出 DNA 限制性片段长度多态性(restriction fragment length polymorphism, RFLP)可以作为遗传标记，开创了直接应用 DNA 多态性作为遗传标记的新阶段。Mullis 等(1986)[6]发明了聚合酶链式反应(polymerase chain reaction, PCR)，使直接扩增 DNA 的多态性成为可能，随着 PCR 技术的迅速发展，又产生了各种新型的分子标记。从而使分子标记进入了一个日新月异的发展阶段。近 30 年来，分子标记技术得到长足发展，相继出现了多种分子标记技术。

目前，已形成了许多分子标记系统。依据多态性检测手段，大致可将分子标记分为 3 大类：第一类为基于 Souther 分子杂交技术的分子标记如 RFLP 等；第二类为基于 PCR 技术的分子标记如随机引物扩增多态性 DNA(random amplified polymorphism DNA, RAPD)等；第三类为结合 PCR 和 RLFP 技术的分子标记如扩增片段长度多态性(amplified fragment length polymorphism, AFLP)等。此外另外还有以 DNA 序列分析为核心的分子标记如表达序列标记(expressed sequence tag, EST)和单核苷酸多态性(single-nucleotide polymorphism, SNP)等(王永飞等 2001；方宣钧等 2001)。

2.1 以分子杂交技术为核心的分子标记

该标记技术是利用限制性内切酶酶解不同生物体的DNA分子，电泳后用特异探针进行分子杂交，通过放射性自显影或非放射性同位素显色技术来揭示DNA的多态性。其中最具代表性的是发现最早和迄今应用最广泛的RFLP标记。

RFLP标记是由于不同基因型中内切酶位点的碱基插入、缺失、重组或突变,利用限制性内切酶酶解基因组DNA时,从而产生大小不同的DNA片段,电泳后通过Southern印迹转移到硝酸纤维膜或尼龙膜上,吸印的DNA同特异的探针进行杂交,而后通过放射性自显影或其他显色技术显示杂交结果,从而揭示出DNA的多态性(方宣钧等2001)。

用于RFLP的探针多为单拷贝或低拷贝的DNA序列。RFLP分析所需的DNA量较大,但是膜做好以后可反复杂交多次。另外,RFLP非常稳定,多种农作物的RFLP分子遗传图谱已经建成,因而利用RFLP图谱对未知基因进行定位比较方便。不过,RFLP检测步骤较多,周期长,特别是只检测少数几个探针时成本较高。用作探针DNA的克隆、制备、保存和发放也很不方便。另一问题是检测中要使用放射性同位素。尽管已有几种非放射性同位素标记方法问世,例如美国RBL公司的Biotin系统,德国Boechringer Mannheim公司的Dig系统和英国Amersham公司的ECL系统等,但它们的高价格,低成功率和繁多的实验检测步骤等缺点依然影响其推广应用(王永飞等2001;方宣钧等2001)。

2.2 以PCR技术为核心的分子标记

PCR技术问世不久,便以其简便、快速和高效等特点迅速成为分子生物学研究的有力工具,尤其是在DNA分子标记技术的发展上更是起到了人们始料不及的巨大作用。

2.2.1 RAPD

RAPD标记是Williams等(1990)[8]于1990年建立的以一个通常为10碱基的寡核苷酸序列为引物,对基因组DNA随机扩增,从而得到多态性图谱作为遗传标记的方法。其特点是不依赖于生物种属特异性和基因组的结构,合成一套引物可以用于不同生物的基因组分析;它基于PCR技术,分析程序较简单,所需DNA的量极少;RAPD是一类显性的遗传标记,已被广泛用于基因的快速定位和遗传作图。但RAPD受反应条件影响较大,因而检测的重复性较差。

2.2.2 SCAR

为了提高某一理想RAPD标记的稳定性,可首先将其克隆并对其末端测序后,在原来RAPD所用的10bp引物上增加合成末端序列,以此为引物对基因组DNA再进行PCR扩增分析,此即SCAR (sequenced characterized amplified region,SCAR)标记(Paran和Michelmore 1993)。这样不仅使得

SCARs的稳定性比RAPD增强了许多，而且检测DNA间的差异可直接通过有无扩增产物来显示，可重复性强。

2.2.3 DAF

1991年，Caetano-Anolles等(1991)采用长度为5-8个碱基的引物，进行扩增基因组DNA，发现了DAF(DNA amplication fingerprinting, 扩增产物指纹)标记。与RAPD相比，DAF带型更加复杂，信息更丰富，并且往往用聚丙稀酰胺凝胶电泳，但它需要更高的引物浓度。

2.2.4 AP-PCR

有的科学家采用更长的引物来扩增基因组DNA，这就是AP-PCR(Arbitary primed PCR, 随机引物PCR)标记。它是Welsh等(1990)报道的一种分子标记。它的引物长度在10～50bp之间，一般是18－24个核苷酸，反应条件与常规PCR一样，稳定性要比RAPD好，但揭示多态性的能力要低。

2.2.5 ISSR标记

简单序列重复(Simple sequence repeat, SSR)是指以少数几个核苷酸(多数为2～4个)为单位多次串联重复的DNA序列(方宣钧等2001)。由于动植物基因组中存在大量的SSR，于是Zietkiewicz等(1994)就设想在随机引物的5′或3′端接上2－4个重复的嘌呤或嘧啶碱基，就可检测两个SSR之间的一段DNA序列的多态性。他们将这种标记称为ISSR(Inter-simple sequence repeat DNA, 简单序列重复区间DNA)标记。ISSR标记的引物长度在20个核苷酸左右，反应条件与常规PCR相同，发现稳定性比RAPD好。经PCR扩增出的ISSR片断较少。

2.3 结合PCR和RLFP技术的分子标记

结合PCR和RLFP技术的产生的分子标记主要有AFLP和CAPS(Cleaved amplified polymorphic sequences, 切割的扩增产物多态性序列)等。

2.3.1 AFLP 分子标记的基本原理

AFLP是由Vos等(1995)创建发展的一种DNA分子标记技术。AFLP是通过对基因组DNA 酶切片段的选择性扩增来检测DNA 酶切片段长度的多态性。其原理为基因组DNA 用限制性内切酶消化后，形成分子大小不等的限制性酶切片段；之后将酶切后的DNA 与其末端互补的双链人工接头(artificial adapter)连接，形成带接头的特异片段，用作随后PCR 反应的模板；然后利用选择性引物进行 PCR 扩增,该引物 5′端与接头和酶切位点序列互补,3′端在酶切位点后增加 2~3 个随机核苷酸,即:引物=接头序列+ 酶切位点序列+2~3 个随机核苷酸。特异性片段经 PCR 扩增,只有那些与引物的选择性碱基配对的 DNA 片段才能被扩增出来;扩增产物经聚丙烯酰胺凝胶电泳分离,然后根据凝胶上 DNA 指纹的有无来检出多态性。这种技术将 RAPD 的随机性与专一性扩增巧妙结合,又通过选用不同的内切酶以达到选择的目的,故又称之为选择性限制片段扩增(selective restriction fragment amplification, SRFA)(翁跃进 1996)。

不难看出,AFLP 兼具 RFLP 和 RAPD 两种方法的特长。AFLP 的接头和引物适用于不同的生物类型,而且 AFLP 能提供比 RFLP 和 RAPD 更多的基因组的多态性信息。AFLP 技术是 RFLP 和 RAPD 技术相结合的产物。它克服了 RFLP 技术复杂、RAPD 稳定性较差的缺点,又兼具两者之长。AFLP 与 RFLP 的主要区别是用 PCR 代替 Southern 杂交,它兼有 RFLP 技术的可靠性和 PCR 技术的高效性,且具有快速、灵敏、稳定、所需 DNA 量少、多态性检出率高、重复性好、可以在不知道基因组序列特点的情况下进行研究等特点,所以现已被广泛用于遗传图谱构建、遗传多样性研究、基因定位及品质鉴定等方面(陈启亮等 2005)。

2.3.2 CAPS 分子标记及其技术原理

CAPS(Cleaved amplified polymorphic sequences, 切割的扩增产物多态性序列)标记是指 PCR 产物经限制性内切酶消化后所表现出的 DNA 片段长度的变异,该标记由 Konieczny 和 Ausubevl 提出。它又可称为 PCR-RFLP。CAPS 实际上是一些特异引物 PCR 分子标记的延伸。当特异扩增产物的电泳谱带不表现多态性时,补救方法是用限制性内切酶处理扩增产物,然后通过琼脂糖或聚丙烯酰胺凝胶电泳检测其多态性。一般用特异设计的 PCR 引物扩增目标材料时,由于特定位点的碱基突变、插入或缺失数很小,以至无多态性出现,往往需要对相应 PCR 扩增片段进行酶切处理,以检测其多态性。

CAPS 所需的特异引物序列来自基因数据库、基因组或 cDNA 克隆以及已克隆的 RAPD 条带等。该标记表现为共显性遗传。所用的 PCR 引物是针对特定的位点而设计的。其基本步骤是:先进行 PCR 扩增,然后将 PCR 扩增产物用限制性内切酶酶切,再用琼脂糖凝胶将 DNA 片断分开,用 EB 染色和观察。CAPS标记作为PCR和限制性内切酶酶切技术相结合的分子标记技术，可以从单个的碱基差异进行分别，这为创建稳定、可靠、简便实用的共显性标记提供了一条捷径。在精密的分子图谱构建、新的基因定位以及分子标记辅助育种中具有广阔的应用前景(徐明磊等2005；于拴仓等2005等)。

3 分子标记的发展过程留给人的思考

从分子标记的发展我们可以看出，每种分子标记技术的发现就是一个科学创新过程。因此，在讲授分子标记时，应结合分子标记的发展过程进行创造性思维教学，启发学生向科学家们学习如下创造性思维：

第一，科学家非常善于进行联想思维，从5个核苷酸的随机引物联想到10个、20个核苷酸的随机引物、想到在随机引物的末端加上几个重复的核苷酸及特异的核苷酸。因此，在PCR技术的基础上，通过对随机引物长度的改变，就产生了5种类型的分子标记：采用5－8个核苷酸作为引物是DAF标记；采用10个核苷酸作为引物是RAPD标记；采用10－50个核苷酸作为引物是AP－PCR标记；在随机引物的5′或3′端接上2－4个重复的嘌呤或嘧啶碱基，使引物长度在20个核苷酸左右，就是ISSR标记；在原来RAPD所用的核苷酸引物上增加合成一些特定的核苷酸作为引物就是SCAR。从随机引物联想到特异引物的分子标记的出现，避免了对大量的引物进行筛选的过程，增加了分子标记的稳定性和重复性。联想可以使人从过去的知识中获得启示，激发灵感，加速创新活动的进程，扩大创新活动的成果。

第二，科学家非常擅长进行组合思维，把已知的RFLP和PCR技术联合起来，按照不同的顺序就产生了AFLP和CAPS两种不同的分子标记。AFLP标记是先将样品DNA用限制性内切酶进行酶切，再对其酶切片断进行扩增；CAPS标记则是先对样品DNA进行扩增，再用限制性内切酶对扩增产物进行酶切。不同技术的组合并不是简单的机械的相加，往往可以形成一个具有独特结构和独特内容的新技术。善于进行组合思考是导致创新成功的一种重要的思维方法。AFLP和CAPS就是在PCR和RFLP技术的基础上，经过组合和改进而导致的创新成果，并使PCR和RFLP技术得到不断的补充和发展。

第三，科学家有意识地设计与前人不同的试验，进行求异思维，在引物的长短上进行改变，从而导致了对PCR技术的再发现和再创造，从而发现了RAPD、DAF、AP－PC、ISSR和SCAR标记；在把已知的RFLP和PCR技术联合起来，按照不同的顺序就产生了AFLP和CAPS两种不同的分子标记。求异思维可以使人从不同的方面去思考，进而提出独具特色、另辟蹊径的创新性设想。

联想、组合和求异思维都在于一个"思"字。如果不在"思"字上下功夫，怎会有创造性发现呢？作为生物学教师，应利用上述生动的事例让学生明白思考对重大发现的重要性，启发学生在掌握了已有的知识和方法后，创造性地提出下一步研究的问题、改进的方法。更应该让学生明白，只有大胆想象、善于思考，才会有创造性的研究成果。

总则，在创造性思维教学中，应注重创新性成果获得方法的介绍，让学生在获得知识的同时，学会创造思维的方法。这不仅可以使学生掌握生命科学的知识，而且提高学生的方法意识和创新意识，增强了学生的创新思维能力。

参考文献

陈启亮, 李清国, 田瑞, 张青林(2005). AFLP标记及其在园艺植物遗传育种中的应用. 长江大学学报(自科版), 2(2): 19～24

方宣钧, 吴为人, 唐纪良 (2001). 作物DNA标记辅助育种. 北京: 科学出版社, 13～15

侯万里, 王亮 (2005). 浅谈对培养学生创造性思维能力的认识. 青岛大学医学院学报, 41(2): 181～182

刘勋甲, 郑用琏, 尹艳 (1998). 遗传标记的发展及分子标记在农作物遗传育种中的运用. 湖北农业科学, 1: 33～35

王永飞, 马三梅, 刘翠萍, 王鸣 (2001). 遗传标记的发展和分子标记的检测技术. 西北农林科技大学学报(自然科学版), 29(6): 130～136

翁跃进 (1996). AFLP——一种DNA分子标记新技术. 遗传, 18(6): 29～31

徐明磊, 宋明, 杜永臣, 王孝宣(2005). 番茄高可溶性固形物基因CAPS标记的创制. 西南园艺, 33(4): 1-4

于拴仓, 柴敏, 郑晓鹰, 姜立纲(2005). 番茄叶霉病抗性基因*cf-5*的CAPS标记建立. 分子植物育种, 3(1):57-60

周玉亮 (2005). 分子标记技术及其在植物遗传育种中的应用. 生物技术通讯, 16(3): 350～352

Botstein D, White RL, Skolnik M, Davis RM (1980). Construction of a genetic linkage map in man using length polymorphism. Am J Human Genet, 32: 314-331

Caetano-Anolles G, Gassam BJ, Gresshoff PM (1991). DNA amplification fingerprinting using very short arbitrary oligonucleotide primers. Bio/Technology, 9: 292～305

Konieczny A, Ausubevl FM (2005). A procedure for mapping *Arabidopsis* mutations using co-dominant ecotype-specific PCR-based markers. The Plant J, 4:403～410

Mullis, KB, Faloona F, Scharf SJ, Saiki RK, Horn GT, Erlich HA (1986). Specific enzymatic amplification of DNA in vitro: the polymerase chain reaction. Cold Spring Harbor Symp Quant Biol, 51: 263～273

Paran I, Michelmore R W (1993). Development of reliable PCR-based markes linked to downy mild resistance genes in lettuce. Theor Appl Genet, 85: 985～993

Vos P, Hogers R, Bleeker M, Reijans M, Vande L, Fornes M, Frijters A, Pot J, Peleman J, Kuiper M, Zabeau M (1995). AFLP : a new technique for DNA fingerprinting . Nucleic Acids Res, 23: 4407～4141

Welsh J, Mcllelland M (1990). Fingerprinting genomes using PCR with arbitrary primers. Nucleic Acids Res, 18: 7213～7218

William JGK, Kubelik AR, Livak KJ, Rafalaki JA, Tingey SV. (1990). DNA polymorphisms amplified by arbitrary primers are useful as genetic markers. Nucleic Acids Res, 18(22): 6531～6535

Ziethiewicz E, Rafalski A, Labuda D (1994). Genome fingerprinting by simple sequence repeat (SSR)-anchored polymerase chain reaction amplification. Genomics, 20: 176～183

附录Ⅶ 《谈谈如何结合分子标记的发展培养学生的创造性思维》一文的原稿、修改说明信、正式发表稿及原稿与正式发表稿的比较

2. 修改说明信

尊敬的编辑先生：

您好！

《结合分子标记的发展谈谈如何培养学生的创造性思维》（稿件编号05539）一文的修改意见已收到。首先谢谢您对论文的认真修改和指正，使我受益匪浅。

我在第一稿写作时，主要是按我讲课的方式进行写作的。在第一稿中首先介绍了分子标记的概念及其发展，在学生明白分子标记相关知识的基础上再谈分子标记技术中的创造性思维。这样写学生容易接受和理解。但作为一篇教学论文，这样写就显得有些主题不突出和比较罗嗦。我已按修改意见进行了的修改，今将修改稿、原稿和修改意见邮去，请注意查收。并就具体修改情况说明如下：

1. 突出了主题。

2. 把分子标记的发展和创造性思维结合起来写。

3. 已对正文和参考文献进行了压缩。

4. 对参考文献进行了核对，并在国内及国外的数据库中得到验证。对贵刊采用"著者-出版年制"书写参考文献的要求，我非常赞同，这样更加规范和科学。

其他修改内容见修改稿。

以上修改是否妥当，请您审阅。文中不妥之处还请多多指正。谢谢！

顺祝：

　　　　　　　新年快乐！
　　　　　　　生活愉快！

　　　　　　　　　　　此致

敬礼

　　　　　　　　　　　　　　　王永飞

2005年12月26日

3. 正式发表稿

谈谈如何结合分子标记技术的发展培养学生的创造性思维能力

王永飞*

暨南大学生物工程学系，广州 510632

在生物学教学中，有许多事例可以作为创造性思维教学(creative thinking instruction)的内容。结合这些事例进行创造性思维教学，不但有利于学生掌握生物学的知识和技能，而且有利于培养具创新能力的人才。本文以分子标记技术的发展为例谈谈如何培养学生的创造性思维能力。

1 分子标记的概念及其种类

遗传标记(genetic marker)是指与目标性状紧密连锁、同该性状共同分离且易于识别的可遗传的等位基因变异。组成DNA分子的4种核苷酸在排列次序或长度上的任何差异都会产生DNA分子的多态性。分子标记(molecular marker)就是指根据基因组DNA存在丰富的多态性而发展起来的可直接反映生物体在DNA水平上的差异的一类新型的遗传标记(方宣钧等 2001)。

Botstein等(1980)首先提出DNA限制性片段长度多态性(restriction fragment length polymorphism, RFLP)可以作为遗传标记，开创了直接应用DNA多态性作为遗传标记的新阶段。Mullis等(1986)发明了聚合酶链式反应(polymerase chain reaction, PCR)，于是直接扩增DNA的多态性成为可能。近30年来，分子标记技术得到长足发展，相继出现了多种分子标记技术。依据多态性检测手段，大致可将目前已有的分子标记分为3大类：第一类为基于Southern分子杂交技术的分子标记如RFLP等；第二类为基于PCR技术的分子标记如随机引物扩增多态性DNA (random amplified polymorphic DNA, RAPD)等；第三类为结合PCR和RFLP技术的分子标记如扩增片段长度多态性(amplified fragment length polymorphism, AFLP)等。另外，还有以DNA序列分析为核心的分子标记如表达序列标记(expressed sequence tag, EST)和单核苷酸多态性(single nucleotide polymorphism, SNP)等(方宣钧等 2001)。

2 结合分子标记技术的发展培养学生的创造性思维

每种分子标记技术的发现就是一个科学创新过程。因此，在讲授分子标记时，应结合分子标记的发展过程进行创造性思维教学，启发学生向科学家们学习如下的创造性思维：

第一，联想思维。联想可以使人从过去的知识中获得启示，激发灵感，加速创新活动的进程，扩大创新活动的成果。例如在PCR技术的基础上，从短的引物联想到长的引物，从随机引物联想到在随机引物的末端加上几个重复的核苷酸，通过对引物进行改变，就产生了许多新的分子标记技术。采用长度为5~8个碱基的随机寡核苷酸序列为引物，对基因组DNA进行PCR扩增，是DNA扩增指纹(DNA amplification fingerprinting, DAF)标记(Caetano-Anolles等1991)；以10个碱基的随机寡核苷酸序列为引物，对基因组DNA进行PCR扩增就成为RAPD标记(Williams等1990)；采用长度为18~24个碱基的随机寡核苷酸序列为引物，对基因组DNA进行PCR扩增就是随机引物PCR (arbitrary primed PCR, AP-PCR)标记(Welsh和McClelland 1990)；为了检测2个简单序列重复(simple sequence repeat, SSR)之间的DNA序列的多态性，Ziethiewicz等(1994)在随机引物的5'或3'端接上2~4个重复的嘌呤或嘧啶碱基，就发明了简单序列重复区间DNA (inter-simple sequence repeat DNA, ISSR)标记技术。

为了提高某一理想RAPD标记的稳定性，首先将其克隆并对其末端测序后，在原来RAPD所用的10个碱基引物上增加合成末端序列，以此为引物对基因组DNA再进行PCR扩增就是序列特征扩增区域(sequenced characterized amplified region,

---

收稿 2005-11-18 修定 2006-03-06
* E-mail: wyfmsm@163.com, Tel: 020-38897606

附录VII 《谈谈如何结合分子标记的发展培养学生的创造性思维》一文的原稿、修改说明信、正式发表稿及原稿与正式发表稿的比较

SCAR)标记。它的稳定性比RAPD增强了许多，并且DNA之间的差异可直接通过有无扩增产物来显示(Paran和Michelmore 1993)。因此，从随机引物联想到特异引物既产生新的分子标记，也增加了分子标记的稳定性和简便性。

第二，组合思维。善于进行组合思考是导致创新成果的一种重要的思维方法。不同技术的组合并不是简单的机械相加，而往往可以形成一个具有独特结构和独特内容的新技术。例如把已知的RFLP和PCR技术联合起来，按照不同的顺序就产生了AFLP和切割的扩增多态性序列(cleaved amplified polymorphic sequences, CAPS) 2种分子标记。AFLP标记是先将样品DNA用限制性内切酶进行酶切，再对其酶切片段进行PCR扩增(Vos等1995)；CAPS标记则是先对样品DNA进行PCR扩增，再用限制性内切酶对扩增产物进行酶切(Konieczny和Ausubevl 1993)。因此，AFLP和CAPS就是在PCR和RFLP技术的基础上，经过组合和改进而导致的创新成果，并使PCR和RFLP技术得到不断的补充和发展。

第三，求异思维。要有意识地设计与前人不同的试验。求异思维可以引导人们从不同的方面去思考，进而提出独具特色、另辟蹊径的创新性设想。例如每一种新类型分子标记的发现都是求异思维的结果，在引物的长短上进行改变，导致了对PCR技术的再发现和再创造，从而发明了RAPD、DAF、AP-PCR、ISSR和SCAR等标记；将已知的RFLP和PCR技术联合起来，按照不同的顺序就产生了AFLP和CAPS 2种不同的分子标记。

3 小结

联想、组合和求异思维都在于一个"思"字。如果不在"思"字上下功夫，怎会有创造性发现呢？作为生物学教师，应该用上述生动的事例让学生明白思考的重要性，启发学生在掌握了已有的知识和方法后，创造性地提出下一步研究的思路和改进的方法。更应该让学生明白，只有善于思考，才会有创造性的研究成果。

总之，在创造性思维教学中，应注重介绍获得创新性成果的方法，让学生在获得知识的同时，学会创造性思维。这样，学生不但可以掌握生物学的知识和技能，而且可以培养自己的创新意识，使创造性思维能力得到提高。

参考文献

方宣钧, 吴为人, 唐纪良(2001). 作物DNA标记辅助育种. 北京: 科学出版社, 1~21

Botstein D, White RL, Skolnik M, Davis RW (1980). Construction of a genetic linkage map in man using length polymorphism. Am J Hum Genet, 32 (3): 314~331

Caetano-Anolles G, Bassam BJ, Gresshoff PM (1991). DNA amplification fingerprinting using very short arbitrary oligonucleotide primers. BioTechnol, 9 (6): 553~557

Konieczny A, Ausubevl FM (1993). A procedure for mapping *Arabidopsis* mutations using co-dominant ecotype-specific PCR-based markers. Plant J, 4 (2): 403~410

Mullis K, Faloona F, Scharf S, Saiki R, Horn G, Erlich H (1986). Specific enzymatic amplification of DNA *in vitro*: the polymerase chain reaction. Cold Spring Harbor Symp Quant Biol, 51 (1): 263~273

Paran I, Michelmore RW (1993). Development of reliable PCR-based markers linked to downy mildew resistance genes in lettuce. Theor Appl Genet, 85 (8): 985~993

Vos P, Hogers R, Bleeker M, Reijans M, Van de Lee T, Hornes M, Frijters A, Pot J, Peleman J, Kuiper M et al (1995). AFLP: a new technique for DNA fingerprinting. Nucleic Acids Res, 23 (21): 4407~4114

Welsh J, McClelland M (1990). Fingerprinting genomes using PCR with arbitrary primers. Nucleic Acids Res, 18 (24): 7213~7218

Williams JG, Kubelik AR, Livak KJ, Rafalski JA, Tingey SV (1990). DNA polymorphisms amplified by arbitrary primers are useful as genetic markers. Nucleic Acids Res, 18 (22): 6531~6535

Ziethiewicz E, Rafalski A, Labuda D (1994). Genome fingerprinting by simple sequence repeat (SSR)-anchored polymerase chain reaction amplification. Genomics, 20 (2): 176~183

4. 原稿与正式发表稿的比较

从原稿与正式发表稿的比较可以看出，原稿8页8400多字，而正式发表稿只有2页4200多字。投稿后，专家提出了修改意见，说"稿件有较好的新意，但主题不突出和比较啰嗦；没有把分子标记的发展和创造性思维结合起来写"。我们根据专家的审稿意见进行了修改和压缩，主要体现在以下几方面。

（1）结构的调转 原稿主要包括3部分，第一部分为"分子标记的概念"；第二部分为"分子标记的发展和种类"；第三部分为"分子标记的发展过程留给人

的思考"。我们是按照先介绍分子标记的概念，然后介绍分子标记的发展和种类，在读者明白了分子标记的发展过程的基础上再谈分子标记技术发展中的创造性思维的思路来写的。这样写学生容易接受和理解。但作为一篇教学论文，这样写就显得有些主题不突出和比较啰嗦。因为这篇文章主要是想通过分子标记技术的发展案例来培养学生的创新性思维。因此，在修改稿中，我们按照专家的修改意见，着重突出对分子标记发展技术中创新思维的介绍，把该文改为 3 部分：第一部分为"分子标记的概念及其种类"，第二部分为"结合分子标记技术的发展培养学生的创造性思维"，第三部分为"小结"。第一部分简单介绍了分子标记的概念及其种类；第二部分重点介绍了分子标记技术中的联想、组合和求异等创新思维；第三部分对该文进行了总结，强调了创新思维在科学技术发展中的重要性，在教学中要注重介绍获得创新性成果的方法，让学生在获得知识的同时学会创新性思维。这样修改，把第一稿中对分子标记种类的详细介绍一笔带过，紧扣标题，突出主题，并把分子标记的发展和创造性思维结合起来写，就变成了一篇言简意赅、主题突出的教学论文。

（2）文献的修改　　根据对原文的压缩和修改，相应地对参考文献进行调整、修改、压缩和核对，并在国内及国外的数据库中得到验证。

（3）题目的修改　　原稿的题目为"结合分子标记的发展谈谈如何培养学生的创造性思维"，正式发表稿改为了"谈谈如何结合分子标记的发展培养学生的创造性思维能力"，这样更加突出了主题，主谓关系更加清楚和明显。

此外，原稿中有中英文摘要、关键词、图书分类号等内容。根据期刊的要求及教学论文的特点，在正式发表时删除了这些内容。

从这些修改过程和内容可以看出，投稿之后能够收到"修改后发表"的回信，说明论文的选题是得到肯定的。此时要认真阅读评审意见，以平和的心态面对那些比较尖锐的评审意见，以感恩的心接受评审意见。然后对每条评审意见给出答复。

附录Ⅷ 《从绿色荧光蛋白的发现谈如何提出新颖的科研问题》一文的原稿、审稿意见、修改说明信、校对稿、校对修改说明信、正式发表稿及点评

1. 原稿

从绿色荧光蛋白的发现谈如何提出新颖的科研问题

期刊:	生命的化学
稿件 ID:	SMHX-2011-0228
稿件类型:	生化教育
作者提交的日期:	2011-7-19
完成作者列表:	王, 永飞; 暨南大学
关键词:	绿色荧光蛋白, 案例教学, 科研问题

从绿色荧光蛋白的发现谈如何提出新颖的科研问题

马三梅[1]，王永飞[1]，周天鸿[1]，郑文杰[1]，黄世光[2]

1. 暨南大学生命科学技术学院，广州 510632；
2. 暨南大学医学院，广州 510632

摘要：为了使研究生在获得专业知识的同时，还可以依据文献提出新的科研问题和设计实验方案，我们结合绿色荧光蛋白的案例教学，谈谈在其发现过程是如何提出新的科研问题以及提出新科研问题所用的思维方式。启发研究生运用求异和置换的思维方式来提出新的问题和设计实验，从而为研究生完成学术论文奠定良好的基础。

关键词：绿色荧光蛋白；案例教学；科研问题；科研思维

中图分类号：G643.0

How to propose a question which can be learned from the discovery of green fluorescent protein

MA San-mei[1], WANG Yong-fei[1], ZHOU Tian-hong[1], ZHENG Wen-jie[1], HUANG Shi-guang[2]

1. College of Life Science and Technology, Jinan University, Guangzhou 510632, China；
2. College of Medicine, Jinan University, Guangzhou 510632, China；

Abstract: In order to make graduates obtain knowledge, propose a question and design a new experiment according to references at the same time, we use the case-based teaching of green fluorescent protein as example, the questions that were proposed and thinking methods that were used during the discovery of green fluorescent protein were discussed carefully. These teaching methods will be helpful for graduates to use different thinking and substitutable thinking to propose a new question and to design a new experiment according to references. These will lay good foundations for their dissertations.

Key words: green fluorescent protein, case-based teaching, method of proposing a question for scientific research

达尔文曾经说过：最有价值的知识是关于方法的知识。诺贝尔奖获得者沃森也曾经说过，最好的课题是，问一个从来没有人问过的问题，然后去解决它。但是，由于中国的课堂一般是将学生教得没有问题。一堂课结束后，学生如果没有问题，那么就表明课上得十分成功。如何让一个长期接受中国基础教育感觉不到有问题存在的研究生，改变过去的思考方式，提出一个从来没有人问过的问题，就成为研究生完成学术论文、进行科研选题的关键。本文就绿色荧光蛋白的发现过程谈谈其发现过程，在其发现过程提出的各个问题，提出新问题所用的思维方式以及如何提出问题。

1 绿色荧光蛋白的发现过程

绿色荧光蛋白是一种能够发出绿色荧光的蛋白质，它存在于维多利亚多管水母（*Aequorea victoria*）体内。改良后的绿色荧光蛋白基因可以作为报告基因，观察目的基因

收稿日期：2011- - ；修回日期：2011-
基金项目：暨南大学 2010 年学位与研究生教育教学研究和改革项目 10MS19。
作者简介：马三梅（1971—），女，副教授，研究方向：植物学。E-mail：msmwdw@163.com
通讯作者：王永飞（1972—），男，副教授，研究方向：植物生理学。E-mail：wyfmsm@163.com

附录Ⅷ 《从绿色荧光蛋白的发现谈如何提出新颖的科研问题》一文的原稿、审稿意见、修改说明信、校对稿、校对修改说明信、正式发表稿及点评

在生物体内表达位置[1]。Osamu Shimomura、Martin Chalfie、Roger Y. Tsien 也因为绿色荧光蛋白的研究共同获得 2008 年诺贝尔化学奖。绿色荧光蛋白的研究过程如下：

首先是 1955 年，Davenport 和 Nicol 发现维多利亚多管水母（A. victoria）可以发出蓝绿色的光[2]。但是，为什么维多利亚多管水母（A. victoria）能够发光？引起它发光的物质是什么呢？科学家并不清楚。

这个问题成为 Shimomura 和 Johnson 的研究方向。终于在 1962 年，他们从维多利亚多管水母（A. victoria）中分离纯化出水母素，同时还发现了维多利亚多管水母（A. victoria）体内有绿色荧光蛋白存在[3]。在 1963 年，他们发现钙离子可以增强水母素的发光[4]。水母素的这种性质有用处吗？

根据水母素的性质，科学家发现可以利用水母素来检测生物体内钙离子的存在。这种方法成为检测细胞内钙离子的一种常用方法。但是，水母素和绿色荧光蛋白在发光机制上有什么不同？

1974 年，Morise、Shimomura 和 Johnson 在进一步的研究中从维多利亚多管水母（A. victoria）分离纯化出绿色荧光蛋白晶体。而且还发现在没有绿色荧光蛋白存在时，水母素能够发出很弱的蓝色荧光，波长在 470nm；钙离子和水母素结合后，将能量传递给绿色荧光蛋白，导致绿色荧光蛋白在紫外光下发出绿色荧光，波长在 509nm[5]。1979 年，Shimomura 对 GFP 的氨基酸序列和发光特性进行研究，发现水母素要将能量传递给 GFP 后才可以让 GFP 发出绿色的荧光；而 GFP 则能够在蓝光的激发下，直接发出绿色荧光[6]。水母素是 180 个氨基酸组成的蛋白质(分子量约 22KDa)和荧光素(咪唑吡嗪)组成的物质[7]。至此，维多利亚多管水母(A. Victoria)水母素和 GFP 的发光机制已经研究清楚。

随着分子生物学的发展，很多蛋白质的基因序列被科学家所发现。水母素和绿色荧光蛋白的基因序列如何？

1985 年，Prasher 和 McCann 等克隆出水母素所含蛋白质基因[8]。1992 年，Prasher 等人又克隆出绿色荧光蛋白基因，发现 GFP 含有 238 个氨基酸，分子量为 26888 Da[9]。绿色荧光蛋白是从维多利亚多管水母（A. victoria）细胞内一种能够发出荧光的蛋白质，它的基因是否能够在其它生物细胞中表达呢？

1994 年 Chalfie 将绿色荧光蛋白基因导入大肠杆菌（Escherichia. coli）和秀丽隐杆线虫（Caenorhabditis elegans）中，发现绿色荧光蛋白基因可以发出绿色荧光，证明了绿色荧光蛋白基因可以在其它生物中表达[10]。一个月后 Inouye 和 Tsuji 将绿色荧光蛋白基因导入大肠杆菌（E. coli）中，发现可以发出绿色荧光[11]。从此，绿色荧光蛋白基因将作为能够发光的报告基因，用来观察和它融合在一起的蛋白质的表达情况。

由于野生型的绿色荧光蛋白发光较弱、不稳定，对温度、PH 和氯化物十分敏感，使用起来并不方便。Tsien 等研究了绿色荧光蛋白的结构，并进行深入研究。1995 年，他们发现可以改变野生型绿色荧光蛋白的基因序列，如将 65 位的 Ser 突变成 Thr，改造后的 GFP 基因表达以后，可以发出很多可见光的光谱，例如发出青色、黄色、蓝色等荧光。有的突变体还可以被激活发光的颜色发生改变[12]。从此，绿色荧光蛋白成为生物学转基因研究中被广泛应用的一个报告基因。

2 绿色荧光蛋白的发现过程中提出的问题

从绿色荧光蛋白的发现过程可以看出：每一个研究都引出了一个新的问题。它们分别是：

在发现维多利亚多管水母（A. victoria）能够发光以后，它发光的物质基础是什么？

当从维多利亚多管水母（A. victoria）分离出水母素和绿色荧光蛋白以后，水母素和绿色荧光蛋白的性质如何？

在发现了钙离子可以增强水母素的表达之后。这种性质是否有用呢？

发现水母素可以用来检测钙离子的存在。但是水母素和绿色荧光蛋白的关系是怎样呢？

在发现水母素可以发出绿色荧光，而且它将能量传递给绿色荧光蛋白，导致绿色荧光蛋白发出绿色荧光之后。随着分子生物学的研究，水母素和绿色荧光蛋白的基因序列如何？Prasher 克隆出水母素和绿色荧光蛋白的基因。

绿色荧光蛋白基因既然可以在维多利亚多管水母（A. victoria）细胞中表达。克隆出来的基因是否可以其它生物细胞中表达吗？ Chalfie 等将绿色荧光蛋白基因分别导入大肠杆菌和线虫中，发现绿色荧光蛋白基因可以表达。

由于野生型绿色荧光蛋白的荧光较弱等缺陷，使用起来不方便。是否可以改变它的基因序列，来增强它的荧光呢？ Tsien 根据绿色荧光蛋白的结构，对绿色荧光蛋白的基因序列进行了改造，发现多种能够发出荧光的突变基因。这些研究最终导致绿色荧光蛋白成为生物学研究的广泛应用的一个报告基因。Shimomura、Chalfie、Tsien 因为绿色荧光蛋白的研究而同时获得诺贝尔奖。

3 绿色荧光蛋白的发现过程中提出的问题运用的思维方式

绿色荧光蛋白的研究过程采用了哪些思维方式呢？最突出的是在前人研究的基础上，运用求异的思维方式，问一个不同的问题。其次运用置换的思维方式，例如将研究绿色荧光蛋白的蛋白质序列置换成研究其的基因序列，将维多利亚多管水母（A. victoria）换成细菌、线虫等生物，将绿色荧光蛋白部分基因序列的进行置换等。求异和置换这两种思维方式可以说是渗透着绿色荧光蛋白研究的全部过程。

4 如何提出问题

由绿色荧光蛋白的思维方式可以看出：在前人的研究基础上，采用求异和置换的思维提出问题、设计实验是科学研究的基本要求。因为问题的提出往往决定着研究生是否能够做出研究成果的第一因素。如何在研究生的教学过程和阅读文献的过程中，给他们一些建议，使他们能够在前人研究的基础上提出一个已有的研究不能回答的问题呢？

我们在教学过程中，运用这个成功的科研例子，将绿色荧光蛋白的研究过程，科学家是如何提出的问题，他们所采用的思维方式讲述出来。让研究生明白：科学研究首先采用求异的思维方式，提出新问题；只要有了与众不同的问题，就可以避免与前人研究的重复。然后，采用置换的思维方法设计实验，解决这个问题。例如置换实验材料，观察这种现象是否在其他生物也如此？置换部分基因序列，观察结果如何？只要掌握提出问题的技巧，多多思考，就可以根据前人的实验提出独一无二的问题。然后，步步深入，逐步回答提出的问题。

参考文献(References)：

[1] Shagin DA, Barsova EV, Yanushevich YG, Fradkov AF, Lukyanov KA, Labas YA, Semenova TN, Ugalde JA, Meyers A, Nunez JM, Widder EA, Lukyanov SA, Matz MV. GFP-like Proteins as Ubiquitous Metazoan Superfamily: Evolution of Functional Features and Structural Complexity. *Mol Biol Evol*, 2004, 21(5):841-850

[2] Davenport D, Nicol JAC. Luminescence in Hydromedusae. *Proc R Soc London Ser B*, 1955, 144(6): 399-411

[3] Shimomura O, Johnson FH, Saiga Y. Extraction, purification and properties of aequorin, a bioluminescent protein from the luminous hydromedusan, Aequorea. *J Cell Comp Physiol*, 1962, 59(3): 223-239

[4] Shimomura O, Johnson FH, Saiga Y. Microdetermination of calcium by aequorin luminescence. *Science*, 1963, 140(357):1339-1340

[5] Morise H, Shimomura O, Johnson FH, Winant J. Intermolecular energy transfer in the abioluminescent system of Aequorea. *Biochemistry*, 1974, 13(12): 2656-2562

[6] Shimomura O. Structure of the chromophore of *aequorea* green fluorescent protein. *FEBS Lett* 1979, 104(2): 220-222

[7] Kendall JM, Badminton MN. *Aequorea victoria* bioluminescence moves into an exciting new era. *Trends in*

附录Ⅷ 《从绿色荧光蛋白的发现谈如何提出新颖的科研问题》一文的原稿、审稿意见、修改说明信、校对稿、校对修改说明信、正式发表稿及点评

Biotechnology. 1998, 16(5): 216-224

[8] Prasher D, McCann RO, Cormier MJ. Cloning and expression of the cDNA coding for aequroin a bioluminescent calium-activated protein. *Biochem Biophys Res Commun*, 1985, 126(3): 1259-1268

[9] Prasher D, Eckenrode V, Ward W, Prendergast F, Cormier M. Primary structure of the *Aequorea Victoria* green-fluorescent protein. *Gene*, 1992, 111(2):229-233

[10] Chalfie M, Tu Y, Euskirchen G, Ward W, Prasher D. Green fluorescent protein as a marker for gene expression. *Science*,1994, 263(5148):802-805

[11] Inouye S, Tsuji F. Aequorea green fluorescent protein, Expression of the gene and fluorescence characteristics of the recombinant protein. *FEBS Lett*, 1994, 341(2/3):277–280

[12] Heim R, Cubitt AB, Tsien RY. Improved green fluorescence. Nature,1995, 373(6516):663–664

2. 审稿意见

审稿结果通知 (SMHX-2011-0228)

发件人： smhx@sibs.ac.cn

收件人： wyfmsm@163.com

抄送：

主题： 生命的化学 - 稿件处理意见 - 稿件ID: SMHX-2011-0228

正文： 王博士：

您提交的稿件 ID 为"从绿色荧光蛋白的发现谈如何提出新颖的科研问题",已经完成了外审。外审意见附信末。外审专家已经建议录用您的稿件,但建议做小修改,所以请您仔细阅读审稿意见并提交您的修改稿。提交修改稿时,请登录到http://mc03.manuscriptcentral.com/smhx,并进入您的"作者中心",选择"已返审稿意见的稿件"列表,点击"操作"项下"创建修改稿"。新的稿件编号将标为修订稿。修改时,请您在Word或使用粗体或彩色文字标明修改的内容。修改完成,请同样登录"作者中心",上传修改稿。

当您提交修改稿时,可以在文本框中填写对外审意见的回复。回复的内容也可以说明一下您对原稿的修改情况。为了加速修改稿处理时间,请尽可能具体明您对外审意见的回复。

注意： 您的提交原稿时上传的文件也复制到文件上传步骤。请在该步骤删除不必要的原文件,然后完成提交。

为了能够促进稿件的快速发表,请您修改后尽快上传修改稿。

再次感谢您向我刊投稿,期待着收到您的修改稿。

此致

敬礼!

生命的化学 编辑部

外审意见：

文稿选题较好,以GFP为例讨论如何提出新颖的科学问题,对学生学习和开展科研有帮助。综述比较全面,也有作者自己的观点。本文写作思路清晰,引述可靠。

问题与建议：

1. 第3部分"绿色荧光蛋白的发现过程中提出的问题运用的思维方式"和第4部分"如何提出问题"（包括小标题）,是否可以重新润色？

2. 第4部分"如何提出问题"是否展开更充分些,再举些别的实例？

3. 有无更新些的文献？

4. 语言方面,有极个别语句不是很通顺,建议作者稍作修改或润色；英文摘要需要重写；另外,文中引用论文作者的姓与名混淆,需要校正。

发送日期： 2011-7-26

3. 修改说明信

尊敬的编辑先生：

您好！

《从绿色荧光蛋白的发现谈如何提出新颖的科研问题》(稿件编号为 05509)一文的修改意见已收到。首先非常感谢您们对文章的认真修改和指正，使我们受益匪浅。

我们已按修改意见进行了的修改，今将修改稿、原稿和修改意见邮去，请注意查收。并就问题的回答和修改情况说明如下：

关于第一个问题，第 3 部分"绿色荧光蛋白的发现过程中提出的问题运用的思维方式"和第 4 部分"如何提出问题"（包括小标题），是否可以重新润色？我们已经按照专家的意见重新润色修改，增加了部分内容。

关于第二个问题，第 4 部分"如何提出问题"是否展开更充分些，再举些别的实例？ 我们结合自己指导的研究生的研究，进行了展开。

重新核对参考文献，更正了出现的问题。在查阅原文的基础上，每篇参考文献经国内及国外的数据库验证。

关于第三个问题，有无更新些的文献？

我们按照专家的意见补充了新的文献。

关于第四个问题，语言方面，有极个别语句不是很通顺，建议作者稍作修改或润色；英文摘要需要重写；另外，文中引用论文作者的姓与名混淆，需要校正。

我们重新通读了文章，修改了不通顺的句子，重写了英文摘要，修改了参考文献。

其他修改内容见修改稿。

以上修改是否妥当，请您审阅。文中不妥之处还请多多指正。谢谢！

顺祝：

工作顺利！

万事如意！

王永飞

2011 年 8 月 2 日

附录Ⅷ 《从绿色荧光蛋白的发现谈如何提出新颖的科研问题》一文的原稿、审稿意见、修改说明信、校对稿、校对修改说明信、正式发表稿及点评

4. 校对稿

从绿色荧光蛋白的发现谈如何提出新颖的科研问题

马三梅[1]　王永飞[1]　闫道广[1]　周天鸿[1]　郑文杰[1]　黄世光[2]

[1]暨南大学生命科学技术学院，广州 510632
[2]暨南大学医学院，广州 510632

摘要：为了使研究生在获得专业知识的同时，还可以根据文献提出新的科研问题，并设计实验方案来解决提出的问题，我们以绿色荧光蛋白为案例教学，谈谈在其发现过程中是如何提出问题以及提出问题所用的思维方式。启发研究生运用求异和置换的思维方式来提出新颖的科研问题，并设计实验来回答提出的问题，从而为研究生完成学术论文奠定良好的基础。

关键词：绿色荧光蛋白；案例教学；求异思维；置换思维

中图分类号：G643.0；Q51

批注 [chy1]: ?

批注 [chy2]: 请核对

What can be learned from the discovery process of green fluorescent protein: How to propose a new question?

MA Sanmei[1], WANG Yongfei[1], YAN Daoguang[1], ZHOU Tianhong[1], ZHENG Wenjie[1], HUANG Shiguang[2]

[1]College of Life Science and Technology, Jinan University, Guangzhou 510632, China
[2]College of Medicine, Jinan University, Guangzhou 510632, China

Abstract How to help graduates propose a new question and design a new experiment according to references that they read at the same time? Using the **discovery process of** green fluorescent protein as case-based teaching example, the questions that were proposed and thinking methods that were used during the discovery process of green fluorescent protein were discussed carefully. These thinking methods included divergent thinking and substitute thinking. These thinking methods will be helpful for graduates. They can use these thinking methods to propose a new question and design a new experiment. This teaching method will lay good foundations for their dissertations.

批注 [chy3]: 核对
批注 [chy4]: 核对

Key words　green fluorescent protein; case-based teaching; different thinking; substitute thinking

　　达尔文曾经说过：最有价值的知识是关于方法的知识。诺贝尔奖获得者沃森也曾经说过，最好的课题是，问一个从来没有人问过的问题，然后去解决它。但是，由于中国的课堂一般是将学生教得没有问题，一堂课结束后，学生没有问题，那么就表明课上得十分成功。如何让一个长期接受中国基础教育感觉不到有问题存在的研究生，改变过去的思考方式，提问一个从来没有人问过的、新颖的科研问题，就成为研究生完成学术论文、进行科研选题的关键。本文以绿色荧光蛋白为案例教学，谈谈其发现过程；在其发现过程是如何提出问题；以及提出新问题所用的思维方式，并就如何提出问题给出了一些建议。

批注 [chy5]: ?
批注 [chy6]: 重新组织语言

1. 绿色荧光蛋白的发现过程

　　绿色荧光蛋白(green fluorescent protein, GFP)是一种能够发出绿色荧光的蛋白质，它存在于维多利亚多管水母(*Aequorea victoria*)体内。改良后的绿色荧光蛋白基因可以作为报告基因，观察目的基因在生物体内的表达程度和位置[1]。Osamu Shimomura、Martin Chalfie、Roger Y. Tsien 也因为关于 GFP 的研究成果共同获得 2008 年诺贝尔化学奖。GFP 的发现过程如下：
　　首先在 1955 年，Davenport 和 Nicol 发现维多利亚多管水母(*A. victoria*)可以发出蓝绿色的光[2]。但是，为什么维多利亚多管水母(*A. victoria*)能够发光？引起它发光的物质是什么呢？科学家并不清楚。
　　这个问题成为 Shimomura 和 Johnson 的研究方向。终于在 1962 年，他们从维多利亚多管水母(*A. victoria*)中分离纯化出水母素，同时发现了维多利亚多管水母(*A. victoria*)体内有绿色荧光蛋白存在[3]。在 1963 年，他们发现钙离子可以增强水母素的发光[4]。水母素的这种性质有用处吗？
　　根据水母素的性质，科学家发现可以利用水母素来检测生物体内钙离子的存在。这种

方法成为检测细胞内钙离子的一种常用方法。但是，水母素和 GFP 在发光机制上有什么不同？

1974 年，Morise、Shimomura 和 Johnson 在进一步的研究中从维多利亚多管水母(*A. victoria*)分离纯化出 GFP 的晶体。而且还发现在没有 GFP 存在时，水母素能够发出很弱的蓝色荧光，波长在 470 nm；钙离子和水母素结合后，将能量传递给 GFP，导致 GFP 在紫外光下发出绿色荧光，波长在 509 nm[5]。

1979 年，Shimomura 对 GFP 的氨基酸序列和发光特性进行研究，发现水母素要将能量传递给 GFP 后才可以让 GFP 发出绿色的荧光；而 GFP 则能够在蓝光的激发下，直接发出绿色荧光[6]。水母素是 180 个氨基酸残基组成的蛋白质(分子量约 22 kDa)和荧光素(咪唑吡嗪)组成的物质[7]。至此，维多利亚多管水母(*A. Victoria*)水母素和 GFP 的发光机制已经研究清楚。

随着分子生物学的发展，很多蛋白质的基因序列被科学家所发现。水母素和绿色荧光蛋白的基因序列如何？

1985 年，Prasher 等[8]克隆出水母素所含蛋白质基因。1992 年，Prasher[9]又克隆出绿色荧光蛋白基因，发现 GFP 含有 238 个氨基酸残基，分子量为 27 kDa。GFP 是从维多利亚多管水母(*A. victoria*)细胞内一种能够发出荧光的蛋白质，它的基因是否能够在其它生物细胞中表达呢？

1994 年，Chalfie 等[10]将绿色荧光蛋白基因导入大肠杆菌(*Escherichia coli*)和秀丽隐杆线虫(*Caenorhabditis elegans*)中，发现绿色荧光蛋白基因可以发出绿色荧光，证明了绿色荧光蛋白基因可以在其它生物中表达。一个月后 Inouye 等[11]也将绿色荧光蛋白基因导入大肠杆菌(*E. coli*)中，发现可以发出绿色荧光。从此，绿色荧光蛋白基因被作为能够发光的报告基因，用来观察和它融合在一起的蛋白质的表达情况。

由于野生型的 GFP 发光较弱、不稳定，对温度、pH 和氯化物十分敏感，使用起来并不方便。Heim 等[12]研究了 GFP 的结构，并进行深入研究。1995 年，他们通过改变野生型绿色荧光蛋白的基因序列，如将 65 位的 Ser 突变成 Thr，发现改造后的 GFP 基因可以发出很多可见光的光谱，例如发出青色、黄色、蓝色等荧光。有的突变体发光的颜色还可以发生改变。从此，绿色荧光蛋白成为生物学转基因研究中被广泛应用的一个报告基因。

> 批注 [chy7]: +文献

2. 绿色荧光蛋白的发现过程中提出的问题

从 GFP 的发现过程可以看出：每一个研究都引出了一个新的问题。它们分别是：在发现维多利亚多管水母(*A. victoria*)能够发光以后，它发光的物质基础是什么？

当从维多利亚多管水母(*A. victoria*)分离出水母素和 GFP 以后，水母素和绿色荧光蛋白的性质如何？

在发现了钙离子可以增强水母素的表达之后。这种性质是否有用呢？

发现水母素可以越来越检测钙离子的存在。但是水母素和 GFP 的关系是怎样呢？

在发现水母素可以发出绿色荧光，而且它将能量传递给 GFP，导致 GFP 发出绿色荧光。随着分子生物学的研究，水母素和 GFP 的基因序列如何？

绿色荧光蛋白基因既然可以在维多利亚多管水母(*A. victoria*)细胞中表达。克隆出来的基因是否可以在其它生物细胞中表达？(Chalfie 等将绿色荧光蛋白基因分别导入大肠杆菌和线虫中，发现绿色荧光蛋白基因可以表达。)

由于野生型绿色荧光蛋白的荧光较弱等缺陷，使用起来不方便。是否可以改变它的基因序列，可增强它的荧光呢？(Tsien 根据绿色荧光蛋白的结构，对绿色荧光蛋白的基因序列进行了改造，发现多种能够发出荧光的突变基因。)

这些研究最终导致绿色荧光蛋白成为生物学研究的广泛应用的一个报告基因。

3. 绿色荧光蛋白发现过程中提出问题所运用的思维方式

GFP 的研究过程采用了哪些思维方式呢？最突出的是在前人研究的基础上，运用求异的思维方式，问一个不同的问题。问题的与众不同，就会导致与众不同的实验。

其次运用置换的思维方式，将研究内容或者实验材料置换一下。例如当发现维多利亚多管水母(*A. victoria*)能够发现出荧光后，将研究生物发光现象置换成研究发光的物质基础；

当发现维多利亚多管水母(*A. victoria*)发光的物质是荧光素和 GFP 后，又对荧光素和 GFP 结构和发光机理进行研究；

当发现荧光素和 GFP 的蛋白质结构和发光机理后，将研究蛋白质序列置换成研究 GFP 的基因序列；

当克隆出 GFP 的基因序列后，将维多利亚多管水母(*A. victoria*)置换成细菌、线虫等生物，观察其是否能够表达；

当发现天然 GFP 的荧光较弱时,将 GFP 基因序列中的 65 位的氨基酸进行置换;总而言之,求异思维和置换思维可以说是渗透着绿色荧光蛋白研究的全部过程。这也说明求异和置换这两种思维方式是科研人员的基本思维方式。

4. 如何根据文献提出新颖的问题?

由绿色荧光蛋白的思维方式可以看出:在前人的研究基础上,采用求异思维和置换思维提出一个新颖的科研问题、设计实验是科学研究的基本要求。因为问题的提出往往决定着研究生是否能够做出研究成果的第一因素。如何在研究生的教学过程和阅读文献的过程中,给他们一些建议,使他们能在前人研究的基础上提出一个已有的研究不能回答的问题呢?

我们在教学过程中,运用这个成功的科研例子,将绿色荧光蛋白的研究过程中科学家是如何提出问题的,他们所采用的思维方式讲述出来。让研究生明白:科学研究首先采用求异的思维方式,提出新问题;只要有了独具匠心的问题,就可以避免与前人研究的重复。然后,采用置换的思维方法设计实验,解决这个问题。例如置换实验材料,观察这种现象是否在其他生物也如此?置换部分基因序列,观察结果如何?只要掌握提出问题的技巧,多多思考,就可以根据前人的实验提出独一无二的问题。最后,步步深入,逐步回答提出的问题。

我们运用将科研成果的研究过程和思维方式相结合的教学方式,来指导研究生的选题,发现这种教学方式的教学效果较好。例如,玄晓丽等[13]在阅读有关植物气孔的文献时,发现叶子花(*Bougainvillea spectabilis* Willd.)的变态叶和正常叶的气孔的分布没有见到有人报道,就对叶子花(*B. spectabilis*)的变态叶和正常叶的气孔发育过程进行了研究,研究结果发表在 *African Journal of Biotechnology* 上。黄博等[14]在阅读植物气孔的文献时,发现人们对叶片上的气孔进行研究的较多,他就将研究部位置换成龙牙花(*Erythrina corallodendron*)的花,结果发现龙牙花(*E. corallodendron*)的花上不同部位的气孔形态并不相同,相关研究结果发表在《植物学报》上。姜兆玉等[13]在阅读有关植物气孔的文献时,发现人们对植物叶片上气孔的开闭机制进行了很多的研究,而植物繁殖器官上的气孔开闭机制基本很少有人研究,他就对鸡蛋花花冠裂片上的气孔开关进行了研究,相关研究结果发表在《植物生理通讯》上。姜兆玉等[14]同时发现有人在豆科一种植物的初生根发现了有气孔的存在,他就想观察一下对百合科的洋葱地下鳞茎是否具有气孔,结果发现洋葱地下的鳞茎也有气孔,他对洋葱鳞茎上的气孔开关进行研究,研究结果发表在《西北植物学报》上。

总之,采用这种教学方法可以指导研究生在阅读文献时,提出新颖的科研问题,并且设计实验来回答问题,从而使他们更顺利地完成学位论文,使他们对科研的兴趣和从事科研的信心不断增加。

参 考 文 献

[1] Shagin DA *et al*. GFP-like proteins as ubiquitous metazoan superfamily: Evolution of functional features and structural complexity. *Mol Biol Evol*, 2004, 21: 841-850

[2] Davenport D *et al*. Luminescence in Hydromedusae. *Proc R Soc London Ser B*, 1955, 144: 399-411

[3] Shimomura O *et al*. Extraction, purification and properties of aequorin, a bioluminescent protein from the luminous hydromedusan, Aequorea. *J Cell Comp Physiol*, 1962, 59: 223-239

[4] Shimomura O *et al*. Microdetermination of calcium by aequorin luminescence. *Science*, 1963, 140: 1339-1340

[5] Morise H *et al*. Intermolecular energy transfer in the abioluminescent system of Aequorea. *Biochemistry*, 1974, 13: 2656-2562

[6] Shimomura O. Structure of the chromophore of *aequorea* green fluorescent protein. *FEBS Lett* 1979, 104: 220-222

[7] Kendall JM *et al*. *Aequorea victoria* bioluminescence moves into an exciting new era. *Trends in Biotechnology*, 1998, 16: 216-224

[8] Prasher D *et al*. Cloning and expression of the cDNA coding for aequroin a bioluminescent calium-activated protein. *Biochem Biophys Res Commun*, 1985, 126: 1259-1268

[9] Prasher D *et al*. Primary structure of the *Aequorea Victoria* green-fluorescent protein. *Gene*, 1992, 111: 229-233

[10] Chalfie M *et al*. Green fluorescent protein as a marker for gene expression. *Science*, 1994, 263: 802-805

[11] Inouye S *et al*. Aequorea green fluorescent protein, expression of the gene and fluorescence characteristics of the recombinant protein. *FEBS Lett*, 1994, 341: 277-280

[2] Heim R et al. Improved green fluorescence. Nature, 1995, 373: 663-664
[3] Xuan X et al. Comparisons of stomatal parameters between normal and abnormal leaf of Bougainvillea spectabilis Willd. *Afr J Biotechnol*, 2011, 10: 6973-6978
[14] 黄博等. 龙牙花不同花器官的表皮形态. 植物学报, 2010, 45: 594-603
[15] 姜兆玉等. 外源NO, H_2O_2和ABA对鸡蛋花花冠裂片上气孔关闭的影响. 植物生理学通讯, 2010, 46: 249-252
[16] 姜兆玉等. 外源NO和H_2O_2对洋葱鳞片外表皮气孔开度的调控. 西北植物学报, 2011, 31: 315-318

收稿日期：2011-07-19
暨南大学2010年学位与研究生教育教学研究和改革项目(10MS19)资助
作者简介：马三梅(1971-)，女，副教授，E-mail: msmwdw@163.com；王永飞(1972-)，男，副教授，通讯作者，E-mail: wyfmsm@163.com

附录Ⅷ 《从绿色荧光蛋白的发现谈如何提出新颖的科研问题》一文的原稿、审稿意见、修改说明信、校对稿、校对修改说明信、正式发表稿及点评

5. 校对修改说明信

尊敬的杨编辑：

您好！

谢谢您的细心编辑和修改。

我们已按修改意见对《从绿色荧光蛋白的发现谈如何提出新颖的科研问题》一文(稿件编号 2011-0228)进行了全文通读、校对和稿件确认，并就批注中问题及主要修改情况回答和说明如下：

1. 把"我们结合绿色荧光蛋白的发现过程的案例教学"改为"我们以绿色荧光蛋白为案例教学"。

2. 中图分类号"G643.0"为"研究生教育 G643 下的研究生教育理论"，又增加了"生物化学 Q5 下的蛋白质 Q51"。

3. 置换思维和求异思维的英文分别统一为"substitute thinking"和"divergent thinking"。

4. 正文第一段最后一句话改为"本文以绿色荧光蛋白为案例教学，谈谈其发现过程；在其发现过程是如何提出问题；以及提出新问题所用的思维方式；并就如何提出问题给出了一些建议"。

5. 参考文献 12 的"Tsien 等"改为"Heim 等"，这篇文章中"Heim"为第一作者，"Tsien"(钱永健)为通讯作者。

6. 把"Prasher 克隆出水母素和绿色荧光蛋白的基因"改为 "Prasher 等克隆出水母素和绿色荧光蛋白的基因"。

7. "African J of Biotechnology"的缩写为"Afr J Biotechnol"。

8. 项目名称就是"暨南大学 2010 年学位与研究生教育教学研究和改革项目(10MS19)资助"。

其他修改内容见修改稿。

以上修改是否妥当，请您审阅。文中不妥之处还请多多批评和指正。谢谢！

顺祝：

生活愉快！

工作顺利！

王永飞

2011 年 10 月 22 日

6. 正式发表稿

《生命的化学》2012年32卷1期
CHEMISTRY OF LIFE 2012, 32(1)

● Biochemical Teaching

文章编号：1000-1336(2012)01-0088-04

从绿色荧光蛋白的发现谈如何提出新颖的科研问题

马三梅[1]　王永飞[1]　周天鸿[1]　郑文杰[1]　黄世光[2]

[1]暨南大学生命科学技术学院，广州 510632
[2]暨南大学医学院，广州 510632

摘要：为了使研究生在获得专业知识的同时，还可以依据文献提出新的科研问题，并设计实验方案来解决提出的问题，我们以绿色荧光蛋白为案例教学，谈谈在其发现过程中是如何提出问题以及提出问题所用的思维方式。启发研究生运用求异和置换的思维方式来提出新颖的科研问题，并设计实验来回答提出的问题，从而为研究生完成学术论文奠定良好的基础。

关键词：绿色荧光蛋白；案例教学；求异思维；置换思维

中图分类号：G643.0; Q51

达尔文曾经说过：最有价值的知识是关于方法的知识。诺贝尔奖获得者沃森也曾经说过，最好的课题是，问一个从来没有人问过的问题，然后去解决它。但是，由于中国的课堂一般是将学生教得没有问题。一堂课结束后，学生如果没有问题，那么就表明课上得十分成功。如何让一个长期接受中国基础教育感觉不到有问题存在的研究生，改变过去的思考方式，提出一个从来没有人问过的、新颖的科研问题，就成为研究生完成学术论文、进行科研选题的关键。本文以绿色荧光蛋白为案例教学，谈谈其发现过程；在其发现过程是如何提出问题；以及提出新问题所用的思维方式；并就如何提出问题给出了一些建议。

1. 绿色荧光蛋白的发现过程

绿色荧光蛋白(green fluorescent protein, GFP)是一种能够发出绿色荧光的蛋白质，它存在于维多利亚多管水母(Aequorea victoria)体内。改良后的绿色荧光蛋白基因可以作为报告基因，观察目的基因在生物体内的表达程度和位置[1]。Osamu Shimomura、Martin Chalfie 和 Roger Y. Tsien 也因为关于GFP的研究成果共同获得2008年诺贝尔化学奖。GFP的研究过程如下：

首先是1955年，Davenport[2]等发现维多利亚多管水母(A. victoria)可以发出蓝绿色的光。但是，为什么维多利亚多管水母(A. victoria)能够发光？引起它发光的物质是什么呢？科学家并不清楚。

这个问题成为Shimomura[3]等的研究方向。终于在1962年，他们从维多利亚多管水母(A. victoria)中分离纯化出水母素，同时还发现了维多利亚多管水母(A. victoria)体内有绿色荧光蛋白存在。在1963年，他们发现钙离子可以增强水母素的发光[4]。水母素的这种性质有用处吗？

根据水母素的性质，科学家发现可以利用水母素来检测生物体内钙离子的存在。这种方法成为检测细胞内钙离子的一种常用方法。但是，水母素和GFP在发光机制上有什么不同？

1974年，Morise[5]等在进一步的研究中从维多利亚多管水母(A. victoria)分离纯化出GFP的晶体。而且还发现在没有GFP存在时，水母素能够发出很弱的蓝色荧光，波长为470 nm；钙离子和水母素结合后，将能量传递给GFP，导致GFP在紫外光下发出绿色光，波长为509 nm。

1979年，Shimomura[6]对GFP的氨基酸序列和发光特性进行研究，发现水母素要将能量传递给GFP后

收稿日期：2011-07-19
暨南大学2010年学位与研究生教育教学研究和改革项目(10MS19)资助
作者简介：马三梅(1971-)，女，博士，副教授，E-mail: msmwdw@163.com；王永飞(1972-)，男，博士，副教授，通讯作者，E-mail: wyfmsm@163.com；周天鸿(1956-)，男，硕士，教授，E-mail: tzhth@jnu.edu.cn；郑文杰(1957-)，男，博士，教授，E-mail: tzhthwj@jnu.edu.cn；黄世光(1961-)，男，硕士，教授，E-mail: thshg@126.com

附录Ⅷ 《从绿色荧光蛋白的发现谈如何提出新颖的科研问题》一文的原稿、审稿意见、修改说明信、校对稿、校对修改说明信、正式发表稿及点评

● 生化教学

才可以让GFP发出绿色的荧光；而GFP则能够在蓝光的激发下，直接发出绿色荧光。水母素是由180个氨基酸残基组成的蛋白质(分子量约22 kDa)和荧光素(咪唑吡嗪)组成的物质[7]。至此，维多利亚多管水母(A. Victoria)水母素和GFP的发光机制已经研究清楚。

随着分子生物学的发展，很多蛋白质的基因序列被科学家发现。水母素和绿色荧光蛋白的基因序列如何？

1985年，Prasher等[8]克隆出水母素所含蛋白质基因。1992年，Prasher等[9]又克隆出绿色荧光蛋白基因，发现GFP含有238个氨基酸残基，分子量为27 kDa。GFP是维多利亚多管水母(A. victoria)细胞内一种能够发出荧光的蛋白质，它的基因是否能够在其它生物细胞中表达呢？

1994年，Chalfie等[10]将绿色荧光蛋白基因导入大肠杆菌(Escherichia coli)和秀丽隐杆线虫(Caenorhabditis elegans)中，发现绿色荧光蛋白基因可以发出绿色荧光，证明了绿色荧光蛋白基因可以在其它生物中表达。一个月后Inouye等[11]也将绿色荧光蛋白基因导入大肠杆菌(E. coli)中，发现可以发出绿色荧光。从此，绿色荧光蛋白基因被作为能够发光的报告基因，用来观察和它融合在一起的蛋白质的表达情况。

由于野生型的GFP发光较弱、不稳定，对温度、pH和氯化物十分敏感，使用起来并不方便。Heim等[12]研究了GFP的结构，并进行深入研究。1995年，他们通过改变野生型绿色荧光蛋白的基因序列，如将65位的Ser突变成Thr，发现改造后的GFP基因可以发很多可见光的光谱，例如发出青色、黄色、蓝色等荧光。有的突变体发光的颜色还可以发生改变。从此，绿色荧光蛋白成为生物学转基因研究中被广泛应用的一个报告基因。

2. 绿色荧光蛋白的发现过程中提出的问题

从GFP的发现过程可以看出，每一个研究都引出了一个新的问题。即：

在发现维多利亚多管水母(A. victoria)能够发光以后，引出的问题是：它发光的物质基础是什么？

从维多利亚多管水母(A. victoria)分离出水母素和GFP以后，引出的问题是：水母素和绿色荧光蛋白的性质如何？

在发现了钙离子可以增强水母素的表达之后，

引出的问题是：这种性质是否有用呢？

发现水母素可以用来检测钙离子的存在。引出的问题是：水母素和GFP的关系是怎样呢？

在发现水母素可以发出绿色荧光，而且它将能量传递给GFP，导致GFP发出绿色荧光。随着分子生物学的研究，引出的问题是：水母素和GFP的基因序列如何？(Prasher等克隆出水母素和绿色荧光蛋白的基因。)

绿色荧光蛋白基因既然可以在维多利亚多管水母(A. victoria)细胞中表达，引出的问题是：克隆出来的基因是否可以在其它生物细胞中表达？(Chalfie等将绿色荧光蛋白基因分别导入大肠杆菌和线虫中，发现绿色荧光蛋白基因可以表达。)

由于野生型绿色荧光蛋白的荧光较弱等缺陷，使用起来不方便。引出的问题是：是否可以改变它的基因序列，来增强它的荧光呢？(Heim等根据绿色荧光蛋白的结构，对绿色荧光蛋白的基因序列进行了改造，发现多种能够发出荧光的突变基因。)

这些研究最终导致绿色荧光蛋白成为生物学研究广泛应用的一个报告基因。

3. 绿色荧光蛋白发现过程中提出问题所运用的思维方式

GFP的研究过程采用了哪些思维方式呢？最突出的是在前人研究的基础上，运用求异的思维方式，问一个不同的问题。问题的与众不同，就会导致与众不同的实验。

其次是运用置换的思维方式，将研究内容或者实验材料置换一下。例如当发现维多利亚多管水母(A. victoria)能够发出荧光后，将研究生物发光现象置换成研究发光的物质基础；

当发现维多利亚多管水母(A. victoria)发光的物质是荧光素和GFP后，又对荧光素和GFP结构和发光机理进行研究；

当发现荧光素和GFP的蛋白质结构和发光机理后，将研究蛋白质序列置换成研究GFP的基因序列；

当克隆出GFP的基因序列后，将维多利亚多管水母(A. victoria)置换成细菌、线虫等生物，观察其是否能够表达；

当发现天然GFP的荧光较弱时，将GFP基因序列中的65位的氨基酸进行置换。

总而言之，求异思维和置换思维可以说是渗透

着绿色荧光蛋白研究的全部过程。这也说明求异和置换这两种思维方式是科研人员的基本思维方式。

4. 如何根据文献提出新颖的问题？

由绿色荧光蛋白的思维方式可以看出：在前人的研究基础上，采用求异思维和置换思维提出一个新颖的科研问题、设计实验是科学研究的基本要求。因为问题的提出往往决定着研究生是否能够做出研究成果的第一因素。如何在研究生的教学过程和阅读文献的过程中，给他们一些建议，使他们能够在前人研究的基础上提出一个已有的研究不能回答的问题呢？

我们在教学过程中，运用这个成功的科研例子，将绿色荧光蛋白的研究过程中科学家是如何提出问题的，他们所采用的思维方式讲述出来。让研究生明白：科学研究首先采用求异的思维方式，提出新问题；只要有了独具匠心的问题，就可以避免与前人研究的重复。然后，采用置换的思维方法设计实验，解决这个问题。例如置换实验材料，观察这种现象是否在其他生物也如此？置换部分基因序列，观察结果如何？只要掌握提出问题的技巧，多多思考，就可以根据前人的实验提出独一无二的问题。最后，步步深入，逐步回答提出的问题。

我们运用将科研成果的研究过程和思维方式相结合的教学方式，来指导研究生的选题，发现这种教学方式的教学效果较好。例如，Xuan等[13]在阅读有关植物气孔的文献时，发现叶子花（*Bougainvillea spectabilis* Willd.）的变态叶和正常叶的气孔的分布没有见到有人报道，就对叶子花（*B. spectabilis*）的变态叶和正常叶的气孔发育过程进行了研究，研究结果发表在 *African Journal of Biotechnology* 上。黄博等[14]在阅读植物气孔的文献时，发现人们对叶片上的气孔进行研究得较多，他就将研究部位置换成龙牙花（*Erythrina corallodendron*）的花，结果发现龙牙花（*E. corallodendron*）的花上不同部位的气孔形态并不相同，相关研究结果发表在《植物学报》上。姜兆玉等[13]在阅读有关植物气孔的文献时，发现人们对植物叶片上气孔的开闭机制进行了很多的研究，而植物繁殖器官上的气孔开闭机制很少有人研究，他就对鸡蛋花花冠裂片上的气孔开关进行了研究，相关研究结果发表在《植物生理通讯》上。姜兆玉等[14]同时发现有人在豆科一种植物的初生根发现了有气孔的存在，他就想观察一下百合科的洋葱地下鳞茎是否具有气孔，结果发现洋葱地下的鳞茎也有气孔的存在，他对洋葱鳞茎上的气孔开关进行研究，研究结果发表在《西北植物学报》上。

总之，采用这种教学方法可以指导研究生在阅读文献时，提出新颖的科研问题，并设计实验来回答问题，从而使他们顺利地完成学位论文，使他们对科研的兴趣和从事科研的信心不断增加。

参 考 文 献

[1] Shagin DA *et al*. GFP-like proteins as ubiquitous metazoan superfamily: Evolution of functional features and structural complexity. *Mol Biol Evol*, 2004, 21: 841-850

[2] Davenport D *et al*. Luminescence in Hydromedusae. *Proc R Soc London Ser B*, 1955, 144: 399-411

[3] Shimomura O *et al*. Extraction, purification and properties of aequorin, a bioluminescent protein from the luminous hydromedusan, Aequorea. *J Cell Comp Physiol*, 1962, 59: 223-239

[4] Shimomura O *et al*. Microdetermination of calcium by aequorin luminescence. *Science*, 1963, 140: 1339-1340

[5] Morise H *et al*. Intermolecular energy transfer in the abioluminescent system of Aequorea. *Biochemistry*, 1974, 13: 2656-2662

[6] Shimomura O. Structure of the chromophore of *aequorea* green fluorescent protein. *FEBS Lett* 1979, 104: 220-222

[7] Kendall JM *et al*. *Aequorea victoria* bioluminescence moves into an exciting new era. *Trends Biotechnol*, 1998, 16: 216-224

[8] Prasher D *et al*. Cloning and expression of the cDNA coding for aequroin a bioluminescent calium-activated protein. *Biochem Biophys Res Commun*, 1985, 126: 1259-1268

[9] Prasher D *et al*. Primary structure of the *Aequorea Victoria* green-fluorescent protein. *Gene*, 1992, 111: 229-233

[10] Chalfie M *et al*. Green fluorescent protein as a marker for gene expression. *Science*, 1994, 263: 802-805

[11] Inouye S *et al*. Aequorea green fluorescent protein, expression of the gene and fluorescence characteristics of the recombinant protein. *FEBS Lett*, 1994, 341: 277-280

[12] Heim R *et al*. Improved green fluorescence. *Nature*, 1995, 373: 663-664

[13] Xuan X *et al*. Comparisons of stomatal parameters between normal and abnormal leaf of *Bougainvillea spectabilis* Willd. *Afr J Biotechnol*, 2011, 10: 6973-6978

[14] 黄博等. 龙牙花不同花器官的表皮形态. 植物学报, 2010, 45: 594-603

[15] 姜兆玉等. 外源NO, H_2O_2和ABA对鸡蛋花花冠裂片上气孔关闭的影响, 植物生理学通讯, 2010, 46: 249-252

[16] 姜兆玉等. 外源NO和H_2O_2对洋葱鳞片外表皮气孔开度的调控. 西北植物学报, 2011, 31: 315-318

附录Ⅷ 《从绿色荧光蛋白的发现谈如何提出新颖的科研问题》一文的原稿、审稿意见、修改说明信、校对稿、校对修改说明信、正式发表稿及点评

● 生化教学

《生命的化学》2012年32卷1期
CHEMISTRY OF LIFE 2012, 32(1)

What can be learned from the discovery process of green fluorescent protein: how to propose a new question?

MA Sanmei[1], WANG Yongfei[1], ZHOU Tianhong[1], ZHENG Wenjie[1], HUANG Shiguang[2]

[1]College of Life Science and Technology, Ji'nan University, Guangzhou 510632, China
[2]College of Medicine, Ji'nan University, Guangzhou 510632, China

Abstract How to help graduates propose a new question and design a new experiment according to the references that they read at the same time? Using the discovery process of green fluorescent protein as a case-based teaching example, the questions that were proposed and the thinking methods that were used during the discovery process of green fluorescent protein were discussed carefully. These thinking methods included divergent thinking and substitute thinking. These thinking methods will be helpful for graduates. They can use these thinking methods to propose a new question and design a new experiment. Thus, this teaching method will lay good foundations for their dissertations.

Key words green fluorescent protein; case-based teaching; divergent thinking; substitute thinking

7. 点评

本例展示了论文从投稿到正式发表的全过程。在投稿、审稿、修改和校对的过程中处处体现了"文章是改出来的"主题。

我们根据专家意见对"如何根据文献提出新颖的问题？"这一段落进行了扩充和完善。通过专家审稿、修改和校对等过程，正式发表稿在语句、关键词、英文标题和中英文摘要等方面更加完善和充实，因此，只有通过多查、多读、多想、多总结、多次修改才能写出好的文章。

附录IX　我们编写教材及教辅材料的总结和思考

我们编写教材及教辅材料的总结和思考

摘　要：教材是传授知识的重要载体。教材的出版与人才培养的质量息息相关。一本教材可以影响几代学子。本文在介绍自己编写和出版教材的基础上，就如何编写教材进行总结，并就如何编写与时俱进的畅销和常销的经典教材等问题进行了探讨。

关键词：教材；编写；出版；经验总结

教材，顾名思义是施教之材，不仅是教师教授的材料，也是学生学习的材料。教材是教学的重要工具，更是人才培养的基础保障。

教材是传授知识的重要载体。教材的出版与人才培养的质量息息相关。一本教材可以影响几代学子。教材建设是新时代教育事业发展的重中之重，也是课程建设和课堂教学质量提升的重要保障。2021年国家教材委员会开展了首届全国教材建设奖的评选工作，显示了国家对教材建设的重视。

本文在介绍我们主编和出版教材及教辅经历的基础上，就如何编写教材进行总结，并就如何编写与时俱进的畅销和常销的经典教材等问题进行了探讨。希望能够对读者有启发作用，更愿各位能够编写出好的教材。

一、编写教材及教辅材料的经历

1.《中国科学院硕士研究生入学考试试题与解答：遗传学》(科学出版社，2002年1月)

我们主编出版的第一本书是《中国科学院硕士研究生入学考试试题与解答：遗传学》。本书汇编了中国科学院遗传与发育生物学研究所（简称遗传发育所）

1991～2000年硕士研究生入学考试中"普通遗传学"和"分子遗传学"试题与解答，由遗传发育所极富经验的博士生导师参与命题，并由多年从事教学和科研的老师撰写答案。

我们之所以能够作为这本的主编，是因为自己参加了研究生入学考试及攻读硕士和博士学位，学习和储备了遗传学方面的知识；博士毕业后开始辅导学生考研究生，收集了一些院校及科研单位往年的研究生入学考试试题，积累了一些解题经验。因此与遗传发育所的合作一拍即合。

2.《转基因植物及其应用》（华中科技大学出版社，2007年7月）

2005年以来，我们为生化与分子生物学及细胞生物学专业的研究生开设了"转基因植物"的专业选修课课程，自己一边收集资料写讲义，一边讲课。《转基因植物及其应用》一书正是以"转基因植物"课程的讲义为蓝本，综合国内外新的研究成果，详细介绍和论述了转基因植物原理及其应用。

本书共三篇。第一篇为转基因植物的原理，介绍了植物基因转化的方法，转基因植物的筛选和鉴定方法等。第二篇为转基因植物的应用，详细论述转基因植物在抗虫、抗病、耐除草剂、抗胁迫、提高产量、品质改良等各方面的应用，以及利用转基因植物作为生物反应器来生产糖类物质、可降解生物塑料、动物抗体、疫苗、药用蛋白和工业酶制剂等，利用转基因植物控制果实的成熟期、创造雄性不育系及自交不亲和系，进行生物固氮及环境治理等。第三篇为转基因植物存在的问题及新策略，主要包括转基因植物选择标记基因的安全性问题、降低转基因植物外源基因扩散的分子策略和高等植物叶绿体基因组的转化及其应用等内容。

本书出版后，读者反响不错，我们又以本书为基础，申报开设了全校的"转基因植物及其应用"公选课，出版社也把该书纳入了"大学通识教育教材"系列。本书对科学普及和提升大学生综合素质有一定的作用。

3.《科技文献检索与利用》（科学出版社，2014年4月第一版，2019年1月第二版）

2005年以来，我们开始在生化与分子生物学及细胞生物学专业招收研究生。在培养过程中发现，部分研究生的文献检索和利用能力不够，不会查文献或查到文献之后不会读文献和利用文献。我们就开始手把手地教学生如何检索和利用文献。我们把自己讲授"文献检索与利用"的方法和技巧进行了整理和总结，编写和出版了《科技文献检索与利用》一书。

本书围绕如何获取与利用科技文献这一主题，对检索、保存、利用科技文献的知识和技巧进行详细阐述，为培养学生"会查、会读、会想、会写"的能力奠定基础。全书对科技文献检索的基础知识、EndNote软件的使用、常用中文数据库的检索、常用英文数据库的检索、常用阅读器和 APP 及微信公众号的使用、硕士论文和博士论文及专利的检索、图像检索、如何利用文献、科技论文的写作、论文查重和 SCI 影响因子等内容进行介绍。附录部分以我们已发表的论文为例，向读者展示论文投稿和修改的全过程，并结合编者的亲身实践，对论文写作的技巧和思路进行介绍。此外，附录中还列出了一些文献检索常用网址和《中国图书馆分类法》（第五版）简表等内容，便于读者参考和拓展学习。

本书的特色和优势体现在：①注重实践性。按照步骤介绍了软件的使用方法及中英文数据库等的检索方法。每一步操作过程均给出了截屏视图，便于读者理解和学习操作。②可模仿性强。对如何利用文献、科技论文的写作等内容进行了详细介绍，专门介绍了如何选题的问题。与同类教材相比，本书的独到之处在于实践性和指导性强，并能与时俱进。本书第一版于 2014 年出版，第二版于 2019 年出版，第三版将于 2023 年出版。本书介绍了较新的软件使用方法，内容紧跟科技发展的需要，把快捷的检索方法传授给了学生，也把充分利用文献检索的思想灌输给了读者。

所以说，本书主要是以我们讲授"文献检索与利用"和"科技论文写作"的讲义为蓝本，是自己检索和利用文献及写作论文方法的总结，也是教学生检索和利用文献及论文写作方法的总结。

4.《细胞工程》（科学出版社，2014 年 5 月）

2005 年以来，我们承担了细胞生物学专业硕士研究生学位课"细胞工程"的授课任务，组织相关的授课教师编写了《细胞工程》教材，并于 2014 年 5 月正式出版。本书出版后被科学出版社纳入了"案例版生物工程系列规划教材"。

本书以细胞工程理论体系为编写主线，全面、系统、简洁地介绍了细胞工程原理及相关技术方法。全书共三篇 15 章。第一篇为细胞工程基础，主要介绍了细胞工程的概念、研究内容、发展简史、基本技术及其应用，细胞工程实验室及其常用设备和生物安全性等。第二篇为植物细胞工程，主要包括植物细胞工程的基本原理和技术基础、离体快速繁殖和脱病毒技术、胚胎培养和离体授粉、花药和花粉培养、细胞培养及次生物质生产、原生质体培养和体细胞杂交、种质的超低温保存、转基因技术等。第三篇为动物细胞工程，主要包括动物细胞培养所需的基本条件、细胞培养、细胞融合、细胞重组及动物克隆和干细胞技术等。

本书不但突出了细胞工程相关知识的基本概念，而且注重学科的前沿进展和时代性。以案例和案例点评的形式强调了细胞工程的实践应用。每章有 5~10 个案例，所选的案例具有实用性和典型性，对学生有一定的启发性，达到学以致用、理论联系实践的目的。通过案例点评培养了学生分析问题、解决问题及创新思维的能力。

5.《植物学实验指导》(双语教材)(科学出版社,2014年6月)

2010年左右全国在开展双语教学的实践。我们也申报了"植物学实验"双语教学的教改项目。考虑到市场上缺少相关双语教学的教材,我们就编写和出版了《植物学实验指导》(双语教材)。本书为双语教学配套教材,为实验课程双语教学改革提供了教学蓝本。

本书包括16个实验,分别涉及显微镜、植物的细胞、组织、根、茎、叶、花、果实、种子和幼苗、藻类、菌类和地衣、苔藓植物、蕨类、裸子植物、被子植物、校园植物调查。这些实验较好地涵盖了植物形态、解剖和系统分类的基本内容。每个实验包括实验材料、实验目的和要求、实验内容和步骤、实验作业和复习思考题等内容。每个实验前附有一个简短的中文导读以利于学生理解和掌握实验的内容和知识。书后附录了植物学常用专业术语中英文对照表及植物分类检索表,为使用教材的师生提供便利。

本书以中文教学大纲为依据,参考了国际英文版经典教材。例如,Stern 主编的 Introductory Plant Biolgy Laboratory Manual(10th edition)等。

6.《植物学实验》(第二版)(全彩版)(科学出版社,2018年2月)

从2005年以来,我们承担"植物学实验"及"普通生物学实验"的教学任务,经过多年的积累和总结,在《植物学实验指导》(双语教材)的基础上,我们又编写和出版了《植物学实验》(第二版)(全彩版)。

本书是我们多年来讲授实验课留心收集和积累的成果,所有图片均为原创。这些图片有的是用相机、手机或电脑拍摄的实物照片或显微照片,有的是用 Adobe illustrator(AI)绘图软件绘制而成,并且对植物的解剖结构图进行标注。本书涵盖了植物形态、结构和发育及系统分类学等内容,主要包括绪论、实验和附录三部分,还含有我们编写的一些综合性实验,例如,自选材料表皮和组织的观察,根、根茎转换区的观察,花的外部形态和内部结构的观察,自选苔藓植物特征的观察,自选植物的检索。

此外,全书彩色印刷,图片新颖、清晰、美观,科学性强,非常引人入目,达到了吸引学生注意力、便于学生直观学习的目的。

7.《植物生物学》(全彩版)(科学出版社,2017年6月)

从2005年以来,我们开始承担"植物生物学"及"植物学"的教学任务。我们在多年从事植物学教学和研究的基础上,综合近年来国内外新的研究成果,编写出版了新的《植物生物学》(全彩版)教材及其配套的网络课程。

本书的独到之处在于教材中的插图大多采用 Adobe illustrator(AI)软件绘制,并把不同部位的名称标注出来,图片均为原创,因此,本书也可以说是一本看图学习植物生物学的教材。

本书通过对植物的营养器官（根、茎、叶）和生殖器官（花、果实、种子）的形态、结构等，以及植物界基本类群和分类的介绍，使学生对植物学这一基础学科有一个全面的认识和了解。并以"如何识别植物"作为附录，以便增加学生识别植物的能力。全书彩色印刷，便于直观学习。

本书植物分类部分所介绍的科属均为日常生活中常见的或与生活密切相关的植物，从而使教材具有非常突出的实践性。

8.《植物生理学》(科学出版社，2019年6月)

2005年我们开始主讲生物科学和生物技术专业的"植物生理学"课程，在教学过程中深深体会和领悟到教材在提高教学质量及教学改革中具有极其重要的地位和作用，因为教材直接关系教学内容、教学思想和教学方法等一系列问题，也是决定教学改革能否成功的重要因素。我国自1978年恢复高考以来，在植物生理学教材建设方面取得了一系列成绩，出版了许多植物生理学方面的教材，为植物生理学的人才培养做出了重要贡献。但随着生命科学的飞速发展，新兴学科的不断涌现，学生所需要学习和掌握的知识与技术越来越多。为了顺应高等教育体制改革和市场经济、社会发展的需求，增加专业课的门数，压缩每门专业课的理论课时是今后的发展趋势。如何在较少的课时内系统地完成课程的教学目标、提高教学质量和教学效率、培养具有探索精神和主动学习能力的人才是教师和学生必须面对与解决的问题。此外，"大规模开放在线课程"(Massive Open Online Course，MOOC)的兴起是新形势下教育界出现的新情况。MOOC对教材建设也提出了新的要求。因此，我们在多年从事植物生理学教学和研究的基础上，综合近年来国内外新的研究成果，编写出版了《植物生理学》。

本书依据植物生理学的自身学科性质，在力求较全面地阐述基本概念、基础知识和基本理论的基础上，参考国际上近年来较通行的植物生理学教材内容，并尽可能在内容上反映国际最新研究成果，以期使内容达到基础性、通用性、先进性、参考性等方面的统一。同时，本书注意介绍相关实验技术等，将研究思路、方法与理论内容有机结合；还注重理论与生产实际相结合，强调植物生理学的实践应用，达到学以致用、理论联系实际的目的，有利于学生系统地掌握植物生理学的理论体系和基本原理，并能结合生产实际，提高分析问题、解决问题的能力，从而培养具有创新思维和创新能力的人才。

需要重点说明和指出的是，本书在内容归并和章节顺序编排上进行了大胆的尝试及调整。我们按照"植物的生命活动大致可分为生长发育和形态建成、物质和能量转化、信息传递和信号转导等方面"的理念，参考国内外最近几年较通行的植物生理学教材的章节框架，把植物生理学的内容也分为生长发育和形态建成、物质和能量转化、信息传递和信号转导 3 篇。其中，生长发育和形态建成篇主要包括植物的生长生理与形态建成、生殖生理、成熟和衰老生理等内容；物质和能量转化篇主要包括植物的生长物质、水分生理、矿质营养、光合作用、同化物的运输与分配、呼吸作用、次生代谢产物等内容；植物的信息传递和信号转导篇主要包括植物的细胞信号转导和植物的逆境生理等内容。

除了以上介绍的我们主编出版的教材之外，我们还作为副主编或参编，出版了以下教材或教辅材料。

谷茂. 作物种子生产与管理. 中国农业出版社，2002 年 6 月出版。

王清连. 植物组织培养. 中国农业出版社，2002 年 7 月出版。

李任强. 生物技术实验精选. 暨南大学出版社，2006 年 12 月出版。

刘虹，金松恒. 植物学实验. 华中科技大学出版社，2014 年 6 月出版。

张彦文，周浓. 植物学. 华中科技大学出版社，2014 年 9 月出版。

于丽杰，韦鹏霄，曾小龙. 植物组织培养教程. 华中科技大学出版社，2015 年 8 月出版。

余龙江. 细胞工程原理与技术. 高等教育出版社，2017 年 3 月出版。

李玲，肖浪涛，谭伟明. 现代植物生长调节剂技术手册. 化学工业出版社，2018 年 6 月出版。

屈红霞，蒋跃明. 果品营养学. 科学出版社，2021 年 7 月出版。

二、编写教材及教辅材料的总结和思考

我们之所以能够编写这些教材及教辅材料，可以总结为以下经验和思考。

第一，作为一名教师，一定要认真写好教案和讲义，上好每一堂课。写作是对输入进行思考后的输出。拿讲课来说，自己先看资料和文献，等掌握和明白了之后，按自己的思路和理解，用自己的语言把掌握的学科知识讲授给学生。也就是一个输入和输出的过程。我们主编出版的多部教材就是在自己教案和讲义的基础上，经加工和编辑而形成。

第二，要对讲课效果进行反思。我们每次讲课之后都会进行反思和总结。看哪些内容没有讲清楚和讲明白。有时甚至后悔和懊恼没有把自己很熟悉的内容明白地传授给学生。自己下次讲课时换另外一种方式进行讲解，看学生是否能够听明白。经过不断地修改和打磨，经多次"后悔"之后就形成了自己的讲课风格及讲义素材。

第三，留心积累素材，吸收前沿成果，丰富教材编写内容。我们主编的教材是多年来讲授课程时留心收集和积累的成果，基本所有图片均为作者原创。

第四，教材编写要掌握学科知识体系，了解学科发展史，时刻关注学科发展动态，确保教材中学科基本概念、基本知识阐述的准确性及内容的先进性。

第五，我们在编写教材时，注意凝练学术理念和学术思维，融入并指导教材的编写。这样编写出来的教材才更有利于体现该学科的综合性和独立性，更容易彰显教材编写的深度，也更符合当前教学的需要。教材需要兼顾科学性、可读性及可教性。

第六，在教材编写时既要关注教材的课程属性，又要关注教材的教学属性。课程属性是指学科内容方面，教学属性则是指施教方法方面。一本教材的内容再好，如果编写者不考虑它的实际教学属性，那么这本教材就失去了使用价值。所谓教材，就是教师教学生学会学习的材料。因此，编写教材时我们注意"教科书具有教诲性"的特征，十分重视教材与教学的紧密结合，力争实现教材与教学的高度统一。

第七，编好一本教材，必须要组织好编写团队。教材的编写者要有较高的专业水平和广博的知识面，以及较高的文字修养和写作能力，还要有比较充裕的写作时间和严肃认真的写作态度。教材主编则要具有该学科领域较高的学术造诣，要有一定的权威性和影响力，还要有责任心。

第八，精益求精，构建立体化体系。我们编写教材时通过合理的体系结构、恰当的编排形式、精心绘制的插图、设计精美的封面，通过采用全彩印刷等手段，更好地帮助读者理解和接受教材的内容。教材不应局限于纸质教材，还需要配备电子课件、习题答案、教学大纲、教学资源包等教学资源，帮助教师更好地开展教学，并通过二维码等形式提供更丰富的资源获取手段。

第九，一本图书的出版，离不开编者和编辑的合作和沟通。在教材的编辑和出版过程中，要不断与编辑沟通和交流，编辑也帮我们把关和修改文稿，设计书稿封面和版式，从而使出版的教材增色很多。

编写与时俱进的畅销、常销和长销的经典教材，更好地为培养人才服务，是每一位教师的理想和梦想。我们一如既往的目标是为下一代提供最好的教育基础。我们希望国内同仁能共同努力，编写出有利于培养人才的好教材。

参考文献

[1] 谷茂. 作物种子生产与管理[M]. 北京：中国农业出版社，2002

[2] 李玲，肖浪涛，谭伟明. 现代植物生长调节剂技术手册[M]. 北京：化学工业出版社，2018

[3] 李任强. 生物技术实验精选[M]. 广州：暨南大学出版社，2006

[4] 李绍武，王永飞，李雅轩，等. 中国科学院硕士研究生入学考试试题与解答：遗传学[M]. 北京：科学出版社，2002

[5] 刘虹，金松恒. 植物学实验[M]. 武汉：华中科技大学出版社，2014

[6] 马三梅，王永飞，李万昌. 植物学实验（第二版）[M]. 北京：科学出版

社，2018

[7] 马三梅，王永飞，孙小武. 科技论文检索与利用（第二版）[M]. 北京：科学出版社，2019

[8] 马三梅，王永飞，孙小武. 植物学实验指导（双语教材）[M]. 北京：科学出版社，2014

[9] 马三梅，王永飞，张立杰. 科技文献检索与利用[M]. 北京：科学出版社，2014

[10] 马三梅，王永飞. 植物生物学（全彩版）[M]. 北京：科学出版社，2017

[11] 屈红霞，蒋跃明. 果品营养学[M]. 北京：科学出版社，2021

[12] 王清连. 植物组织培养[M]. 北京：中国农业出版社，2002

[13] 王永飞，马三梅，李宏业. 植物生理学[M]. 北京：科学出版社，2019

[14] 王永飞，马三梅，李宏业. 细胞工程[M]. 北京：科学出版社，2014

[15] 王永飞，马三梅. 转基因植物及其应用[M]. 武汉：华中科技大学出版社，2007

[16] 于丽杰，韦鹏霄，曾小龙. 植物组织培养教程[M]. 武汉：华中科技大学出版社，2015

[17] 余龙江. 细胞工程原理与技术[M]. 北京：高等教育出版社，2017

[18] 张彦文，周浓. 植物学[M]. 武汉：华中科技大学出版社，2014

《科技文献检索与利用》(第三版)教学课件索取单

凡使用本书作为教材的主讲教师,可通过以下两种方式之一获赠教学课件一份。本活动解释权在科学出版社。

1. 关注微信公众号"科学 EDU"索取教学课件

扫右侧二维码关注公众号 → "教学服务" → "课件申请"

2. 填写以下表格后扫描或拍照发送至联系人邮箱

姓名:		职称:		职务:	
手机:		QQ:		邮箱:	
学校及院系:		使用本教材的课程名称及选课人数:			
您所教授的其他课程及使用教材					
课程:		书名:		出版社:	
课程:		书名:		出版社:	
您对本书的评价及修改建议:					

联系人:张静秋 编辑　　电话:010-64004576　　邮箱:zhangjingqiu@mail.sciencep.com